知的財産
管理&戦略ハンドブック

第3版

杉光一成
加藤浩一郎 編・著

発明推進協会

第3版　発行に当たって

　知的財産をめぐる状況は、21世紀に入ってから従来にもまして目まぐるしく変化しており、近年のAI技術の発展や企業価値向上への取組等もあり、更にその変化の流れは一層激しくなってきている。

　このような状況下において、知的財産制度の一般的な説明に終始する書籍が多い中で、本書は第一線で活躍する弁理士・弁護士等の実務家40人以上が、各々の得意分野に沿って、企業が遭遇する機会が多いと思われる、実践的なテーマについて記述した点を特徴とする専門書として出版（ソフトバンクパブリッシング株式会社刊）された。

　その後、毎年のように知的財産法において大きな改正が相次ぎ、また、知的財産をめぐる状況も活発化してきたことに鑑みて、これらの法改正や新たな状況を反映し、現在施行されている知的財産法とそれに関連する実務に対応する内容として版を改めたのが本書である。特にこの第3版においては、全体的な記載内容の見直しやAI関連のテーマの追加とともに、「第3部　実践編—知的財産戦略」のテーマを約1.5倍に追加・充実させ、近年求められている企業経営における知的財産の戦略的活用に対応できるようにしたことが大きな特徴である。

　本書は、人材・経費等の観点から知的財産部を置いていない、あるいは小規模な組織しか持たない中小・スタートアップ企業や大学・TLO等の立場から、知的財産の管理や戦略において外部の弁理士等の知的財産権の専門家をどのように活用するかという視点を含めて書かれている点も大きな特徴である。これは、大量に出願する大企業の知的財産部が行っている管理や戦略については、一部の書籍・雑誌等においてよく取り上げられているものの、それらの方法は基本的に知的財産部の存在が前提となっていたり、中小企業や大学等においてはコストパフォーマンスが低い方法であったりすることが多く、必ずしも出願件数の少ない（したがって、知的財産部を持つ必要のない、あるいは立ち上げたばかりの小規模な知的財産部しか有しない）企業や大学等に向けたものではなく、肝心な点が書かれていないといったものが多い。そのため、このような中小・スタートアップ企業や大学等から前書は大変な好評をもって迎えられたが、更に大企業の知的財産部の方や、特許事務所の弁理士等、多くの専門家にも好評を頂いたので、幅広く知的財産に関する業務を行う方に役立つものに仕上がっていると確信する。

なお、本書に記載したような知的財産についての管理実務や戦略について体系的・集中的に学ぶためには、知的財産を取り扱う大学院を利用するのも効果的かつ効率的である。例えば編著者らが所属する東京・虎ノ門の金沢工業大学（KIT）虎ノ門大学院イノベーションマネジメント研究科は、我が国最初ともいえる本格的な知的財産実務家養成のための大学院レベルのプログラムであり、社会人が実践的な知的財産実務及び戦略を学べる場として注目され、かつ、人気を集めており、既に20年以上の実績を有する定評ある大学院である。本書をきっかけとして更に知識や実務能力を伸ばしたいと思われる方には、手前味噌ながら推奨する次第である。

　本書が、企業や大学等において知的財産に関わる方のお役に立ち、ひいては我が国の知的財産立国の一助となれば幸いである。

　　令和7年3月

　　　　　　　　　　　　　　　　金沢工業大学大学院　教授　杉光　一成
　　　　　　　　　　　　　　　　金沢工業大学大学院　教授　加藤浩一郎

本書の特徴

　本書は、主としてスタートアップ企業や中堅企業、あるいは大学等、知的財産部のない企業の知的財産権に関する手引書となることを企図するものである。

　ただし、従来の書籍のように、知的財産権の制度の概要を説明するだけのものではなく、飽くまでも、社内で最低限の知的財産権の知識を持ち、いかなるタイミングで外部の専門家に相談すべきかが理解できる、というのが本書の基本コンセプトである。

　知的財産権の問題は、経営問題に直結する可能性がある、という点で外部の専門家に任せきりにするのは避けるべきである。

　他方、知的財産権の守備範囲は極めて広く、それらを全て解決できる人材を整えるには、社内に「知的財産部」のような部門を作る必要が生ずるが、多くの企業にとっては費用対効果の面から考えると必ずしも必要がない。

STAGE 1	STAGE 2	STAGE 3
専門家に任せきり ＜	社内と専門家で役割分担 ＜	社内で全て解決

　本書は、このうちのSTAGE 2を推奨するというコンセプトで書いている。

　本書を有効に活用され、21世紀を羽ばたく企業等が多数出現し、日本経済の更なる発展に寄与することを切に願うものである。

① 本書は、テーマ別に記載しているため、基本的に調べたい事項をテーマ・索引から探して読むのがオーソドックスな利用方法である。

② 本書は基礎編・管理編・戦略編の3部から構成される。目的に応じて、知的財産に関する基礎知識を得たい方は基礎編、知的財産の企業内における管理について学びたい方は管理編、知的財産の戦略的活用について学びたい方は戦略編、を読んでいただくとよい。

③ また、第2部・第3部は更に一般的な時系列に沿って分類している。出願管理は権利取得における流れ、事業管理は事業活動の流れ、に沿って書いているので、例えば出願を考えている方は「出願前」の部分を読んでいただくことにより注意すべき点を把握することができる。

	第 1 部	基礎編　知的財産法の知識（1-1〜22）		

Q 知的財産に関して、一通りの知識を得たい。

Q 特許でもうけるつもりはないが、リスクマネジメントとして管理したい。

Q 特許管理は行っているが、特許をもっと経営に有効活用したい。

	第 2 部 知的財産管理 2-1〜42	（1）知財管理法務（2-2〜37）最小限必要な知財に関する企業活動		
		①管理法務（2-2〜7）　知的財産に関する問題に対応する社内チェック体制等の管理法務的な企業活動		
		②出願管理（2-8〜28）　発明や商標等の具体的な出願案件がある場合に、これらについて管理する企業活動	1.出願前	
			2.出願時	
			3.出願後	
			4.権利化後	
		③事業管理（2-29〜37）　他社の知的財産権を侵害しないようにする、あるいは自社の知的財産権の流出を防ぐ、ということを主目的とするリスクマネジメントとしての意味合いの強い企業活動	1.企画段階	
			2.設計・試作・改良段階	
			3.事業段階	
		（2）紛争管理（2-38〜42）実際に紛争が生じてしまった場合の処理・対応という企業活動		

	第 3 部 知的財産戦略 3-1〜30	①戦略法務（3-3〜6）　より積極的に知的財産を経営に有利に働かせようとする企業活動		
		②出願戦略（3-7〜16）　個別の出願案件を戦略的に活用する企業活動	1.出願前	
			2.出願後	
			3.権利化後	
		③事業戦略（3-17〜30）　ある事業活動を遂行していく際の、知的財産権の手段的利用や目的利用のための企業活動	1.企画段階	
			2.設計・試作・改良段階	

※「産業財産」「産業財産権」という用語について
　2002年7月3日、政府の知的財産戦略会議で決定された「知的財産戦略大綱」の中で、従来の「工業所有権」という用語に替えて「産業財産」「産業財産権」を使用することがうたわれている。法令の改正等は準備段階であるが、特許庁等の指針にのっとって本書においても、「産業財産」「産業財産権」として統一することとした。

目次

第3版　発行に当たって
本書の特徴

第1部　基礎編──知的財産法の知識

テーマ1-1	知的財産法の基礎	2
テーマ1-2	特許法の基礎	4
テーマ1-3	特許出願から登録になるまで	10
テーマ1-4	実用新案法の基礎	15
テーマ1-5	実用新案登録出願から登録になるまで	18
テーマ1-6	意匠法の基礎	22
テーマ1-7	意匠登録出願から登録になるまで	28
テーマ1-8	商標法の基礎	32
テーマ1-9	商標登録出願から登録になるまで	38
テーマ1-10	不正競争防止法の基礎	42
テーマ1-11	著作権法の基礎	46
テーマ1-12	種苗法の基礎	50
テーマ1-13	外国特許制度の基礎	54
テーマ1-14	外国商標制度の基礎	71
テーマ1-15	パリ条約の基礎	76
テーマ1-16	ライセンス契約	78
テーマ1-17	職務発明制度	80
テーマ1-18	団体商標制度と地理的表示制度	84
テーマ1-19	データの知的財産法による保護	88
テーマ1-20	特許出願非公開制度	94
テーマ1-21	特許調査	96
テーマ1-22	特許事務所（弁理士）とは	100

第2部　実践編──知的財産管理

テーマ2-1	知的財産管理	106

（1）知財管理法務

① 管理法務

テーマ2-2	知的財産管理の基本	108
テーマ2-3	技術情報管理	112
テーマ2-4	知的財産部のアウトソーシング	114
テーマ2-5	従業員の発明に対する補償金	119
テーマ2-6	特許に関する契約書のチェックポイント	122
テーマ2-7	共同研究や共同出願をする場合の留意点	126

②-1　出願管理（出願前）

テーマ2-8	特許出願前に先行技術調査を行う必要性	130
テーマ2-9	商標登録出願前に先行商標調査を行う必要性	134
テーマ2-10	ビジネス関連発明の特許性の判断基準	136
テーマ2-11	商標登録出願における留意点	140
テーマ2-12	出願前に学会発表等を行った場合の対応策	142
テーマ2-13	特許出願のための提案書	144
テーマ2-14	出願費用以外に必要な費用	148
テーマ2-15	AIによる発明評価と明細書作成	152

②-2　出願管理（出願時）

テーマ2-16	出願書類の願書のドラフト（草稿）のチェック	158
テーマ2-17	「発明者」として記載すべき人の範囲	160
テーマ2-18	明細書等のドラフトのチェック（一般）	162
テーマ2-19	明細書等のドラフトのチェック（電気関係）	168
テーマ2-20	明細書等のドラフトのチェック（ソフトウエア・ビジネス関連発明関係）	170
テーマ2-21	明細書等のドラフトのチェック（機械関係）	175
テーマ2-22	明細書等のドラフトのチェック（化学関係）	178
テーマ2-23	明細書等のドラフトのチェック（バイオ関係）	182

②-3　出願管理（出願後）

テーマ2-24	出願審査請求に関する留意点	186
テーマ2-25	拒絶理由通知を受けた場合の対応（特許編）	188

| テーマ2-26 | 拒絶理由通知を受けた場合の対応（商標編）……………………190 |

②-4　出願管理（権利化後）
| テーマ2-27 | 特許査定の謄本の送付を受けた場合の留意点………………194 |
| テーマ2-28 | 特許権を共有している場合の制限………………………………196 |

③-1　事業管理（企画段階）
テーマ2-29	ウェブサイト上でのビジネスにおける留意点…………………200
テーマ2-30	他社の知的財産権の侵害を防ぐための調査…………………204
テーマ2-31	他社に新しい製品・サービスを提案する場合の留意点………206
テーマ2-32	他人の著作物を利用したい場合の対応………………………208

③-2　事業管理（設計・試作・改良段階）
| テーマ2-33 | コンピュータソフトウエアの開発委託・受託……………………210 |
| テーマ2-34 | 商品のデザインについて権利を取得したい場合の留意点（意匠）……214 |

③-3　事業管理（事業段階）
テーマ2-35	自社の実施技術に近い技術について同業他社が出願している場合の対応………………………………………………………216
テーマ2-36	他社製品を販売目的で仕入れる際の留意点…………………218
テーマ2-37	真正品の並行輸入…………………………………………………220

（2）紛争管理

テーマ2-38	他社の特許権を侵害している場合の対応………………………224
テーマ2-39	特許権侵害であると警告を受けた場合の対応…………………228
テーマ2-40	著作権侵害であると警告を受けた場合の対応…………………230
テーマ2-41	侵害であるとして訴訟を提起された場合の対応………………232
テーマ2-42	裁判以外の紛争解決方法…………………………………………236

第3部　実践編──知的財産戦略

| テーマ3-1 | 知的財産戦略…………………………………………………………240 |
| テーマ3-2 | 知的財産戦略の立案・実行に必要な機能と人材………………246 |

①　戦略法務
テーマ3-3	パテントマップ………………………………………………………252
テーマ3-4	パテントポートフォリオ管理………………………………………256
テーマ3-5	ブランド戦略…………………………………………………………260
テーマ3-6	特許権の価値評価…………………………………………………264

②-1 出願・権利化戦略（出願前）

テーマ3-7	特許事務所（弁理士）の選択方法	268
テーマ3-8	発明の発想方法	272
テーマ3-9	AIを活用した発明創造	278
テーマ3-10	社内に埋もれている発明の発掘手法	284
テーマ3-11	出願費用を節約する方法	288
テーマ3-12	広告宣伝目的の出願の可否	290
テーマ3-13	特許出願すべきかどうかの基準	292
テーマ3-14	商品ネーミング戦略	294

②-2 出願戦略（出願後）

テーマ3-15	出願後に発明の内容が変わった場合の対応	296

②-3 出願戦略（権利化後）

テーマ3-16	不要と思われる権利の整理（特許の棚卸）	300

③-1 事業戦略（企画段階）

テーマ3-17	IPランドスケープ	302
テーマ3-18	経営環境分析のツールと知的財産	304
テーマ3-19	経営デザインシートとデザイン経営	306
テーマ3-20	オープン&クローズ戦略	310
テーマ3-21	国際標準化戦略	314
テーマ3-22	知的財産を基にした資金調達	316
テーマ3-23	知的財産の証券化	318
テーマ3-24	知的財産のマッチング（ビジネスプロデュース）	320
テーマ3-25	知的財産と補助金・助成金	323
テーマ3-26	オープンイノベーションと知的財産	326

③-2 事業戦略（設計・試作・改良段階）

テーマ3-27	大学の活用	330

③-3 事業戦略（事業段階）

テーマ3-28	自社の特許権を侵害している企業がある場合の対応	332
テーマ3-29	知的財産権侵害物品の輸入差止め	336
テーマ3-30	コーポレートガバナンス・コードと知的財産	338

事項索引 341
執筆者等一覧

第1部 基礎編

知的財産法の知識

テーマ1-1　知的財産法の基礎

●**知的財産法とは**

　知的財産法は、具体的な「物」ではなく、財産的価値のある無体の「情報」を保護するための法律の総称といえる。民法や民事訴訟法はその名前の法律があるが、「知的財産法」という名前の法律は実際には存在しない（その意味で、「無体財産法」や「知的所有権法」と呼ばれることもあるが、ほぼ同じ意味と考えて差し支えない。）。

　情報化社会や社会のソフト化というのは今日の社会の特徴を表すキーワードであるが、知的財産法は、このような社会的変化とともにその重要性を増してきているといえよう。

●**知的財産法の存在理由**

　知的財産法は、他人による「情報」の不当な利用を排除し、「情報」の財産的価値を守るためにある。

　全ての人類の業績は、先人の知恵・知識等の「情報」を基礎に築き上げられてきており、その意味で、人間社会の発展の歴史は、ある意味で「模倣」の歴史といえる。したがって、「模倣」行為一般を禁じてしまえば、人間社会の発展を阻害することになるであろう。

　しかし、ある種の「情報」は財産的価値があると認めて保護しなければ、かえって社会の発展を阻害すると考えられ始めた。

　例えば医薬品の新薬開発を例に挙げてみよう。新薬は、長年にわたる研究開発日数に対する数千億円という莫大な投下資本によって初めて得られる。しかし、新薬の成分（新薬の成分に関する「情報」）を分析して同じものを作る、すなわち「模倣」してしまえば、余り費用も時間もかけずに、同様の新薬が作られてしまう。仮に新薬の成分に関する「情報」が保護されず、自由に模倣できるとすると、最初に新薬を開発した者が一番損をすることになる。投下資本の回収ができないからである。

　このような模倣が承認される世の中であれば、誰もが莫大な資本投下を控えるようになり、かえって新薬の開発は滞ってしまうであろう。

　このような理由により知的財産法による保護が必要とされるのである。

●知的財産法の分類

(1) 創作法と標識法

知的財産法と呼ばれる法律は、保護対象とする「情報」の種類に応じて次の2つに分類されることが多い。すなわち、① 人間の精神的創作活動の結果生じた創作物を保護する創作法と、② 営業上の信用が蓄積した標識を保護する標識法である。

① 創作法

創作活動の結果生じた創作物に関する法律としては、産業財産権法のうちの特許法・実用新案法及び意匠法、そして著作権法、半導体集積回路の回路配置に関する法律等がある。

② 標識法

営業上の標識に関する法律としては、産業財産権法の一つである商標法、不正競争防止法(*標識について規定した部分)、商法(*商号について規定した部分)がある。

(2) 権利付与法と行為規制法

以上のような分類以外に、次の表のように保護方法による分類もある(主な法律に限っている。)。すなわち、情報をあたかも「物」のように見たてて所有権のように保護する法制たる権利付与法、他人の不正な侵害から保護するのみで「権利」としては構成しない行為規制法という分類である。

知的財産法	権利付与法	産業財産権法(特許法・実用新案法・意匠法・商標法) 著作権法 半導体集積回路の回路配置に関する法律 種苗法 商法(商号に関する部分のみ)
	行為規制法	不正競争防止法

知的財産法の分類

この表を見れば明らかではあるが、基本的には知的財産法は権利付与法による保護が主流である。権利付与法によって与えられた「権利」は、権利の譲渡や実施許諾のほか、担保権の設定等が可能である。

他方、行為規制法の場合には、差止請求や損害賠償請求ができるとされているものの「権利」としては構成されていないので、権利の譲渡や担保権の設定等ができない。

テーマ1-2 特許法の基礎

●特許法の目的

特許法は、技術的なアイデアである「発明」、すなわち技術的思想に係る創作のうち高度なものを保護するための法律である。発明をした者に対しては、その一定期間の独占を認め保護を与える。

一方で、発明を公開するのみならず、独占を認める期間を限定することによって、広く発明の自由利用を認め、更なる改良等の技術の進展を促進することが期待されている。

●保護対象

特許法において「発明」とは「自然法則を利用した技術的思想の創作のうち高度のもの」と定義している。以下、簡単ではあるが法上の定義に基づいて特許法の保護対象について例を挙げて説明する。

経済学上の法則（例えば「限界効用逓減の法則」）や遊戯方法等の人為的な取決め又はそれに基づく創作は自然法則を利用していないため発明とならず、エネルギー保存の法則に反する永久機関のように自然法則に反するものも発明とはならない。また、個人の熟練の技能は第三者に知識として伝えることができないので「技術」ではないとされ、発明にならない。「創作」である必要があるので新しい物質の単なる発見は発明にならない。

もっとも、従来、コンピュータプログラムなどは発明でないとされていたが、現在ではこれらも発明として特許の保護対象となっている。「発明」概念は時代とともに変化するといえる。

よって、「一定の目的を達成する技術的・具体的なアイデア」であれば、発明として特許制度で保護される可能性があると考えてよい。

●特許を受けるための要件

「発明」であれば全てが特許されるというわけではない。法上の特許要件には「発明」であることのほかに主に以下の点が要求される。

① 産業上利用できること
② 新規性があること
③ 進歩性があること
④ 先願であること
⑤ 発明の単一性があること

① 「産業上利用できる」とは、発明が一般産業として実施し得るということである。製造業のみならず、金融業、保険業等のサービス業も含まれる。最近では条文上の産業という文言を広く解釈する傾向にあるので、本要件については特に気にしなくともよい。

② 「新規性がある」とは、つまりは出願の時点で発明が「新しい」ことであるが、ここで「新しい」といえるためには、出願前に日本国内又は外国で公然と知られていないこと（秘密保持義務のある者だけが知っていること）、公然と実施されていないこと、頒布された刊行物に記載されていないこと、インターネットで閲覧可能となっていないことが必要とされる。

なお、自分で発表等した場合にも新規性は失われるが、特定の学会発表や博覧会への出品などによって現実に新規性を失った発明については、所定の条件を満たし、所定の手続をすることにより、新規性を失わないとする例外規定が設けられている（▶「テーマ2-12」を参照）。

③ 「進歩性がある」とは、当業者（その発明の属する技術分野において通常の知識を有する者）が出願時の技術水準から容易に発明することができないということである。例えばそれまで知られている発明を単に寄せ集めたにすぎない発明や単なる設計変更レベルのものなどは、原則として進歩性がないものとされる。無駄な特許出願をしないためにもJ-PlatPat等を利用して、先行技術の事前調査（▶「テーマ1-21」を参照）を行うのがよい。

④ 「先願である」とは、他人の先願に係る特許と同一のものでないことである。先願は、権利付与の対象である特許請求の範囲の各請求項に記載された発明と同一か否かを基準に判断される。さらに、先に出願されている発明の詳細な説明等に記載された発明についても先願の地位が認められ、その先願の公開を条件に後願が排除される。このように先に出願した者が保護されるという考え方を「先願主義」といい、出願日を基準に先後願を決めるため、出願日が基準となる。

⑤ 「発明の単一性」とは、2つ以上の発明を1つの願書で出願する場合にそれぞれの発明が一定の関係を満たすことをいい、この要件を満たさない場合、その出願は拒絶される（出願人としては、一定の関係を満たさない発明を補正で削除する、あるいは出願分割をするなどの対応策がある。）。

上述したような特許要件を全て満たす発明であれば、原則として特許を受けることができる。ただし、例えば紙幣偽造機のような、公序良俗に反するおそれがある発明については、例外的に特許を受けることができない。

なお、特許を受けるためには、特許出願を行って審査を受けなければならない。これについては、次テーマにおいて説明する。

●特許権の効力・権利行使
(1) 発生
出願後、審査を経て上述のような特許要件を満たしたと判断され、特許査定がなされた後に、特許出願人が特許料（第1年分から第3年分）を特許庁に納付すると、登録され特許権が発生する。

(2) 効力
特許権の効力は「特許権者は、業として特許発明の実施をする権利を専有する」と特許法に定められ、特許権は、第三者の無権原の特許発明の実施を排除することができるという排他的な権利である。

ここで、「特許発明」（特許を受けている発明のこと）の技術的範囲は、特許請求の範囲の記載に基づいて定められる。

また、特許法2条において、物の発明、方法の発明（物を生産する方法の発明を含む。）という2つのカテゴリーごとに、いかなる行為が特許発明の「実施」に該当するかが規定されている。例えば物の発明については、「物（プログラム等を含む。）の発明にあっては、その物の生産、使用、譲渡等（譲渡及び貸渡しをいい、その物がプログラム等である場合には、電気通信回線を通じた提供を含む。以下同じ。）、輸出若しくは輸入又はその譲渡等の申出（譲渡等のための展示を含む。以下同じ。）をする行為」と規定している。したがって、特許請求の範囲に記載された発明に係る物を第三者が生産等した場合には、特許権侵害となる。

なお、「業として」特許発明を実施した場合であるので、個人的・家庭的目的で製造・使用したとしても特許権侵害とはならない。

このように特許権者は特許発明について独占排他権を有するが、特許法上では、発明の奨励や、既得権の保護、公益的見地などの観点から、この独占排他権に一定の制限を加えている。

幾つか例を挙げれば、特許発明と同一の発明をその出願前から善意で（知らないで）実施している場合（一種の既得権として先使用権という実施権が認められる場合）、第三者が試験又は研究のために特許発明を実施しているような場合、他人の先願に係る特許発明を利用する後願の特許発明である場合等においては、特許権の効力が制限されることとなる。

(3) 特許権の消滅

特許権の存続期間は、特許出願の日から20年とされている（ただし、他の法律（薬事法等）の規定により浸食された特許権の存続期間の回復のため、あるいは特許権の設定登録が所定の手続的な理由により一定期間遅れた等の場合に存続期間が延長されることがある。）。また、ほかにも特許料の不納、特許無効審決の確定などの事由により、消滅することとなる。

●特許権の活用

(1) 譲渡等による活用

特許権は財産権であるので、物権と同様に特許権を移転することができる。

ただし、共有に係る特許権の持分を各自が移転しようとする場合には、他の共有者の同意が必要になる（▶「テーマ2−28」を参照）。また、特許権は特許請求の範囲の請求項ごとにあるとされているが、請求項ごとに分割して移転することは認められない。

(2) 実施権の設定・許諾による活用（▶「テーマ1−16」を参照）

特許権者は、他人に実施権（特許発明を実施する権利）を設定することができる。

① 専用実施権とは、特許権者との契約で定めた内容・地域・期間の範囲内で特許発明を業として独占排他的に実施することのできる権利であり、特許庁への登録により発生する。専用実施権が設定されると、その範囲では特許権者といえども実施することはできない。また、専用実施権者は特許権者と同様に第三者の実施行為を排除することができる。

② 通常実施権とは、特許権者との契約で定めた範囲内で特許発明を業として実施することのできる権利をいう。特許権者は通常実施権を許諾しても特許発明を実施することができ、更に他人に重複して通常実施権を許諾することもできる。また、通常実施権者は通常実施権を侵害されても直接それを排除することはできないと一般に解されている。

通常実施権には許諾によるもののほかに、法定によるもの（職務発明による通常実施権等）、裁定によるものが認められている。

●特許権の侵害

特許権者は、特許発明を正当な権原（実施権）又は理由（試験研究など）なく実施した者に対して、特許権侵害として民事上の救済を受けることができる。特許権を侵害した者は過失があったものと推定されるので、前記特許権を知らなかった場合にも侵害となる。

(1) 民事上の救済

① 差止請求権は、特許権を侵害する者又は侵害するおそれがある者に対して、その行為を差し止めることを請求する権利である。

② 損害賠償請求権は、故意又は過失により特許権を侵害した者に対して、その損害賠償を請求する権利である。ただし、特許法では過失があったものと推定される。

③ 不当利得返還請求権は、正当な法律上の理由なく他人の損失の上に、財産的利得を受けた者に対し、損失を受けた者が自己の受けた損失を最大限としてその利得の返還を請求し得る権利である。

④ 信用回復措置請求権は、劣悪な模造品などにより特許権を侵害され業務上の信用を害された場合に、新聞紙上での謝罪など必要な措置を請求し得る権利である。

なお、これらの民事上の救済を受けようとする場合には、事前に特許権者は侵害者に対して、侵害者の製品等が特許権を侵害するので直ちに製造・販売を中止されたい旨の警告を行うのが一般的である（▶「テーマ3-28」を参照）。この警告により、侵害を中止して話合いに応じ、両者で和解することも期待できる。

(2) 刑事上の責任

その他、特許権の侵害者は侵害罪等の刑事責任を問われる場合がある。

●審判制度、異議申立制度

最後に、特許制度に設けられている審判制度、異議申立制度について簡単に説明する。特許制度には、拒絶査定に対する審判、特許無効の審判、訂正の審判などの審判制度、異議申立制度が設けられている。

このうち、拒絶査定に対する審判は、特許出願について拒絶査定を受けた特許出願人が、それに不服がある場合に請求する審判である。

特許無効の審判は、特許権侵害の訴えを受けた者などが、その特許に無効理由が存在する場合に、特許を無効にすべく請求する審判である。訂正の審判は、特許権者が、自己の特許権に瑕疵が存在する場合に、その瑕疵を取り除くべく明細書の訂正を請求する審判である。
　異議申立制度は、特許付与後の一定期間に限り、第三者から申立てがあり、異議理由が存在する場合に、特許を取り消す制度である。
　異議申立制度では、申立ては何人もでき、申立期間は、特許掲載公報発行の日から６月以内であって、申立ての理由は、公益的事由（新規性、進歩性、明細書の記載不備等）に限定される。また、審理は、原則として書面審理で行われ、取消決定に対してのみ不服を申し立てることができる。

テーマ1-3　特許出願から登録になるまで

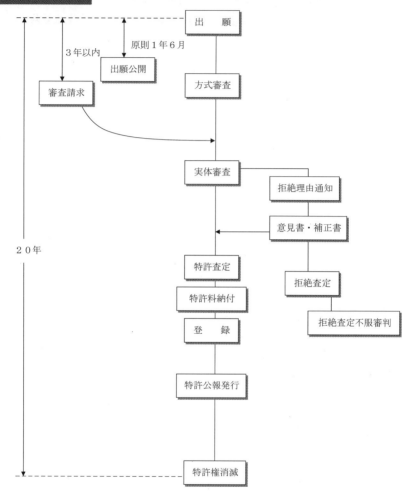

特許出願手続の流れ

●特許を受ける権利

　発明を完成すると発明者は特許を受ける権利を原始的に取得する。特許を受ける権利とは、国家に対し特許権の付与を請求する根拠となる権利であり、審査等を経て特許権が付与されるまでの権利で譲渡することも可能である。
　発明者である個人が特許を出願することができるのは当然であるが、我が国の場合には、法人が発明するという考え方を採用していないので、法人が出願

する場合は飽くまでも法人が個人から特許を受ける権利を承継したことが前提となる。なお、従業者がした発明（職務発明）については、いわゆる予約承継によって使用者等が特許を受ける権利を譲り受けることが認められている（▶「テーマ１－17」を参照）。

　他人の発明を盗んで特許出願した者は特許を受けることができない。また、特許を受ける権利が共有に係る場合には全員で特許出願する必要があることなどが定められている。なお、実際に特許を受けるためには、前提として一般的な権利能力（権利の主体となることのできる地位・資格であり、自然人又は法人）を有していなければならない。

●特許出願

　特許出願に必要な書類としては、願書、明細書、特許請求の範囲、要約書、必要な場合には図面等があり、これらを特許庁に提出しなければならない。

(1) 願書
　　特許を受けようとする者は、以下の内容を記載する必要がある。
　① 出願人の氏名又は名称及び住所又は居所
　② 発明者の氏名又は名称及び住所又は居所

(2) 明細書
　　明細書には、以下の内容が記載されている必要がある。
　① 発明の名称
　② 図面の簡単な説明
　③ 発明の詳細な説明

(3) 特許請求の範囲
　　特許請求の範囲には、発明の詳細な説明に記載した発明の中から、特許を受けようとする発明を請求項ごとに区分けして記載する。

(4) 図面
　　願書に添付する図面は「必要な図面」と規定され、任意とされている。実務においては、一般には、願書に図面が添付されており、一部、化学関係の出願では、明細書中に化学式、表等記載し、願書への添付が省略される場合がある。

(5) 要約書

要約書とは、発明の内容を簡潔に表現した書面で、400字以内で記載する。

明細書の記載内容によっては、本来的に特許されるべき発明が特許を受けることができなかったり、特許が付与された範囲が狭い範囲に限定されていて同業他社の動きを実質的に牽制できなかったりすることがあり得る。よって、的確な能力を備えた弁理士に依頼すべきである（▶「テーマ3-7を参照）。

●方式審査

出願書類が特許庁長官に提出されると、方式審査が行われる。この方式審査は、出願書類が書式等の手続的及び形式的要件を具備するかどうかを審査するものである。

●出願公開と補償金請求権

(1) 出願公開制度

出願書類の方式審査が行われた後、特許出願の日から原則として1年6月が経過すると、特許出願を特許公開公報に掲載することによって出願公開が行われる。広く第三者に公開されることとなるので、どのような発明が誰によって出願されているかなどの調査が可能になる。公開公報の活用により重複研究や重複投資を回避することもできる。

なお、特許出願人から出願公開の請求があった場合には、1年6月経過前であっても例外的に早期に公開が行われる（早期公開制度）。

(2) 補償金請求権

出願公開は公報を利用する第三者にとってみれば利益になるが特許出願人から見れば、他人による模倣を助長する危険性もある。このため、特許出願人には出願公開がされた段階で、独占排他権ではないものの「補償金請求権」という権利が認められている。これは、出願人が、出願公開がされた発明を実施している者に対して所定の警告を行えば、その警告後から特許権の設定登録前の実施について補償金の支払を請求することができる権利である。

ただし、この権利の行使は特許権が付与された後にのみ認められるので、特許出願が特許されるか否かを事前に検討する必要がある。

公開前に出願発明を実施している者がいる場合には、特許出願人は、出願公開の請求により早期の出願公開を行って、補償金請求権に基づく警告をもって早期に対処し、併せて後述する優先審査制度の利用による早期の権利化を図り、補償金請求権を行使することも可能である。

●出願審査の請求
(1) 出願審査請求制度
　誤解が多い点であるが、出願をしても方式審査が行われるだけで、特許するかどうかの実体的審査は、出願審査の請求を待って行われる。出願審査の請求は、誰でも行うことができる。ただし、特許出願の日から3年以内に請求がない場合には、この特許出願は取り下げられたものとみなされる。なお、中小・スタートアップ企業等が、出願審査の請求をする場合には、出願審査請求料の減免を受けることができる（▶「テーマ2-24」を参照）。

(2) 優先的に審査を行う制度
① 優先審査とは、審査請求されている出願について、出願公開後に第三者がその特許出願に係る発明を業として実施している場合において、事情説明書を提出することにより必要があると認められれば、順番を繰り上げて審査を受けることができる法律上の制度である。
② 早期審査とは、審査請求されている出願について、中小企業等が所定の条件を満たす場合に事情説明書の提出により、順番を繰り上げて審査を受けることができる運用上の制度である。また、特許審査ハイウェイ（PPH）という制度もある。このPPHは、第一庁で特許可能と判断された特許出願について、出願人の申請により、この取組を実施している第二庁において簡易な手続で早期審査が受けられる制度である。

●実体審査
　出願審査の請求がされると、その特許出願を特許すべきか否かについて実体審査が開始され、審査官が特許要件について審査する。
　そして、審査官は拒絶理由を発見した場合には、特許出願人に対して拒絶理由を通知する。例えば「請求項1に係る発明は進歩性がない」などの拒絶理由である（▶「テーマ2-25」を参照）。

●**最終処分**

　実体審査において、当初から拒絶理由が発見されなかった場合や、意見書や補正書によって拒絶理由が解消された場合には、審査官は特許査定を行う。特許査定とは特許出願について特許すべきとする審査官の最終処分であり、所定の特許料納付を条件に設定登録され、特許権が発生する。

　一方、意見書や補正書によっても拒絶理由を解消できなかった場合には、拒絶査定を行う。特許出願について特許すべきでないとする審査官の最終処分である。ただし、この拒絶査定によって直ちに特許化への途が絶たれるわけでなく、出願人は拒絶査定に不服がある場合には、拒絶査定謄本の送達日から30日以内に、拒絶査定不服審判を請求することができる。

　また、設定登録時には、中小・スタートアップ企業等は、特許料（第1年分から第10年分）について、減免を受けることができる。

　なお、実務としては特許査定後に必要に応じて出願分割をする場合もある。

テーマ1-4　実用新案法の基礎

●実用新案法の目的

　実用新案法は、早期に実施され、ライフサイクルが短い技術を保護するための法律である。平成5年法改正により、それまで特許と同様に行われていた権利付与のための実体審査を行わないように法律が改正された。そのため、特許と異なり、新規性等の実体的要件について審査をしないで登録を行う。

　また、実用新案法は特許法の「発明」よりも、技術的水準の低い「考案」（いわゆる小発明）について保護しようとするものである点に特徴を有するものとなっている。

●保護対象

　実用新案法の保護対象は、「考案」である。ここでいう考案とは、「自然法則を利用した技術的思想の創作であり、物品の形状、構造又は組合せに係るもの」に限定されている。以下、この法上の定義に沿って、実用新案法の保護対象を説明する。

　まず、「自然法則を利用した技術的思想の創作」であるが、これは特許法における発明の定義と同様である。

　次に、保護対象を物品の形状、構造又は組合せに限定していることから、「物品」であることが前提であり、方法若しくは生産方法は保護対象とならない。ここでいう物品とは、一定の形態を有している必要があり、一定の形態を有しない「材料自体」（医薬、化学物質など）は保護対象とはならない。

　物品の形状とは、「外部から観察できる物品の外形」であり、立体的のみならず平面的なものであっても構わない。平面的な物品の例として「雲形定規」などが挙げられる。

　物品の構造とは、「部材又は要素の有機的な連結ないし結合」であり、これも平面的なものでも構わない。例えば電話帳の見出欄、視力検査表の活字の配列などが挙げられる。注意が必要なのは、構造上の特徴は外見上明瞭である必要はないことである。例えば磁性を帯びたカミソリの刃と磁性を帯びていないカミソリのように、物理的又は化学的分析によって区別できれば構造上の違いがあるので保護対象とされる。

　物品の組合せとは、「2以上の物品の集合であって、使用に際し嵌合的、密接不可分若しくは一体となって一つの目的を達成することができるもの」であって、例えばボルトとナット、トランプなどが挙げられる。

●実用新案登録を受けるための要件

　実用新案登録を受けて実用新案権を発生させるためには、まず、特許と同様に所定の事項を記載した願書、明細書、実用新案登録請求の範囲、図面、要約書を特許庁に提出しなければならない。実用新案権は、物品の形状などを保護対象としているため、考案を表現した図面を必ず添付する必要がある（特許出願では、図面は必ずしも必要ではない。）。

　また、前述のとおり、実用新案法では、実体的な登録要件が審査されることなく、方式審査に加え、以下に挙げる基礎的要件のみが審査される。

① 出願された考案が物品の形状、構造、組合せの考案であるか
② 公序良俗に反していないか
③ 複数の無関係な考案が記載されていないか
④ 明細書や図面に必要な事項が記載されていない、又は極めて不明確にしか記載されていないか

●実用新案権の効力・権利行使

（1）発生

　　実用新案権は、出願後、特許権と異なり、登録要件の審査が行われることなく方式的な審査のみを経て登録され、権利が発生する。

（2）効力

　　権原なき他人が業として登録実用新案を実施（生産・使用等）している場合、侵害行為となる。

　　実用新案権者は、このような侵害行為に対して、差止めや損害賠償等を請求することが可能であり、更には刑事責任を問うことができる。

　　しかし、実用新案権の権利行使について、特許権と大きく異なる点がある。それは、権利行使する際には「実用新案技術評価書」という評価書を相手に提示して警告する義務がある点である。この評価書は、特許庁の審査官が作成し、登録性について肯定的（特に関連する先行技術を発見できない）か否定的（新規性欠如と判断されるおそれがある等）かという見解を表明した一種の鑑定書である。

　　実用新案権の場合、この技術評価書を提示して警告した後でなければ権利行使できないこととされている点に注意が必要である。また、提示して警告した場合であっても、後に登録が無効とされた場合は原則として損害賠償責任が生ずる点にも注意が必要である。

ここで、「実用新案技術評価書」における評価とは、実用新案登録の各請求項について以下の要件に基づき評価が行われ、これら全ての条件を満たすと、肯定的な評価を得ることができる。
① 頒布刊行物に基づく新規性
② 頒布刊行物に基づく進歩性
③ 拡大先願（先願の出願当初の明細書・図面に記載された発明・考案については、後願が実用新案登録を受けることができないこと）
④ 先後願
⑤ 同日出願

(3) 存続期間
実用新案権の存続期間は、出願から10年である。

●実用新案法を利用する際の留意点

このように、実用新案法は、極めて早期に独占排他権が付与される点で魅力的な制度であるが、実質的には使いにくい（権利行使がしにくい）権利である。出願件数を見てみると、特許出願数は30万件前後であるのに対し、実用新案登録出願数は現在では5000件前後である。保護対象が発明と共通するので、特許法による保護を求めるべきか実用新案法による保護を求めるべきかという点を十分に検討する必要があるが、特殊な状況を除き特許法で保護を求めるのがよいと一般にいわれている。

ただし、平成16年法改正により、実用新案登録出願日から3年以内であれば、登録後であっても、一定の場合を除いて実用新案登録に基づいて特許出願ができることとなった。よって、特許出願か実用新案登録出願かを迷う場合、取りあえず実用新案登録出願をしておくという対応も可能となった。実用新案権が設定登録された後に技術動向の変化や事業計画の変更に伴い審査を経た安定性の高い権利を取得したい場合、あるいは、権利についてより長期の存続期間が確保されるようにしたい場合などにも利用価値があるであろう。

テーマ１-５　実用新案登録出願から登録になるまで

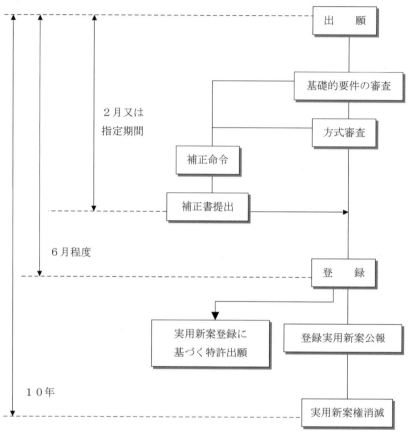

実用新案登録出願の流れ

●実用新案登録出願手続

　実用新案登録出願は、「テーマ１-４　実用新案法の基礎」で述べているとおり、実体的な登録要件は審査されないで、出願から約６月という期間で登録される。

　そこで、実用新案登録を受けようとする者は、願書に明細書、実用新案登録請求の範囲、図面、及び要約書を添付して、特許庁長官に提出しなければならない。

(1) 願書

実用新案登録を受けようとする者は、以下の内容を記載する必要がある。
① 出願人の氏名又は名称及び住所又は居所
② 考案者の氏名又は名称及び住所又は居所

(2) 明細書

明細書には、以下の内容が記載されている必要がある。
① 考案の名称
② 図面の簡単な説明
③ 考案の詳細な説明

(3) 実用新案登録請求の範囲

実用新案登録請求の範囲には、考案の詳細な説明に記載した考案の中から実用新案登録を受けようとする考案を請求項ごとに記載する。ここでは考案を特定できるように記載するが、実用新案法では方法を保護対象としないため、製法によって物を特定する書き方は避けたほうがよい。

(4) 図面

実用新案登録出願には、図面を必ず添付する。考案は、物品の形状等であるので必ず図面に表現できるために必須書面とされている。図面には、外観図など考案を適切に説明する図面を適宜添付する。

(5) 要約書

要約書とは、考案の内容を簡潔に表現した書面で、400字以内で記載する。

●出願後から登録前の手続

(1) 特許庁による審査

実用新案登録出願があった場合、特許庁では、① 方式審査及び ② 基礎的要件の審査を行う。この審査では、新規性・進歩性といった実体的な登録要件を判断しない。そのため、これらの違反が特になければ、出願から6月程度で登録される。

方式審査では、例えば未成年者が出願人であったり、代理権のない者が出願手続をしたり、出願時に1〜3年分の登録料が納付されていなかったりした場合に、手続補正命令が発せられる。

基礎的要件の審査では、以下のチェック項目について審査される。違反している場合には、補正命令を発せられる。
① 出願に係る考案が、物品の形状、構造、組合せに係る考案であるか
② 出願に係る考案が公序良俗又は公衆の衛生を害するおそれがないか
③ 実用新案登録請求の範囲の記載様式で違反していないか
④ 考案の単一性の要件に違反していないか
⑤ 明細書又は図面に著しい記載不備がないか

⑤でいう明細書等の著しい記載不備とは、以下の場合である。
・考案に関する技術的事項が請求項に記載されていない場合
・1つの請求項に2以上の考案が記載されている場合
・請求項の記載が詳細でない説明又は図面の記載で代用された結果、その内容が不明瞭となる場合
・各請求項の内容が支離滅裂、あるいは日本語として不自然で、考案を特定できない場合

(2) 補正

出願人は、出願内容を自発的に補正することができる。しかし、特許法の場合と比較して、実用新案法における補正は、時期的に出願から2月以内と、実体的な部分の補正時期が非常に限定されている。したがって、再述するが出願時には多段階に複数の請求項を作成する必要がある。

(3) 出願分割

1出願に2以上の考案が含まれている場合には、それぞれの考案について出願を分割することができる。しかし、補正ができる期間、及び審査終了後30日以内の期間に限られる。

(4) 出願変更

特許出願や意匠出願への変更が可能である。実用新案登録出願を特許出願に変更する場合には、出願から3年を限度として登録になるまで（おおむね6月）、意匠登録出願に変更する場合には、実用新案登録出願が特許庁に係属している間（登録になるまで）に限られる。

●登録

　出願が放棄、取下げ、却下などを除き、実用新案権の設定登録がなされる。登録されると、明細書の一部や図面の内容が実用新案公報として発行される。
　なお、考案の詳細な説明は実用新案公報には掲載されない。
　特許法のような訂正審判はないが、登録後の訂正は請求項の削除（何回でも可）のほか、実用新案登録請求の範囲の減縮等を目的とする訂正を一定期間内に1回に限り行うことができる。また、登録後であっても出願日から3年以内に限り、実用新案登録に基づく特許出願を行うことができる。

テーマ1-6　意匠法の基礎

●意匠法の目的

　意匠法は、「意匠」すなわち物品に施されたデザインを保護するための法律である。つまり、特許法や実用新案法は、発明や考案などのいわゆる「技術的なアイデア」、すなわち技術的な思想に係る創作を保護するのに対して、意匠法は物品の外観に係る創作を保護しようとするものであり、この点において意匠法は特徴を有するものとなっている。

●保護対象

　意匠法においては、「意匠」を物品（物品の部分を含む。）の形状、模様若しくは色彩若しくはこれらの結合（以下、「形状等」という。）、建築物（建築物の部分を含む。）の形状等又は画像（機器の操作の用に供されるもの又は機器がその機能を発揮した結果として表示されるものに限り、画像の部分を含む。）であって、視覚を通じて美感を起こさせるものをいう。

　まず、意匠法の保護対象である「物品」とは、例えばテレビや車などのように独立して取引の対象になるものであるとされている。ただし、このような物品自体の全体としての形状だけでなく、例えばスプーンの柄やボールペンのグリップ部分のような物品の部分についても特徴的な創作があれば保護を受けることが可能である。

　次に、意匠は物品の形状等であるので、物品と結び付いていることが必要となる。したがって、物品を特定せずに抽象的に何かの形状だけ、又は模様だけ、色彩だけといった形では保護を受けることができない。なお、物品の形状等には、情報家電の操作画面のデザインのような物品の操作の用に供される画像も、一定の場合には含まれる。また、令和元年法改正により、物品に記録・表示されていない画像や、建築物、内装のデザインについても、新たに意匠法の保護対象となった。

　そして、「視覚を通じて美感を起こさせるもの」でなければならない。ここで注意したいのは、この「美感」とは、美術的な意味での美感に限らず、機能美、装飾美のようなものも広く含まれる、ということである。つまり、保護対象となるのは、例えば車のデザインや家具のデザインのように見て美しい、かっこ良いなどと思わせるようなものに限られず、物品の形状等についてのデザインであれば広く保護されるということである。例えばパソコンのディスプレーやキーボードといったものも保護対象とされている。

以上をまとめれば、広く物品又は物品の部分の外観についての創作であれば、意匠法の保護対象となり得るということである。したがって、意匠法により保護を受けられる範囲は広範に及ぶため、その利用は積極的に考えるべきである。

●意匠登録を受けるための要件

意匠登録を受けて意匠権を発生させるためには、まず、特許などと同様に所定の事項を記載した願書や図面等を特許庁に提出しなければならない（出願手続の詳細については▶「テーマ1-7」を参照）。

なお、意匠は物品の外観に係る創作であるので、何についての意匠であるか、という物品の特定とともに、その意匠を現した図面の記載が重要であることは言うまでもないが、図面だけでなく雛形や見本の提出も可能である。

そして、その願書等に記載された意匠については、審査官による審査を受けることとなる。この審査を経て意匠登録を受けるためには、代表的なものとして少なくとも以下の要件を全て満たしている必要がある。

なお、意匠法も特許法等と同様にいわゆる「先願主義」が採用されており、以下の要件は原則として出願時を基準として判断される。

(1) 新規性
① 出願前に日本国内又は海外で公然と知られた意匠又はそれに類似する意匠でないこと。

例えば既に出願前に海外で販売されていた他人の製品について、日本国内でまだ販売されていないからといって、日本で意匠権を取ることはできない。

② 出願前に日本国内又は海外で刊行物やインターネットのウェブサイトなどに掲載された意匠又はそれに類似する意匠でないこと。

例えば海外の雑誌に載った他人のソファのデザインについて、日本国内ではまだ知られていないとしても意匠権を取ることはできない。

(2) 創作非容易性
出願前に公然と知られた形状等から、その意匠の属する分野の通常の知識を有する者が容易に創作できたものでないこと。

例えば新しい車のデザインをミニカーに転用したにすぎないものは意匠権を取ることはできない。

(3) 先願

他人の先願に係る意匠と同一又は類似する意匠でないこと。

(4) その他

① 公序良俗に反するものでないこと。
② 他人の業務に係る物品と混同を生ずるおそれがあるものでないこと。
　例えば他人の商標を用いたものであってはならない。
③ 物品の機能を確保するために不可欠な形状のみからなる意匠でないこと。
　例えばコネクタの規格形状のようなものであってはならない。

　前述のとおり、意匠法も特許法等と同様に先願主義（先に出願したものが優先する）が採用されている。

●意匠法に特有の制度

意匠法は、意匠が物品の外観に係る創作である点を考慮して、特許法等の他法にはない特有の制度を幾つか設けている。

(1) 部分意匠制度

　ある全体意匠の「要部」となり得る独創的な「部分」がある場合、その「部分」を明確化するとともに、当該物品等の「要部」と出願人が考える部分を直接的に保護が請求できるよう、物品に加え、「物品の部分」を保護対象とする制度である。

(2) 関連意匠制度

　意匠は、創作時にいろいろなバリエーションをもって創作されることも多いため、それらの類似する意匠を関連意匠として出願することにより登録を受けることができる場合がある。この関連意匠制度の利用についても、後述するように意匠権の効力はその類似範囲に及ぶため、必ずしも関連意匠として出願する必要がない場合もある。また、先の出願（本意匠）の意匠登録出願の日から10年を経過する日前に出願する必要がある。

(3) 秘密意匠制度

　原則として、意匠登録が認められると、第三者にその権利内容を公表するために、その登録された意匠の内容が意匠公報に掲載される。

しかし、例えばモデルチェンジ予定の車や将来の流行を見越した衣服などのように、実施化はまだ先であるが、取りあえずデザインは完成したので意匠登録を受けたいというような場合もある。このような場合に、登録時の登録内容の公開を延期し、その登録された意匠の内容をその意匠の実施時まで秘密にするために用いられる制度である。なお、この制度を利用するためには、出願又は第1年分の登録料納付時にその旨を請求する必要がある。

(4) 内装の意匠
　令和元年法改正により、家具や什器等の複数の物品等の組合せや配置、壁や床等の装飾により構成される内装が、全体として統一的な美感を起こさせるようなときは、意匠登録を受けることができることとなった。

(5) 組物の意匠
　意匠登録のための出願は、1物品について1意匠ごとにするのが原則であるが、例えば応接セットのように同時に使用される2以上の物品については、1意匠として出願をすることができる場合がある。
　ただし、組物の意匠として出願する場合には、組物全体としての保護を受けることになり、その一部の構成物品のみの侵害は認められない。したがって、個々の物品について出願可能である場合は、個々の物品で出願するか、それとも組物とするか、あるいは両方とするか弁理士などの専門家の意見を聴いて慎重に判断する必要がある。

●意匠権の効力・権利行使
(1) 発生
　意匠権は、出願後、審査を経て上述したような登録要件を満たしたと判断されることにより、意匠登録され権利が発生する。出願から登録までの間では何の権利も発生しない点に留意する必要がある。したがって、出願後すぐに販売などがされるような場合は、早期審査の利用により早期に登録を受けられるようにするとともに、模倣品が販売されているなどの行為があった場合は、後述する不正競争防止法2条1項3号による保護を専門家に相談すべきである（▶「テーマ1－10」を参照）。

(2) 効力

　意匠権は、登録を受けた意匠、及びそれに類似する意匠に効力が及ぶ。前述のとおり「意匠」は「物品」の「形状、模様若しくは色彩若しくはこれらの結合（以下、「形態」という。）」に係る創作である。よって、意匠権は、物品・形態ともに同一の場合のほか、物品類似・形態同一、物品同一・形態類似、物品・形態ともに類似の場合にその効力が及ぶこととなる。

　第三者が、正当な権原なく（実施権の許諾を受けていない場合など）業として、その登録された意匠及び類似する意匠の実施（生産、使用など）をした場合、侵害行為を構成することとなる。意匠権者は、このような侵害行為に対して、差止めや損害賠償等を請求することが可能であり、更には刑事責任を問うこともできる。

　なお、この意匠権の効力と密接に関係する「類似」範囲の判断は、需要者（消費者、取引者）の視覚による美感に基づいて行うこととされているが（意24条2項）、非常に困難である。したがって、この類似するか否かを判断する必要性が生じた場合には、弁理士に相談すべきである。

(3) 存続期間

　意匠権の存続期間は、意匠登録出願の日から25年とされている。ただし、関連意匠については、基礎意匠（関連意匠のうち、類似する複数の意匠のうちから選択した一の意匠を「本意匠」、本意匠に類似する意匠を「関連意匠」、最初に選択した本意匠を「基礎意匠」と呼ぶ。）の意匠登録出願の日から25年である。

●意匠法と他の知的財産権法の関係

(1) 特許法、実用新案法

　例えばタイヤの溝の形状を含めてタイヤの意匠権を受けた一方、その溝の形状が滑り止めの効果があって、それについて他人の特許権や実用新案権が成立している場合が考えられる。このような場合、両権利は抵触することとなり、調整が必要となる。よって、これらの権利が抵触する場合は、先に出願されていたほうの権利が優位なもの（後出願の権利が屈する。）として調整する旨の規定が意匠法及び特許法等に設けられている。

(2) 商標法

　商標法において立体商標制度（商標のうち容器の形状や店頭の人形など

の立体的なものをいう。詳細は▶「テーマ1-8」を参照）が認められているので、例えばボールペンのグリップ部分が立体商標として商標権がある一方、そのボールペンのグリップ部分に他人の部分意匠の意匠権が成立しているような場合が考えられる。このような立体商標の商標権と意匠権との抵触を想定して、(1)の特許法等と同様に先願が優位となる調整規定が設けられている。

(3) 著作権法

物品の美的な外観を保護する知的財産権として、意匠権のほかに著作権もある。法目的の相違から、意匠権はいわゆる実用品を保護対象とするのに対して、著作権は文化の領域にある美術工芸品等を保護対象とするが、はっきりとした線引きはなく、両権利はその態様により抵触することも考えられる。

しかし、著作権は意匠権と異なり、その発生について出願や登録を要件としない無方式主義が採用されている。したがって、著作権と意匠権の調整は、著作権の発生すなわち著作物の完成時と意匠権の出願時を基準として、いずれを優位とするかを判断して調整する規定が設けられている。

(4) 不正競争防止法

物品の外観に係る創作について、他人が商品の形態を模倣（デッドコピー）して販売等した場合には不正競争防止法により保護を受けることが可能である。特に出願から登録までの間の第三者の不正競争行為に対しては迅速な保護を受けることが可能であり有効である（▶「テーマ1-10」を参考）。

●意匠法を利用する際の留意点

意匠権は物品の外観等であることから、その発見が比較的容易であり、権利行使をすべきかどうかの判断もしやすい面があるので、積極的に取得の検討をすべきであろう。

また、実用新案権と比較して意匠権は審査を受け成立するので、権利の安定性も高く、また、権利期間も実用新案権が出願日から最大10年であるのに対して意匠登録出願の日から25年と長いので、意匠権による保護が可能であれば実用新案より意匠登録出願を検討する価値はあると考えられる。

意匠法には、組物の意匠や関連意匠制度、秘密意匠制度のような特有の制度があるので、うまく活用して適切な保護を図るべきである。

第1部 基礎編 知的財産法の知識

テーマ1-7 意匠登録出願から登録になるまで

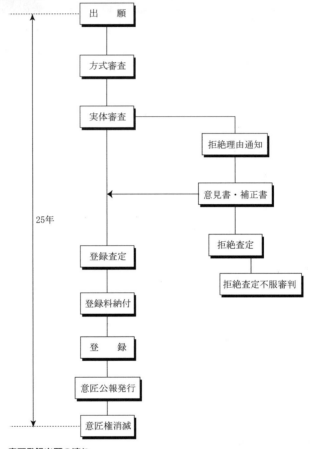

意匠登録出願の流れ

● 意匠登録出願

意匠登録を受けようとする場合、まず願書や図面等を作成して、特許庁に提出しなければならない。その作成については意匠法6条（意匠登録出願）及び関連する条文に規定されているので、以下に説明する。

(1) 願書

意匠登録を受けようとする者は、意匠登録出願人の氏名等、意匠の創作者の氏名等、及び意匠に係る物品を記載した願書に意匠登録を受けようと

する意匠を記載した図面を添付して特許庁長官に提出しなければならない。ここで、経済産業省令で定める場合は、図面に代えて、意匠登録を受けようとする意匠を現した写真、ひな形又は見本を提出できる。この場合は、写真、ひな形又は見本の別を願書に記載しなければならない。

また、意匠に係る物品の記載又は願書に添付した図面、写真若しくはひな形によっては、その意匠の属する分野における通常の知識を有する者が、その意匠に係る物品の材質又は大きさを理解することができないため、その意匠を認識できないときは、その物品の材質又は大きさを願書に記載しなければならない。

意匠に係る物品の形状等がその物品の有する機能に基づいて変化する場合において、その変化の前後にわたるその物品の形状、模様若しくは色彩又はこれらの結合について意匠登録を受けようとするときは、その旨及びその物品の当該機能の説明を願書に記載しなければならない。例えばびっくり箱の意匠のような場合、ふたを開ける前と開けた後の意匠を図面に現して提出する。なお、提出する図面、写真又はひな形にその意匠の色彩を付するときは、白色又は黒色のうち１色については彩色を省略でき、そのときは、その旨を願書に記載しなければならない。

また、図面等について、その意匠に係る物品の全部又は一部が透明であるときは、その旨を願書に記載しなければならない。

(2) 部分意匠の場合

部分意匠についての出願の場合も、その部分意匠が含まれている物品を願書に記載する。また、図面の作成については、その部分意匠に係る部分を実線で表し、他を破線とするなどの留意点がある。

(3) 一意匠一出願と組物の意匠

原則として、意匠登録出願は、経済産業省令で定める物品の区分により意匠ごとにしなければならない（例えば「雨戸」に関する意匠については「建築用品」と書いてはいけない）。ただし、組物の意匠の場合は（▶「テーマ１－６」を参照）、物品は組物としての物品を記載する。

(4) 関連意匠

意匠登録出願人は、自己の意匠登録出願に係る意匠のうちから選択した一の意匠（本意匠）に類似する意匠（関連意匠）については、意匠登録出

願の日から10年を経過する日前に出願した場合に、意匠登録を受けることができるので、この点に留意する。

(5) 秘密意匠

意匠登録出願人は、意匠権の設定の登録の日から3年以内の期間を指定して、その期間その意匠を秘密にすることを請求できる。この請求をしようとする者は、意匠登録出願人の氏名等とともに秘密にする旨と請求する期間を記載した書面を意匠登録出願と同時に又は第1年分の登録料の納付と同時に特許庁長官に提出しなければならない。

(6) 意匠の国際登録

外国に意匠出願するための制度として、国際登録出願の制度がある。国際登録出願とは、意匠の国際登録に関するハーグ協定のジュネーブ改正協定による国際出願をいい、意匠について、1つの国際出願手続により国際登録簿に国際登録を受けることによって、複数の指定締約国における保護を一括で可能とするものである。外国において意匠の保護を求めるには、各国の国内法に従った出願手続をしなければならないが、国際登録出願制度を使えば、1つの出願手続で複数の国での権利取得が可能になり、手続の簡素化、経費節減等のメリットがある。

●出願後から登録前の手続

(1) 補正

願書又は図面等の記載についての補正は、その要旨を変更しない範囲でのみ可能である。したがって、願書等の作成は十分に準備した上で、できるだけ補正しないで済むようにする必要がある。なお、審査において要旨変更と認められた場合は、その補正は却下される。

(2) 出願分割

一出願に2以上の意匠が含まれている場合には、それぞれの意匠について出願を分割できる。

(3) 出願変更

特許出願や実用新案登録出願から意匠出願への変更が可能である。また、その反対も可能である。

(4) 審査手続

　意匠法においては、特許法と異なり、出願審査の請求をしなくとも、全ての出願が審査される。審査において審査官が所定の要件を満たしていないことを発見すると審査官は登録を拒絶すべく、拒絶理由が出願人に通知される。（▶「テーマ1-6」を参照）

出願人は、この拒絶理由通知に対して、意見書を提出することにより、審査官に反論できる。さらに、必要に応じて、上述の補正、出願分割などの措置を講ずることによって、拒絶理由を解消し、登録を受けることができる。なお、それでも拒絶理由が解消せず、拒絶査定がなされた場合、出願人は拒絶査定不服審判、更には裁判所への不服申立てが可能である。

●登録

　審査により拒絶理由が発見されないものとされた場合、登録査定があり、第1年分の登録料の納付後、意匠権の設定の登録がされる。意匠権は、この設定の登録により発生する。

　この登録があったときは、意匠権者の氏名等、その出願の番号及び年月日、登録番号及び設定の登録の年月日、願書及び図面等の内容等が意匠公報に掲載される。ただし、秘密にすることを請求した意匠登録に関する図面等の内容は、指定された期間の経過後遅滞なく公報に掲載される。

●手続上の留意点

① 図面の作成については、所定の様式で記載して出願することが求められているので、専門家に依頼することが望ましい。
② 意匠法は特有の制度が幾つかあるので、適切な保護を受けるためにもその制度を上手に活用して出願すべきである。
③ 意匠法においても、同じ意匠について出願があった場合は、先の出願日のものを優先する先願主義が採られているので、出願手続は迅速に行う必要がある。
④ 出願及び意見書作成などの中間手続も、適切な対応をすべく弁理士の活用が望まれる。

テーマ1-8　商標法の基礎

●目的

　ある商標がある商品について長年使用され、消費者の間で知られるようになると、商標はその商品を購入する際の目印として機能するようになる。これは、消費者が、この商標が付されている商品なら安心できると認識しているからであり、この商標には商標所有者の信用が蓄積しているといえる。この商標に蓄積した信用は、商標所有者にとって大きな財産であり、他人に使われたくないものである。

　しかし、商標は、物と違って手元に置いておくことができないため、誰でも使おうとすれば勝手に使うことができてしまう。他人による自由な使用を許せば、例えばA社の商品「菓子」の「さくら」という商標が需要者の間でよく知られていた場合にB社が「菓子」に同一の商標「さくら」を付した場合、消費者がA社の「さくら」という菓子を購入するつもりが、誤ってB社の菓子を購入してしまう、という事態が起こり得る。このような事態が起きれば、A社の売上げは減少し、B社の菓子が粗悪なものであれば、A社の信用が傷付けられることにもなる。

　一方、消費者も入手したのは望んだ商品ではないので、A社も消費者も不利益を被ることになる。

　商標法は、このような混乱を防ぐため、商標の保護について規定している。ここで、商標法が保護の対象としているのは、上述した商標に蓄積した「信用」である。この点で、他の産業財産権法、例えば特許法が発明そのものを保護の対象としているのとは異なる。

●商標の機能

　商標には3つの機能があるとされている。(1) 出所表示機能、(2) 品質保証機能、(3) 広告宣伝機能である。これらの機能につき、あるA社が商品「菓子」に「さくら」という商標を付した場合を例に挙げて説明する。

(1) 出所表示機能

　　一定の商標を使用した商品等が必ず一定の生産者、販売者又は提供者によるものであることを示す機能であり、「さくら」がA社より流出した商品であることを表示する。商標は、その商品等を提供する者にとって、自己の商品等を他人の商品等と区別する機能を有している。

(2) 品質保証機能

消費者は、前回購入した「さくら」がおいしかった場合には、同一の味を求めて、再度、商標「さくら」が付された菓子を購入したいと考える。

そこで、A社は、消費者の期待に反しないよう、常に商品の品質を一定に保つ努力を重ねる。結果として、商標が付された商品等の品質の同一性を保証する。

(3) 広告宣伝機能

A社は消費者に対して「さくら」が付された菓子はA社の商品であることを印象付けるために宣伝を始める。テレビ等による宣伝により「さくら」という商標を記憶した消費者は、数ある菓子の中で、「さくら」が付された菓子を選んで購入することになる。これが商標の広告宣伝機能である。

●商標とは何か

それでは、商標とは何であろうか。商標法2条には、「人の知覚によって認識することができるもののうち、文字、図形、記号、立体的形状若しくは色彩又はこれらの結合、音その他政令で定めるもの」と規定されている。

商標として、文字や図形に係る商標、立体的形状に係る商標、動き商標、ホログラム商標、色彩のみからなる商標、音商標、位置商標が保護対象となる。なお、匂いは、商標法では保護されない。

次に、商品・役務（サービス）に使用されるものでなくてはならない。ただ「さくら」という語を選んだだけでは、単に「標章」であって、商標とはいえず、それを商品「菓子」に使用して初めて商標として保護の対象となるのである。

また、役務（サービス）については、直接、標章を付することができないから、物を介して使用することになる。例えばレストランにおいて飲食物を提供する場合に、皿に標章を付する、運送屋が荷物を運ぶトラックに標章を付する、等である。

また、インターネット等のネットワークを介して、商品やサービスを提供等する事業活動において、パソコン等の画面上に商標を表示することも商標の使用となる。

●商標の保護

それでは、商標法では、どのようにして商標の保護を図っているのであろうか。まず、保護の方法として「登録主義」と「使用主義」がある。

上述したように、商標法が保護の対象とするのは、商標に蓄積している信用であり、マークそのものではない。したがって、本来なら使用した結果、信用が蓄積した商標にのみ商標権を与えるべきであり、これが「使用主義」である。しかし、商標に信用が蓄積しているか否かを判断するのは困難である。

そこで、登場するのが「登録主義」である。登録主義は一定の登録要件さえ満たせば、信用が蓄積していなくても商標権を与える、というものである。これなら、商標の使用を立証する必要がないため、容易に商標権を取得して、安心して商標を使うことができる。

その半面、誰も使用していない商標に商標権があるために、使用したい他人が使用できなかったり、使用されて信用は蓄積しているのに、登録がないために保護を受けられなかったり、といった欠点もある。

日本の商標法は、登録主義を採用するとともに、上述の欠点をカバーするための規定を設けている。

(1) 登録商標の保護

上述のように、商標法は登録主義を採用しているため、後で述べるような一定の登録要件を満たせば登録され、商標権が発生する。商標権は、他人に契約で使用を許諾したり、移転したりできる。

商標権の存続期間は、登録日から10年間であるが、更新の手続を取ることにより、半永久的に存続できる。

したがって、A社が「菓子」に使用する「さくら」という商標について商標権を獲得すれば、将来ずっと、自社の菓子について「さくら」の使用を独占的に行うことができる。

(2) 登録主義の弊害の是正

まず1つ目の弊害として、使用されなくなった商標について商標権が存在することが挙げられる。この弊害を是正するため、使用されていない商標の登録の取消しを第三者が特許庁長官に求めることができる制度がある。また、10年ごとの更新手続で、登録料を納める必要があるため、使われなくなった商標については、更新手続が行われないであろうから、ここで商標権が消滅することになる。

2つ目の弊害として、長年使用された結果、広く知られ、親しまれている商標であっても、未登録だと保護されないという弊害がある。例えばB社が「つばき」という商標を自社の菓子に長年使用しており、周知（広く

知られている状態）になっているが商標登録は行っていない場合を想定しよう。ここで、未登録商標を誰もが自由に使用できるとすると、C社が自社の菓子に「つばき」という商標を使用できてしまう。

しかし、「つばき」はB社の商標として周知であるため、消費者は、C社の菓子をB社の商品と誤って購入してしまう。これでは、B社、消費者双方が不利益を被り、商標法の意図するところではない事態に陥る。このような、未登録ではあるが、周知になり、業務上の信用が蓄積した商標（以下、「周知商標」）を保護するための規定がある。

例えば周知商標と同一又は類似する商標は登録を受けることができないと規定されているため、他人が勝手に商標権を取得して、使用することはできない。また、仮に周知商標が、他人の持っている登録商標と類似し、普通なら商標権侵害となるような場合でも、他人の出願前から使用して周知にしていた場合は、継続して使用しても侵害とはならない、というような規定も置かれている。

●商標の登録要件

前述のように、商標法は商標の登録を認めて保護しているのであるが、どのような商標でも登録を受けられるわけではない。

まず、商標として保護されるためには、前述したように、自他商品識別機能を発揮する商標でなければならない。

すなわち、ある商品と他の商品とを見分ける目印となるものでなければならないのである。自他商品識別機能を有しない商標としては、例えば「菓子」等の普通名称、「鈴木」等のありふれた氏、「○」のようなありふれた模様等が挙げられる。これらの商標を使ったところで、他の商品と区別する目印とはならないであろう。このような商標は自他商品識別機能を発揮しないばかりでなく、登録を認めてしまうと、商標権者以外が使用できない事態、例えば菓子のパッケージに「菓子」と表示できないことになってしまう。このような事態を防ぐためにも、商標法では、自他商品識別力を有しない商標は登録しない旨を規定している。

このほかにも、自他商品識別力を有していても登録を受けられないケースがあるので、主だったものを以下に列挙する。

① 他人が既に持っている登録商標と同一又は類似のもの
② 周知商標に類似する場合
③ 公益を害する場合（国旗や卑猥な図形など）

ただし、①については、令和5年法改正により、先行登録商標権者の承諾を得ており、かつ、先行登録商標と出願商標との間で混同を生ずるおそれがないものについては、登録が認められることとなった（コンセント制度）。

●商標権の効力

商標権の効力については、先にも少し触れたが、もう一度詳しく説明しよう。まず、自己の登録商標を他人に邪魔されることなく使用できる。ここで留意しておくことは、商標権は指定商品・役務との関係において存在する、ということである。例えば菓子に使用する「さくら」と、自動車に使用する「さくら」は別個の商標権である。したがって、指定商品「菓子」について「さくら」という商標権を持っていても、「さくら」を菓子とは異なる商品である「自動車」に使用する権利はない。

次に、自己の登録商標を他人が使用することを禁止できる。他人の使用の禁止は、類似商標、類似商品の使用にまで及ぶ。例えばD社の登録商標「さくら」の指定商品が菓子である場合、E社が菓子に「さくら」を使用するのはもちろん、菓子と類似するパンに「さくら」を使用することをも禁止できる。これは、もしE社がパンに「さくら」を自由に使用できるとすると、消費者は、「さくら」が付されたパンをD社のものだと誤って認識するおそれがあるからである。

ただし、無制限に他人の使用を禁止できるのではなく、商標権が存在する場合でも、その商標を普通に表示する場合には、使用を禁止することができないとする制限事項がある。例えば「○○」という商標権がある場合に、○○さんが「○○」を自己の氏名として表示する場合については、商標権の効力は及ばない。

●審判制度

最後に商標制度に設けられている審判制度について簡単に説明する。基本的には特許制度と同様に、拒絶査定に対する審判、商標登録無効の審判などの審判制度が設けられている（▶「テーマ1-2」を参照）。

ただし、商標制度に特徴的な審判制度として、以下の取消審判がある。

(1) 不使用の場合の取消審判

これは、登録された商標が、継続して3年以上、日本国内においてその指定商品・役務に使用されていないときは、何人もその商標登録の取消審判を請求することができるという制度である。

このような制度が設けられたのは、商標制度は本来、使用されて業務上の信用が蓄積した商標を保護することを目的とするものであり、使用されていない商標には保護対象である業務上の信用が蓄積されないためである。

(2) 不正使用の場合の取消審判
　登録商標が不正に使用されている場合にも、商標登録の取消審判を請求できる。具体的には、以下の場合である。
① 商標権者による不正使用
　商標権者が故意に登録商標と類似する範囲において商標を使用し、これによって、商標の品質に混同等を生じているような場合は、何人も商標登録の取消審判を請求できる。
② 使用権者による不正使用
　登録商標について使用許諾を受けた専用使用権者や通常使用権者が、登録商標と同一又は類似の範囲において商標を不正に使用したことで需要者に商品の品質の誤認等を生じている場合、何人も商標登録の取消審判を請求できる。
③ コンセント制度による不正使用
　コンセント制度により複数の類似する登録商標に係る商標権が異なる商標権者に属する場合において、一方の権利者が不正競争の目的で他の権利者の業務に係る商品又は役務と混同を生ずる使用をしたときは、何人もその商標登録の取消審判を請求できる。

テーマ1-9 商標登録出願から登録になるまで

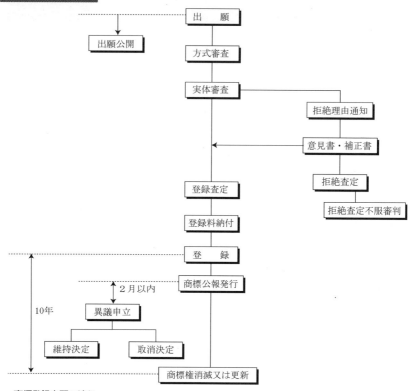

商標登録出願の流れ

●出願手続

　商標登録を受けるためには、出願人の住所・氏名、登録を受けようとする商標、指定商品・役務及びその区分を記載した願書を特許庁長官に提出する必要がある。

　指定商品・役務とは、商標を使用する商品・役務（サービス）を指し、商品が34区分、役務が11区分に分類されており、その区分を願書に記載しなければならない。分類は、国際的な協定に基づいて経済産業省令で定められている。

　出願は商標ごとにしなければならないため、1つの出願に2つ以上の商標を記載することはできない。ただし、指定商品・役務は、区分ごとに記載すれば、複数指定できる。この場合、出願料金は、区分が増えるごとに加算される。

●出願の種類

上記の通常の商標登録出願のほかに、防護標章登録出願、団体商標登録出願、地域団体商標登録出願がある。

防護標章登録出願とは、著名商標の権利者が、自己の商標権に係る商品・役務と非類似の商品役務について、他人の使用を阻止する権利を取得するための出願をいい、商標の著名性を条件に認められる通常の商標権に付随する、他人の使用を禁止するための権利である。また、著名とは、周知の程度が高いことをいい、一般的には全国的に周知であることが必要である。

団体商標とは、社団、事業協同組合等の団体が、団体構成員に使用させるための商標をいい、団体自身が使用しなくてもよい等、通常の商標とは異なる性質を有するため、特別な出願として規定されている。また、地域団体商標とは、事業協同組合等の地域に根ざした団体が、団体の構成員に使用させる商標であって、地域の名称と商品等に関連性があり、一定の地理的範囲の需要者間である程度有名であることが必要である。

これらの出願の形式は、出願時に決定するが、出願後に、通常の商標登録出願から防護標章登録出願、団体商標登録出願又は地域団体商標登録出願への出願変更、及び防護標章登録出願、団体商標登録出願又は地域団体商標登録出願から通常の商標登録出願への出願変更が認められている。

また、外国に商標登録出願するための制度として、国際登録出願の制度がある。国際登録出願とは、マドリッド協定議定書による国際出願をいい、特許庁に出願又は登録されている商標を基礎として行う出願であって、出願の際に保護を求める国名を記載することにより、1つの出願手続で複数の国での商標の保護を図ることができる。外国において商標の保護を求めるには、各国の国内法に従った出願手続をしなければならないが、国際登録出願制度を使えば、1つの出願手続で複数の国での権利取得が可能になり、手続の簡素化、経費節減等のメリットがある。

●出願公開

商標権を行使して、他人の使用を禁止できるのは、商標権設定登録後であるため、他人が出願中の商標を使用しても禁止できない。

そこで、第三者が出願内容を知らずに同一商標の使用を開始して不測の不利益を被ることを防止するため、出願内容が出願後に商標公報に掲載される。また、出願中の商標を保護するため、金銭請求権が認められる。これは、出願後に同一商標の使用をした第三者が、出願人が警告をした後にも使用を続けてい

る場合、出願人はその第三者に対し、商標権設定登録後に所定の金銭の支払を請求できる権利である（なお、出願公開は要件ではない。）。

したがって、商標の使用を開始する前には、登録商標のみならず、出願中の商標についても、同一・類似の商品・役務に同一・類似の商標がないかどうかについて調査を行う必要がある。

●出願の審査

(1) 方式審査

特許庁長官に願書が提出されると、出願は方式審査を経て、実体審査の対象となる。方式審査においては、出願書類が書式等の手続的及び形式的要件を具備するかどうかを審査する。

(2) 実体審査

方式審査を通ると、審査官による実体審査が行われる。実体審査では、商標が登録要件を満たしているか、指定商品・役務が不明瞭でないか等が審査される。登録要件とは、商標に自他商品識別力があること、自他商品識別力がある場合に、個別の不登録事由に該当しないことである。自他商品識別力がない商標として、例えば商品の普通名称が挙げられる。普通名称は、その商品を他の商品から区別する役目を果たさないため、商標として保護する価値がなく、また、そのような商標に登録を認めると、第三者が普通名称を使用できない事態になるため、登録が禁止されている。個別の不登録事由としては、例えば公序良俗を害する商標や、他人の先願商標と同一又は類似する商標、品質を誤認させる商標に該当する場合が挙げられる。

拒絶理由がある場合、審査官は、出願人に拒絶理由を通知し、応答する期間を与える。出願人は、拒絶理由が妥当でないと判断するときは、その旨の意見書を提出して争うことができ、拒絶理由が妥当であると判断するときは、他人の商標登録の類似範囲にある指定商品を削除する手続補正書を提出したり、類似とされる商標を他人から譲り受けたりして、出願を登録に導く手段を採ることができる。

また、指定商品・役務の一部を新たな出願とする分割出願が認められている。分割出願はもとの出願とは別の新たな出願であるが、出願人を保護するための制度であるので、もとの出願の日に分割出願をしたものとみなされる。

例えば一部の指定商品について拒絶理由がある場合に、出願を分割して、拒絶理由がない商品については速やかに登録を得、拒絶理由のある商品については別途争うこともできる。なお、それでも拒絶理由が解消せず、拒絶査定がなされた場合、出願人は拒絶査定不服審判、更には裁判所への不服申立てが可能である。

●登録

審査により拒絶理由が発見されないものとされた場合、登録査定があり、登録料の納付後、商標権の設定の登録がされる。商標権は、この設定の登録により発生する。なお、登録料の納付は、10年分の登録料を納付する一括納付と、5年分の登録料を納付する分割納付とを選ぶことができる。

商標が登録されると、商標公報に所定の事項が掲載される。商標掲載公報の発行日から2月間、第三者は商標の登録に異議を申し立てることができる。

商標の登録により、商標権が発生する。商標権の存続期間は設定登録日から10年であるが、更新登録の申請により更新できる。このように、10年ごとに更新登録の申請を行うことにより、商標権は半永久的に存続する。

なお、防護標章登録については、著名商標の保護という機能を果たさなければ意味がないので、10年ごとに要件を満たしているかどうかの審査が行われ、審査に通ると、更新登録される。

第1部　基礎編　知的財産法の知識

テーマ1-10　不正競争防止法の基礎

●不正競争防止法の目的

不正競争防止法1条は、その法目的を「この法律は、事業者間の公正な競争及びこれに関する国際約束の的確な実施を確保するため、不正競争の防止及び不正競争に係る損害賠償に関する措置等を講じ、もって国民経済の健全な発展に寄与すること」にあると規定している。つまり、不正競争防止法とは、事業者間の不正な競争行為を防止し、また、不正な競争行為に対する救済措置（差止請求、損害賠償請求等）について規定する法律である。

●不正競争行為の類型

不正競争防止法では、不正競争に該当する行為の類型を以下とおり限定的に列挙している（不競2条1項各号）。したがって、それらいずれの類型にも該当しない行為は、不正競争防止法の規制の対象とすることができない。

(1) 他人の成果を冒用（いわゆる盗用）する行為（不競2条1項1号から3号）
  ① 周知表示の混同惹起行為（不競2条1項1号）

　　周知の他人の商品等表示（商標や商品の形態等）と同一又は類似のものを使用して他人の商品等と混同を生じさせる行為が規制される。

　　ここで、商品等表示は、商品又は営業を表示するものであれば、法文の括弧内に例示されている「氏名、商号、商標、標章、商品の容器、商品の包装」には限定されず、商品の形態、模様又は色彩等も該当する。例えばローズ型のチョコレートの形態やウエットスーツに配された複数の色彩について商品等表示性が認められた例がある。

　　商品の商品等表示の周知性については、必ずしも全国的である必要はなく、一地域の周知性でもよいとされ得る。

　　また、混同は商品等の出所が同一又は営業主体が同一であると誤認させる行為（狭義の混同）のみならず、両者間にいわゆる親会社子会社の関係や系列関係等のような経済的又は組織的に何らかの関係があると誤信させる行為（広義の混同）を含むと考えられている。

　　もっとも、本号の要件に該当する場合でも、適用除外がある。普通名称・慣用表示、自己の氏名の使用等の場合には差止め等の対象とはならないとされている。これは、特定の企業に独占させるべきものではないからである。また、先使用についても適用除外となっている。

② 著名表示の冒用行為（不競2条1項2号）

著名表示と同一又は類似のものを使用する行為が規制される。

1号の「周知性」よりも高い名声及び信用を獲得している「著名性」が要件とされる一方、1号のように「混同」は要件とされない。これにより、広義の混同が生じない場合でも、著名な商品等表示が有している顧客吸引力に営業上の努力を払うことなく「ただ乗り（フリーライド）」するような行為、著名な商品等表示の冒用行為により本来の使用者との結び付きが薄められ、表示の持つイメージが「希釈化（ダイリューション）」される行為、及び著名な商品等表示が低俗又は低品質のものに使用されることにより高級なイメージが「汚染（ポリューション）」される行為を規制の対象とすることができる。例えば他人が著名ブランドのイメージを低下させるサービスに用いた場合には、本号に該当すると考えられる。

③ 商品の形態の模倣行為（不競2条1項3号）

商品形態のいわゆるデッドコピー（そっくりの模造品）を譲渡等する行為が規制される。後発の模倣者は商品化のための時間を節約でき、また、ヒット商品を狙って模倣も可能となるため、言わば、後からやった者ほど有利になるのは不公正だからである。ただし、この規定は日本国内において最初に販売された日から3年を経過したものについては適用外とされている。

ここで、「模倣」とは、いわゆるデッドコピーを意味するが、他人の商品と完全に同一の場合のみならず、実質的に同一の場合も含まれる。

また、「商品の形態」には、意匠法における創作非容易性のようなものが要求されない。適用外とされる3年の起算日は、現実の商品の販売日のみならず、一般公衆が商品の形態を確認できる状態での広告活動・営業活動（見本市等への商品の展示等）を開始した日とされる場合がある。また、外国で最初に販売している場合には、その外国販売日が起算日とされ得る。もっとも、何ら努力することなく容易に作り出せるような個性・特徴のない形態、又はその商品の機能を確保するために不可欠な形態は、対象外とされる。

(2) 営業秘密の不正取得行為等（不競2条1項4号から10号）

本法によって「営業秘密」として保護されるためには、秘密管理性、有用性及び非公知性の要件が必要である。

ここで、秘密管理性とは、秘密として管理されていることをいい、有用性とは、生産方法、販売方法その他の事業活動に有用な技術上又は営業上の情報等であることをいい、非公知性とは、公然と知られていないことをいう。

秘密管理性を満たすためには、保護対象の情報に「マル秘」等を表示し、アクセスできる者を制限し、キャビネット等に施錠保管するなど、アクセス自体を物理的に制限することなどによって管理されている必要がある。有用性のある情報とは、顧客リストや設計図等のように客観的に見て保護に値する情報である。非公知性を満たすためには、情報が刊行物等に記載されていないなど、営業秘密へのアクセスが許されている者以外の者には知られていない状態にする必要がある。

(3) その他の不正競争行為

① 限定提供データの不正取得等（不競2条1項11号から16号）

企業間で複数者に提供等される限定提供データを取得し、自ら使用し、若しくは第三者に開示する行為は規制される。

② 技術制限手段（プロテクト）を無効化する装置に関する不正行為（不競2条1項17号、18号）

制限されているコンテンツの視聴や記録、プログラムの実行、情報の処理を可能とする装置等を提供等する行為は規制される。

③ ドメイン名の不正取得等の行為（不競2条1項19号）

図利加害目的で、他人の商品・役務の表示と同一・類似のドメイン名を使用する権利を取得・保有、又はそのドメイン名を使用する行為は規制される。

④ 原産地・品質等の誤認惹起行為（不競2条1項20号）

商品・役務又はその広告等に、その原産地等について誤認させるような表示をする行為、又はその表示をした商品を譲渡等する行為は規制される。

⑤ 信用毀損行為（不競2条1項21号）

競争関係にある他人の営業上の信用を害する虚偽の事実を告知し、又は流布する行為は規制される。

⑥ 代理人等の商標冒用行為（不競2条1項22号）

商品の輸入代理店等が無断で外国製造業者の商標を使用する行為等は規制される。

●不正競争行為に対する救済

　前掲いずれかの不正競争行為に該当する場合には、その救済として以下の措置が認められる。

　まず、営業上の利益を害された者は、差止請求権を有する。救済手段を採ることのできる主体は「営業上の利益を侵害される者」と規定されている。

　差止請求権を有する点は、産業財産権と共通する。相手方の故意・過失を要しない点、廃棄請求ができる点も同様である。

　もっとも、営業秘密にかかる不正行為に対する差止請求については、その事実又はその行為を行っている者を知ったときから3年、又は行為開始の時から20年と消滅時効期間が定められている等の異なる面もある。

　また、損害賠償請求権を有し、その損害賠償の請求に当たっては、請求者の立証上の負担を軽減するために、損害の額の推定規定がある点も産業財産権と同様である。

テーマ1-11 著作権法の基礎

●著作権法の目的等

著作権法1条は、その法目的を「著作物並びに実演、レコード、放送及び有線放送に関し著作者の権利及びこれに隣接する権利を定め、これらの文化的所産の公正な利用に留意しつつ、著作者等の権利の保護を図り、もつて文化の発展に寄与すること」としている。

特許法をはじめとする産業財産権法が全て「産業の発達」を目的としているのに対し、著作権法は「文化の発展」を目的としている点が特徴的である。著作権法は、創作物（著作物）を不正な複製等から保護することで創作活動に対するインセンティブを与え、創作活動が活発に行われることでより多様な創作が生まれ、結果として文化が発展することを期待しているものといえる。

以下、著作権法と特許法等の産業財産権法の違いを比較しながら説明を行う。

●保護対象

著作権法が保護しようとする対象は「著作物」である。著作物とは、思想又は感情を創作的に表現したものであって、文芸、学術、美術、音楽の範囲に属するものをいう。

すなわち、著作物といえるためには、「思想又は感情の表現」でなければならず、客観的なデータなどは含まれない。一方、「創作的」に表現したものでなければならないが、既存の作品や事実を参考としていても、その表現方法が模倣でなく、著作者自身の創作的表現であればよい。

著作権法では、そのような著作物を明確にするため、更に具体的な例示がされているが、これらのいずれかに属しなければ著作物ではないというものではない。

詳細については割愛するが、重要なのは「表現したもの」であるという点である。すなわち「表現」が保護されるのであって、その背後にある「思想」すなわち、アイデアは保護されないことを意味する。この点が特許法と異なるので注意が必要である。

●権利の種類

産業財産権法では財産的側面のみが規定されており、人格権（創作者自身の名誉等に関わる人格的利益）を認める直接の規定はない。これに対し、著作権法には、人格権を認める直接の規定が存在する。

そもそも著作権には広義と狭義があり、広義の著作権は、著作者人格権及び財産権としての権利たる著作財産権の双方を含むが、著作権法上で「著作権」（狭義の著作権）という場合は、著作財産権のみを指す。

著作者人格権は、著作者の著作物について人格的利益を保護する権利である。そのため譲渡することができない一身専属的な権利である。著作者人格権には、著作物を公表するか否か、公表する場合の時期・方法等を決定する「公表権」、著作物の原作品又はその複製物に著作者の氏名を表示するか否か、表示する場合の名義等を決定する「氏名表示権」、著作物の同一性を保持し、著作者の意に反した改変を受けないという「同一性保持権」の3つがある。

他方、著作権（著作財産権）については著作権法21条から28条までに規定されている。具体的には、最も基本的な権利であり、著作物を有形的に再製する権利である「複製」権がある。ここでいう「複製」には、印刷、写真、複写、録音、録画のほか、手書きで写すことも含む。また、著作物を公衆に送信する権利である「公衆送信」権（例えばテレビ放送やウェブサイトによる公開等）、原作品や複製物を譲渡により公衆に提供する権利たる「譲渡」権、著作物の複製物を貸与する権利たる「貸与」権、著作物を翻訳、編曲、変形する権利、脚色、映画化等の翻案する権利たる「翻案」権などがある。

著作権法は以上のように利用形態に応じて著作権の内容を分けて規定しており、これらを著作権の支分権と呼ぶ。その結果、著作権は支分権の集合体であり、「権利の束」（bundle of rights）と呼ばれることがある。

●権利の主体

著作物を創作した自然人が著作者となるのが原則である。ただし、著作権法では法人著作という考え方が認められており、一定の要件を満たす場合は、法人が著作者となり得る。例えば新聞記事は新聞社が著作者となる。著作物が法人等の発意に基づいて作成された場合がこれに当たる。

●保護期間

著作権の存続期間の始期については著作物の創作の時に始まる。

保護期間は、著作物の種類により異なる。自然人が創作した著作物のうち、著作者の実名で公表されたものは、原則として著作者の死後70年、無名又は変名で公表されたものは、当該著作物の公表後70年、団体名義の著作物は、公表後70年又は創作後70年、映画の著作物は、公表後70年又は創作後70年とされている。

●権利発生の要件

特許法等の産業財産権法では、権利は設定登録という行政処分によって発生することとされ、いわゆる方式主義を採用している。

これに対し、著作権法では著作物の完成と同時に発生し、審査・登録を要しない無方式主義を採用する。したがって、著作権は、著作者が著作物を創作した時に自動的に発生するのであって、著作権を取得するためにいかなる手続も要求されない。また、権利発生後も日本国内での著作権の保護を目的として、著作物に©（マルシーといい、Copyrightの略）表示をする必要はない。

もっとも、著作権法においても事実関係を公示する又は取引の安全を確保するために一定の範囲（著作権を移転等する際には、登録が第三者対抗要件であり文化庁に登録手続を行う。）で登録制度を採用している。

●著作権の効力とその制限

産業財産権は、独自に創作をなした者に対しても権利の効力が及び、例外として先使用権といった一定の要件を具備する場合にのみ効力が及ばないこととなるにすぎない（▶「テーマ1-2」を参照）。

これに対し、著作権は原著作物に依拠（アクセス）せずに独自に創作したものに対しては効力が及ばないと解されている点で異なる。

次に、産業財産権の効力として差止請求や付帯請求としての廃棄請求、損害賠償請求、不当利得返還請求が認められているが、これらは著作権でも認められている点で同様である。また、損害賠償請求に際し、損害額の推定規定がある点でも同様である。

他方、権利の効力が制限される場合が規定されている点も特許法と同様である。産業財産権法では、「業として」でない実施には効力が及ばず、著作権法では原則として「個人的に又は家庭内」において私的使用のために複製する場合や、正当な範囲内での引用として利用する場合にも効力は及ばない。両者の文言は異なるものの、実質的には私的利用の範囲にまで過度に制限しない趣旨の規定であるといえる。

このほか、著作権法では著作物の利用を促進して文化の発展に寄与する等の目的のため、図書館における制限等の規定を設けている。

●権利の消滅

産業財産権では権利に存続期間が定められており、その存続期間の満了により消滅するのが原則である。

この点、著作権法でも同様に存続期間が設けられている点で同様である。これはいずれも創作物の自由利用を促進することで産業や文化の発達に寄与せんとするためである。
　ただし、著作権の場合は存続期間の終期の起算点が原則として「著作者の死」の時点となっている点で出願日や設定登録日を起算点とする産業財産権法と異なる。また、権利の存続期間についても、産業財産権法とは異なる。

●その他
(1) 職務著作
　社員が著作物を創作した場合、職務著作として著作権法の保護を受け得る。その著作物が、① 法人等の発意に基づくものであること、② 法人等の業務に従事する者が作成したものであること、③ 職務上作成されるものであること、④ 法人等の名義で公表されるものであること、⑤ 作成時における契約、勤務規則等で別段の定めがないこと、を満たす場合には、法人が著作者（法人著作）となる。なお、プログラムの著作物については、他の著作物と異なり、前記④の法人等の名義で公表されるという要件が満たされていなくとも法人著作となる。

(2) 侵害コンテンツのダウンロード
　違法にアップロードされたものだと知りながら侵害コンテンツをダウンロードする行為は著作権等の侵害となる。また、侵害コンテンツへのリンクを掲載する行為等も、著作権等の侵害となる。

(3) 他人の著作物の写り込み、写し込み
　スクリーンショットやインターネット上での生配信、模写、街の風景のCG化等による写り込みは、一定の条件の下では、著作権等の侵害に該当しない。

テーマ1-12　種苗法の基礎

●種苗法の目的

　種苗法は、農林水産植物の新品種を保護するとともに、種苗の流通の適正化を図るための法律である。新品種を育成した者に対しては、一定期間の独占を認め保護を与える。また、種苗は、外観からのみでは品種、発芽率等の品質や生産地の識別が困難であることから、品種名や品種登録番号などの表示を種苗又は包装に付することを種苗業者に義務付けている。

●保護対象

　種苗法2条2項において、「『品種』とは重要な形質に係る特性の全部又は一部によって他の植物体の集合と区別することができ、かつ、その特性の全部を保持しつつ繁殖することができる一の植物体の集合」と定義している。以下、簡単ではあるが法上の定義に基づき種苗法の保護対象について例を挙げて説明する。

　重要な形質は、農林水産大臣が農業資材審議会の意見を聴いて農林水産植物の区分ごとに定めて公示するとされている。例えばイチゴについては、果実の形、果実の大きさ、果皮の色等が重要な形質となる。「特性」とは、それぞれの形質ごとに表現される性質をいい、例えば「果実の形」の形質について、「円錐形」が特性となる。また、繁殖の方法には、交配による有性繁殖と、接ぎ木や挿し木による栄養繁殖がある。

　栄養繁殖は、特性の同じ植物体を増やすことができるので、栄養繁殖する植物体の集合は「品種」である。一方、有性繁殖する植物体の集合は、交配により得られた種苗を栽培した場合には、植物体ごとに特性のバラツキが生ずる場合があることから、「品種」であるとは限らない。

●品種登録を受けるための要件

　「品種」であれば全て品種登録されるというわけではない。法上の登録要件には、「品種」であることのほかに主に以下の点が要求される。

　① 区別性があること
　② 均一性があること
　③ 安定性があること
　④ 未譲渡性があること

① 「区別性がある」とは、品種登録出願前に国内外の公然知られた他の品種と重要な形質に係る特性の全部又は一部により明確に区別できることである。「公然知られた」とは、実際にその品種の種苗が販売された場合のみならず、カタログを入手した者がその品種を購入し得る状態であっても該当する。ただし、刊行物に新品種が記載されただけでは、その品種の存在を確認できないので、「公然知られた」に該当しない可能性が高い。

② 「均一性がある」とは、同一の繁殖の段階に属する植物体の全てが重要な形質に係る特性において十分類似していることである。栄養繁殖する植物体は、突然変異がない限り、均一性があると考えられる。有性繁殖する植物体は、それぞれの遺伝子型が同一でないことから、均一性を満たさないことがある。

③ 「安定性がある」とは、繰り返し繁殖させた後においても重要な形質に係る特性の全部が変化しないことである。栄養繁殖する植物体は、安定性があると考えられる。有性繁殖する植物体は、交配を繰り返していくと、特性が変化して安定性が失われることがある。

④ 「未譲渡性がある」とは、日本国内において品種登録出願の日から1年遡った日前に、外国においては品種登録出願の日前から4年（果樹などの永年性植物の場合には6年）遡った日前に、業として譲渡されていないことである。業としての譲渡とは、反復又は継続の意思をもって行う譲渡をいい、その意思があれば、1回限りの譲渡も該当する。

このほかに、出願品種の名称に関する適切性についても審査が行われる。例えば出願品種と同一の名称について既に商標登録されていた場合には不適切な名称と判断される。

上述したような登録要件を全て満たす品種であれば、原則として品種登録を受けることができる。なお、品種登録を受けるためには、品種登録出願を行って審査を受けなければならない。これについては、次に説明する。

● **品種登録の審査**

品種登録出願を行うと、出願品種について、区別性、均一性及び安定性特性に関する審査が行われる。この審査は、原則として、同一条件下での対象品種（既存の品種のうちで出願品種と最も類似するとして選定されたもの）と栽培試験によって行われる。栽培試験は、全国各地に農場を有する独立行政法人種苗管理センターで行われる。

●育成者権の効力・権利行使

(1) 発生

出願後、審査を経て前述のような登録要件を満たしたと判断され、登録査定がなされた後に、出願人が登録料（第１年分）を納付すると、登録され育成者権が発生する。

(2) 効力

育成者権の効力は、「育成者権者は、品種登録を受けている品種及び当該登録品種と特性により明確に区別されない品種を業として利用する権利を専有する」と種苗法20条に定められ、育成者権は、第三者の無権原の登録品種（従属品種・交雑品種を含む。）の利用を排除することができるという排他的な権利である。

ここで、「登録品種と特性により明確に区別されない品種」とは、登録品種と特性に差はあるものの、登録品種の要件としての区別性が認められる程度の明確な差がないものであるが、区別性が認められる程度の明確な差があるかどうかは、出願品種と公然知られた他の品種との特性の相違の内容及び程度、これらの品種が属する農林水産植物の種類及び性質等を総合的に考慮して判断される。

また、「品種の利用」とは、その品種の種苗の生産、調整、譲渡の申出、譲渡、輸出、輸入、又はこれらの行為をする目的をもって保管する行為をいう。収穫物についての品種の利用は、育成者権等が種苗の利用について権利を行使する適当な機会がなかった場合に限り、品種の利用となる（カスケイドの原則）。

なお、新品種の育成は、既存品種同士を交配・選抜することにより行われることが多く、既存品種の利用が不可欠である。そこで、試験研究目的の利用などの一定の場合に限り、育成者権の効力の例外が認められている。以前は、いわゆる農業者の自家増殖が育成者権の効力の例外と定められていたが、現在は原則として認められていない。

(3) 現物主義

種苗法は、現実に育成された品種を保護対象としており、審査においても現実の植物体に基づいて審査を行っていることから、育成者権の範囲は、品種登録簿の特性表により画されるものではなく、登録品種の植物体により画されるものとされている（現物主義）。

したがって、育成者権の効力が及ぶ品種であることを立証する手段としては、原則として、登録品種と被疑侵害品種の植物体同士を同一条件下で比較栽培して、両者の特性を比較する方法が採られることが多い。なお、令和2年法改正により、特性表と被疑侵害品種とを比較することで、被疑侵害品種が登録品種の育成者権が及ぶ品種であることを推定する規定が設けられた。

(4) 育成者権の消滅

育成者権の存続期間は、品種登録の日から25年(木本の植物にあっては、30年)とされている。また、ほかにも登録料不納などに基づく品種登録の取消し、品種登録の異議申立てなどの事由により、消滅することとなる。

●育成者権の活用

特許権と同様に、譲渡等による活用、利用権の設定・許諾による活用が可能である。

●育成者権の侵害

育成者権者は、登録品種を正当な権原(利用権)なく、又は理由(試験研究など)なく利用した者に対し、育成者権侵害として、特許権と同様に、差止請求権、損害賠償請求権、不当利得返還請求権、信用回復措置請求権に基づく民事上の救済を受けることができる。なお、育成者権を侵害した者は、その侵害の行為について過失があったものと推定されるので、育成者権の存在を知らなかった場合も育成者権の侵害となる。

テーマ1-13　外国特許制度の基礎

●国ごとに特許制度が存在している

　特許権の効力は特許権を取得した国の領域内に限定されており、各国の領域内における特許権の内容は各国の法令によっている。また、世界のどこか1か所の特許庁へ特許出願して審査を受けることにより、世界の各国で効力を有する「世界特許」や「国際特許」のようなものは現存しない。交通・通信手段の発達によって世界があたかも1つの市場のようになっている今日、世界のどこでも1つの共通した手続、審査などによって特許権が成立することが望ましく、そのような取組も検討されているが、現段階では世界の各国は、それぞれ独自の法制によって特許を保護できるのが原則となっている。

　そこで、発明実施品を外国へ輸出又は発明実施品を外国で製造、販売、使用する等の場合、それぞれの国の特許庁へ、それぞれの国の特許法が定める方式、手続に従って特許出願し、それぞれの国で審査を受ける必要がある。

　発明実施品を販売する市場規模を考えれば、市場を日本国内のみに限らず、世界に拡大する必要が生じ、外国でも特許権を取得することが必要になる。また、製造方法に係る発明であっても、今日のように工場を海外に移転して生産を行う等の事業形態が拡大してくると、実際に製造を行う国で特許権を取得する必要が生じてくる。さらに、インターネットを用いたビジネスで外国にウェブサイトを設置する、外国に居住する人もアクセス可能にするというような場合には、外国においても特許権を取得する必要性を考慮しなければならない。

　以下では、主要な国の特許制度について簡単に説明する。

●出願国の選定について

　基本的には、前述したように、海外展開（外国での生産・販売）を予定している国について出願することになる。

　飽くまでも一般論であるが、外国出願をする場合、マーケット規模の大きさという点で米国、欧州、中国が出願国として選定されることが多い。

●外国出願のルート

　外国への特許出願は、一般的に、その国に居住している代理人（弁護士、弁理士）を通じ、その国の特許庁に必要な書類を提出して行う。もちろん、現地に自社の支店などが存在している場合、その支店などから直接、当該国の特許庁に必要な書類を提出して特許出願することも可能な場合もあるが、各国の法

令、方式、手続に従う必要があるので、各国の専門家（弁護士、弁理士）を通じて手続するのが一般的である。

外国への特許出願は、次の3つのルートのいずれかで進めることができる。

① 目的とする国へ直接特許出願する（「直接」とは、日本で特許出願をすることなく、又は日本特許出願に基づく優先権を主張することなくという意味であり、以下、この意味をもって「直接」と表記する。）。
② 日本へ特許出願した後、これに基づく優先権を主張して1年以内に外国へ特許出願する（以下、「優先権主張出願」という。）。
③ 特許協力条約（Patent Cooperation Treaty 以下、「PCT」と表す。）に基づく1件の国際出願を行い、その後、所定の期間中にPCTの締約国の中で希望する国の国内段階へ移行する。

●直接出願ルート

目的とする国の特許庁が受け付ける言語で明細書・図面などを作成し、直接、その国の特許庁へ直接特許出願するものである。世界のどの国においても、同一の発明については、最も先に特許出願されたものについてのみ特許が認められる先願主義が採用されている（米国の制度は「先発明者先願主義」などと呼ぶこともある。）。また、特許出願日を基準として、特許を受けようとする発明が新規性・進歩性などの特許要件を満たしているか否かが判断される。

したがって、1日でも早く特許出願を行う必要があるが、このように、目的とする国へ直接特許出願する場合には、特許出願すべき国の特許庁が受け付ける言語で明細書・図面などを作成して提出しなければならないので、手続上の準備に大きな負担が伴う。そこで、日本国内で製造・販売する商品でなく、日本国内に輸入する商品でもない、外国でのみ製造・販売する、あるいは外国でのみ実施するものであるというような特殊な場合でもなければ、特に採用されることのない方法である。

なお、近年は事業の国際展開が増え、現地の法律に基づいて海外に配置している自社の研究部門・技術開発部門で完成させた発明をまず米国などの外国に特許出願し、このような外国特許出願に基づき後述する優先権を主張して日本に特許出願することもある。

また、日本の特許出願に基づく優先権を主張できる期間を過ぎてしまったが、日本における特許出願日から1年6月経過していないので出願公開されておらず、優先権主張の効果を得ることができなくても、とにかく目的とする国へ特許出願する必要があるというときに、直接、外国に特許出願することもある。

●優先権主張出願ルート

日本で行った特許出願に基づき、日本で特許出願を行った日から1年以内に、目的とする国へ優先権を主張して特許出願するものである。

先願主義（同一の発明については、最も先に特許出願されたものについてのみ特許が認められる。）の下では、どの国においても1日も早く特許出願を行う必要がある。

しかし、どの国においても、その国の特許庁が要求する言語で明細書・図面等の提出書類を準備し、その国の特許庁が要求する方式、手続に従って特許出願を行わねばならない。このような出願準備手続は当該国に居住していない外国人にとって、時間的、手続的、経済的に困難である。

そこで、日本で行った特許出願に基づき、所定の期間（優先期間）の間に優先権を主張して外国へ特許出願を行えば、発明の先後願、新規性・進歩性などの特許要件の判断を、日本で特許出願が行われた日を基準として行う等の優先的取扱いがなされるようになっている。

このような優先的取扱いがなされる優先権の主張は、パリ条約に基づくもの、TRIPS協定に基づくもの、二国間での取決め、相互条約に基づくもの等がある。

いずれの場合も優先期間は基礎となる日本における特許出願日から1年（12月）である。日本で特許出願を行った後、その特許出願に係る発明について外国でも特許権を取得する必要性を1年の間に判断し、必要と判断した場合には翻訳文を準備し、日本の特許出願に基づく優先権を主張して外国の特許庁へ出願する。

この際、優先権主張の基礎になっている日本特許出願の内容に改良発明等を追加して外国への特許出願を行い、優先権主張の基礎になっている日本特許出願に記載していた発明については前述した優先的な取扱いを受け、外国出願の際に追加した改良発明については、外国での出願日を基準に特許要件（発明の先後願、新規性・進歩性など）の判断を受けることが可能である。

また、日本における複数の特許出願の内容を1件の外国特許出願にまとめ、その内容に基づいてそれぞれ優先権主張し、そこに記載されていた発明についてそれぞれ前述した優先的な取扱いを受けることもできる。

ただし、目的とする国において1件の特許出願の中に含め得る発明概念、発明の数を超える場合には、発明の単一性を認めてもらえないことがある。このような場合には、基礎にしている日本の複数の特許出願に基づくそれぞれの優先権は認めてもらえるが、目的とする国において複数の特許出願に分割して審査を受けなければならないことになる（▶「テーマ1-15」を参照）。

●PCTルート

　日本語で作成した明細書・図面等の提出書類を用いて日本特許庁にPCTに基づく国際出願を行う。

　これにより、PCTの締約国全てに特許出願を行ったことになる。そして、所定の期間にPCT締約国の中で実際に特許権取得を目指す国のみ、今度はそれらの国のそれぞれの特許庁に対して翻訳文等の所定の書面提出・出願料納付等(以下、「国内段階移行手続」という。)を行うものである。

　前述した優先権主張出願ルートに比較してPCTルートには以下のようなメリットがある。

(1) 同日に世界の複数の国に特許出願を行った効果を得ることができる

　　国際出願を行うと、国際出願を行った日(国際出願の出願日)に世界の複数の国(PCTの締約国全て)に特許出願を行ったのと同じ効果を得ることができる。この場合、先の出願に基づく優先権を主張して国際出願を行うことが可能であり、先の出願に基づく優先権を主張して国際出願を行うと、パリ条約の優先権主張と同等の利益を得られる。具体的には、優先権主張の基礎になっている先の特許出願に記載されていた発明については、各国特許庁で審査を受ける際に先の特許出願の日を基準に特許要件が判断されるという優先的取扱いがなされる。

　　前述した優先権主張出願ルートの場合、優先権主張の利益を得ることができるが、外国における特許出願日は飽くまでもその国における現実の出願日である。これに対して、国際出願の場合、日本特許庁に対して日本語で国際出願を提出した日が、PCTの全締約国における現実の特許出願日になり、さらに、先の出願に基づく優先権主張をしている場合には、優先権主張の利益も得られる。

　　このように国際出願においては、国際出願の前1年以内に行っていた日本特許出願に基づくパリ条約の優先権を主張することができるので、日本で特許出願を行った後、1年以内にパリ条約に基づく優先権を主張して国際出願を行うことにより、目的とする複数の国に同日に特許出願した効果を得るとともに、それぞれの国において前述した優先権主張の利益を受けることができる。すなわち、国内段階移行手続を行って移行した各国の特許庁における審査で発明の先後願・新規性・進歩性などの特許要件の判断は優先権主張の基礎になっている日本での特許出願の日を基準として行われる等の優先的取扱いがなされる。

また、国際出願を行うとPCTの全締約国を指定したことになり、国際出願の日にPCTの全締約国に特許出願を行ったという利益を得られる。

PCTには、2024年11月の時点で、日本、欧米の主要国をはじめとして世界158か国が加盟している。そこで、1件の国際出願で、世界158か国への特許出願を同日に行った効果を得ることができる。

なお、PCT非加盟国に関しては、前述した優先権主張出願ルート、あるいは直接ルートで特許出願する必要がある。

(2) 翻訳文の準備、出願すべき国の決定等に時間的猶予を得ることができる

PCTに基づく国際出願は、PCTの全締約国に同日に特許出願を行ったという効果を得ることのできるもの、言わば、1件の国際出願が複数の国への特許出願（複数の特許出願）の束になってスタートするものであるが、飽くまでも、特許出願に係る発明について特許を認めるかどうかの判断・審査は各国の特許庁が行う。そのため、PCTに定められている所定期間内に、特許権の取得を希望する国の特許庁へ翻訳文を作成して提出する等の国内段階移行手続を行わねばならない。

この国内段階移行手続は、ほとんどの国や特許庁で優先日（国際出願の日、又はパリ条約に基づく優先権を主張している場合、最も先の優先権主張の基礎になっている特許出願の日）から30月以内に行う必要がある。なお、欧州特許庁、韓国特許庁のように優先日から31月としている国もある。また、中国特許庁は必要な料金を納付することにより優先日から32月まで延長できる。

なお、2025年1月現在、ルクセンブルク、タンザニアについては、各々20月、21月であるが、後述する国際予備審査を、優先日から19月以内に請求することにより、国内段階移行手続期限を優先日から30月（ルクセンブルク）、31月（タンザニア）とすることができる。

また、優先日から19月以内の国際予備審査請求をしない場合でも、これらの国も広域特許の指定国に指定する場合には広域官庁で適用されている期間（優先日から30月、あるいは31月）になる。

この期間の間に国内段階移行手続を行わなければ、国際出願によって特許出願日を確保していたにもかかわらず、国内段階移行手続を行わなかった国におけるその特許出願は取り下げられたこととなり、以降その国際出願に基づいて、その国で特許権を取得することはできなくなる。そこで、国内段階に移行する必要がなくなった国に関しては、国内段階移行手続を

行わなければそれで済むことになる。

　優先権主張出願ルートの場合、どんなに遅くとも、日本における特許出願日から1年（12月）以内に翻訳文を作成し、目的とする国へ特許出願する必要がある。しかし、PCTルートの場合には、優先日から30月、あるいは31月以内に翻訳文を作成し、目的とする国に移行すればよい。すなわち、優先権主張出願ルートに比較すると、前述した国に移行する場合を除き、翻訳文作成等に18月、あるいは19月の時間的猶予を得ることができる。

(3) 国際調査報告（ISR）及び国際調査見解書（ISO）を利用できる

　国際出願については、国際調査機関（ISA）が国際調査を行い、国際調査報告（ISR）及び国際調査見解書（ISO）を作成する。

　日本特許庁へ日本語の明細書で提出した国際出願については、日本特許庁が国際調査機関となって国際調査を行い、国際調査報告、さらに、国際調査見解書を作成する（実際の調査・見解書作成は日本特許庁の審査官が担当する。）。

　国際調査は国際出願している発明に関連のある先行技術を発見することを目的として行われるものであり、特許性（新規性・進歩性）に関する審査が行われるものではない。しかし、日本特許庁が発行している特許出願公開公報、米国特許商標庁が発行している米国特許公報、欧州特許庁が発行している欧州特許公報などが資料として調査され、国際調査で引用された文献については、いかなる理由（新規性・進歩性否定の根拠になり得る等々）で引用されたのかが国際調査報告として出願人に通知される。

　また、国際調査見解書は、将来、国内段階移行手続が行われた官庁（特許庁）における審査を拘束するものではなく、予備的かつ拘束力のないものであるが、国際出願の「請求の範囲」に記載された発明が新規性・進歩性及び産業上の利用可能性を有するかどうかについて、国際調査機関が作成するものであり、全ての国際出願について作成される。

　そこで、出願人は、国際調査報告及び国際調査見解書を検討することにより、希望する国の国内段階に移行して審査を受けた際に特許が認められる可能性について、ある程度の判断を下すことができる。国際調査は国際出願後に自動的に開始され（国際出願時に納付するオフィシャルフィーに調査手数料が含まれている。）、国際出願の出願人は、早ければ、国際出願後2～3月ほどで国際調査報告及び国際調査見解書を入手できる。

国際調査機関は作成した国際調査報告と国際調査見解書を国際出願の出願人及びWIPO国際事務局に送付する。国際事務局は優先日から18月が経過した後、国際出願の内容を国際公開する。

なお、国際出願の出願人が請求することにより後述する「国際予備審査機関」が作成する「国際予備審査報告」が国際公開に含まれないように、国際調査見解書も国際公開に含まれない。

一方、国際調査報告は国際公開に含まれるので、出願人以外の第三者は、国際出願の内容（出願人・発明者等の書誌的事項、及国際出願の際に提出されている日本語の請求の範囲・明細書・図面）とともに国際調査報告の内容を国際公開によって把握できる。なお、国際公開の際、国際出願に含まれていた要約書（日本語）、及び国際調査機関（日本特許庁）が作成した日本語の国際調査報告については国際事務局が英訳文を作成し、日本語の要約書・国際調査報告とともに、これらの英訳文も国際公開される。

後述する国際予備審査に係る書類は、優先日から30月経過後、国際予備審査において選択された官庁（選択官庁）において第三者がアクセス可能になるので、国際調査見解書も優先日から30月経過後、第三者がアクセス可能になる。

(4) 請求することにより国際予備審査報告を利用できる

国際出願の出願人は、国際調査報告及び国際調査見解書発送の日から3月、又は優先日から22月のうちのいずれか遅く満了する期間内に請求することにより、国際予備審査機関が行う「国際予備審査」を受けることができる（日本特許庁へ日本語の明細書で提出した国際出願についての実際の国際予備審査は日本特許庁の審査官が担当する。）。

国際予備審査の結果も、国際調査見解書と同じく、将来、国内段階移行手続を行った各国特許庁で受ける審査官による審査の内容を拘束するものではないが、国際出願の出願人は、国際調査見解書の内容に反論する答弁書、及び必要な場合には、特許請求する発明を補正する補正書（34条補正。この34条補正は何回でも行うことができる。）を国際予備審査機関に提出することができる。

国際予備審査においては、国際予備審査機関が最終的な「国際予備審査報告」（国際予備審査の結果）を作成する前に、国際予備審査機関の「見解」が出願人に示され、出願人に意見を述べ、必要ならば、特許請求する発明を補正する機会が与えられる。この際、国際予備審査機関が自ら第1回目

の見解書を作成することもできるが、原則として、国際調査機関が作成している国際調査見解書が国際予備審査機関の第 1 回目の見解書となる。

そこで、国際出願の出願人は国際予備審査を請求する際に、国際調査見解書の内容に反論する答弁書、及び必要な場合には、特許請求する発明を補正する補正書（34 条補正）を提出することができる。

国際出願の出願人が答弁書、あるいは答弁書及び補正書（34 条補正）を提出した後、国際予備審査機関は、国際出願の「請求の範囲」に記載された発明が新規性・進歩性及び産業上の利用可能性を有するかどうかについて、予備的かつ拘束力のない国際予備審査報告〈IPRP（第Ⅱ章）〉を作成し、出願人及び国際事務局に送付する。国際事務局は、国際予備審査報告〈IPRP（第Ⅱ章）〉を国際予備審査請求において、出願人から請求のあった選択官庁へ送付する。

そこで、国際調査報告及び国際調査見解書の内容が余り肯定的なものではなく、特許権成立を希望している国に翻訳料金等、高額の費用を発生させて移行し、実際に審査を受けたときに、特許が認められるかどうかが微妙な場合に、国際予備審査を受けて、特許が成立する見通しを判断するのにより役立つ材料を手にすることができる。

(5) 国際調査見解書に反論する「非公式コメント」を提出できる

国際出願の出願人が国際予備審査を請求しない場合、国際事務局は、国際調査機関から受領している国際調査見解書に国際予備審査報告〈IPRP（第Ⅰ章）〉のタイトルを付して、国内段階移行手続が行われる国の官庁へ送付するが、出願人は国際予備審査を請求しない場合であっても、国際調査見解書に反論する「非公式コメント」を WIPO 国際事務局に提出することができる。非公式コメントは、特許請求する発明を補正する 19 条補正（1 回のみ行うことができる。）とともに提出することもできる。非公式コメントは、優先日から 30 月を経過した後、国際事務局が国際予備審査報告〈IPRP（第Ⅰ章）〉を国内段階移行手続が行われる国の官庁に送付する際に併せて送付される。そこで、国際出願の出願人が国際事務局に非公式コメントを提出する期限は明示的に定められてはいないが、優先日から 28 月以内に提出することが推奨されている。出願人は、非公式コメントを提出することにより、国際予備審査を請求しなくても、国内段階移行手続を行って実体的な審査を受ける国の官庁（特許庁）に国際調査見解書に対する出願人の反論を伝える機会を得ることができる。

(6) 費用面でのメリット

　国内段階移行手続には翻訳料金、その国の特許庁へ納付する出願料金（オフィシャルフィー）、内外国代理人費用等、多額の費用が必要になる。他方、海外進出事業の進展状況いかんによっては、当初、特許出願が必要であると考えて、あえて特許出願するまでもなくなることもある。

　PCTに基づく国際出願の場合、優先日（国際出願の日、あるいはパリ条約に基づく優先権を主張している場合には、最も先の優先権主張の基礎になっている日本特許出願の日）から30月という時間的猶予を得られるので、海外進出事業の進展状況を踏まえて、各国への国内段階移行手続（この手続には翻訳文の提出を伴う場合がほとんどであり、一般に翻訳費用は高額である。）を行わなければならない国を絞り込むことができる。この面で費用的なメリットを得ることができる。

　また、前述した国際調査報告及び国際調査見解書、更に請求した場合に作成される国際予備審査報告の結果を踏まえて、高額な費用を発生させてまで国内段階移行手続を行うだけの価値ある発明であるかどうかを検討できる。この面でも費用的なメリットを得ることができるといえよう。

(7) 先の日本特許出願に基づく優先権主張により国内優先権を主張できる

　国際出願により、全てのPCT締約国に、国際出願の日に、現実に特許出願を行った効果を得ることができる。日本もPCT締約国であるので、国際出願すると日本にも特許出願を行ったことになる。

　そこで、先の日本特許出願に基づくパリ条約の優先権を主張して国際出願を行い、この国際出願を優先日から30月以内に日本国内段階へ移行させた日本特許出願は、パリ条約の優先権主張の基礎になった先の日本特許出願に対して、いわゆる国内優先権（特41条）を主張した新たな特許出願という関係になる。

　したがって、国際出願する際に、パリ条約の優先権主張の基礎になった最初の日本特許出願に対して改良発明を追加したり、実施例を追加したりして、包括的で、漏れのない権利取得を目指そうとする場合には、日本についても、自動的に国内優先権主張出願（特41条）を行ったことになるので有利である。

　このようにすれば、日本でも包括的で、漏れのない権利取得が可能になるだけでなく、国際出願段階で国際調査機関や国際予備審査機関（実際の調査・見解作成、予備審査は日本特許庁審査官が担当している。）が作成

した国際調査報告及び国際調査見解書、さらに、請求した場合には国際予備審査報告〈IPRP（第Ⅱ章）〉を利用できるので、日本の国内段階へ移行して審査を受けた際に、特許が認められる可能性をかなり精度良く判断することが可能になる。

また、日本の国内段階へ移行して審査を受ける際に行う「審査請求」で日本特許庁へ納付する「審査請求料」は、国際段階で日本特許庁審査官によって国際調査報告及び国際調査見解書が作成されていることから通常の日本特許出願について審査請求する場合より減額される。

なお、前述したように、先の日本特許出願に基づくパリ条約の優先権を主張して国際出願を行い、この国際出願を優先日から30月以内に日本の国内段階へ移行させた日本特許出願は、パリ条約の優先権主張の基礎になった先の日本特許出願に対して国内優先権（特41条）を主張した新たな特許出願になるので、先の日本特許出願の日から1年4月経過すると、自動的に先の日本特許出願は取り下げたものとみなされる（特42条）。

そこで、先の日本特許出願に基づくパリ条約の優先権を主張して国際出願を行う場合であっても、パリ条約の優先権主張の基礎になった先の日本特許出願を取下げ擬制（特42条）させたくないとき、例えば優先権主張の基礎になっている先の日本特許出願について既に審査請求手続を完了していてこれで審査を受けたい、というようなときには、先の日本特許出願が、先の出願日から1年4月経過した時点で取下げ擬制されないようにするための特別の対処が必要になる。

例えば国際出願の願書において日本の指定を除外する、優先権の基礎となっている先の日本特許出願の日から16月経過する前に日本の指定、あるいは国内優先権の主張を取り下げる、等の対処が必要になる。

●優先権主張出願ルート、PCTルートの選択はどのようにすべきか

少なくとも4か国程度以上の多くの国へ出願する必要があり、しかも、英語圏のみでなく、英語以外の言語に明細書を翻訳する必要のある国を含んでいる場合や、海外での事業がどれだけ多くの国で進展するのか分からないので、とにかく多くの国で出願日を確保しておきたいというような場合には、PCTルートが有利である。明細書の翻訳を含め、各国特許庁へ出願手続を行うには相当な費用が必要になるので、国際出願によって出願日を確保しておき、優先日から30月という時間的猶予を得ながら、国際調査報告及び国際調査見解書、さらに、請求した場合には国際予備審査報告〈IPRP（第Ⅱ章）〉を利用し、また、

海外事業の進展状況に応じて、不要になった国に移行する手続費用を省くことができるからである。

しかし、国際出願から各国の国内段階に移行する際に発生する費用は、優先権主張出願ルートで各国に出願する際に発生する費用とおおむね同等であり、その一方、国際出願を行う際には、オフィシャルフィー(指定国の数によってオフィシャルフィーは増減しないが、明細書・図面の分量が増加すれば、それに応じて、オフィシャルフィーが多くなる。)と代理人手数料が必要になる。

そこで、外国出願する国が英語に翻訳して出願する米国と欧州特許庁などのみであり、日本での特許出願前にかなり慎重に調査を行ったので、米国、欧州でも特許が認められる可能性がある程度期待できる場合、あるいは、事前調査は行っていないが、とにかく、米国と欧州で出願する必要がある場合、すなわち、国際調査報告及び国際調査見解書の結果にかかわらず、米国と欧州で出願する必要があるというような場合には、優先権主張出願ルートのほうが費用の面では有利になる場合もある。

●各国特許制度の概要
(1) 米国
① 出願するルート
日本での特許出願に基づき日本での出願日から1年以内にパリ条約の優先権を主張して米国出願することが可能である。

また、PCTに基づく国際出願を日本特許庁へ提出し、その後、米国の国内段階へ移行することも可能である。

② 明細書の言語
英語である。英語以外の出願は英語翻訳文を提出しなければならない。

③ 審査請求制度
なし

④ 出願公開
あり(出願は、出願人から非公開請求書が提出されている等の例外を除き、出願日又は優先日から18月経過後に公開される。)

⑤ 先願主義
2011年9月16日に、米国特許法を改正するリーヒ・スミス米国発明法(Leahy-Smith America Invents Act, AIA法(H.R.1249))が制定され、これにより米国の特許制度は先発明主義から先願主義となった。さらに、このAIA法は、改正法(H.R.6621)により問題点が改正され、2013年3月16

日に施行された。旧102条（g）が削除されたことにより、最先の発明者を争うインタフェアレンス（interference）は廃止され、真の発明者を争う手続は冒認手続（derivation proceeding）となった。

⑥ 新規性・非自明性判断の基準に用いられる先行技術

内外国公知公用、内外国刊行物による。

⑦ 先行技術開示義務

出願に関係する者は特許性に関する重要な情報について誠実に開示する義務を有する。この開示義務を果たす手段が、情報開示陳述書（IDS：Information Disclosure Statement）である。

開示すべき情報とは、特許性の審査に関して重要な情報である。例えば日本出願、欧州特許出願などの審査で引用された先行技術や、対応外国出願のサーチレポート、拒絶理由通知、異議申立てに係る通知、審判における通知等である。

⑧ 特許権の存続期間

特許権成立後で、米国の特許出願日から20年を超えない。特定の理由により延長されることがある。

⑨ 発明者宣誓書（Declaration）

発明者であると信ずる旨が書かれた宣誓書で、出願の際に必要な書類である。発明者宣誓書のほか、委任状、譲渡証の3つの書類に関係者の自筆の署名が必要となる。

⑩ 仮出願制度

仮出願制度とは、1年以内に正規出願がなされることを前提に、明細書の様式が任意であり、特許請求の範囲が不要といった簡易かつ安価な手続（仮出願）により、早期に出願日を確保できる制度である。

同制度のメリットとして、① 請求項が不要のほか、宣誓書・宣言書も不要、② 英語の言語に限らない、③ 出願料金が低額、④ 米国特許法102条（e）の先願の地位の獲得、等がある。

ちなみに、米国において仮出願制度の利用率は比較的高いが、その理由としては、代理人費用の捻出や審査開始時期の調整として利用されている面もある、との指摘もある。

(2) 欧州特許

欧州諸国の特許取得を1つの窓口で行うことを目的とした欧州特許条約

（EPC）に基づき設立された欧州特許機構（European Patent Organisation）の執行機関が欧州特許庁（EPO）である。EPOを窓口とする欧州特許は、各国の特許を束ねたものであり、欧州複数国を一括して保護する単一の権利ではない。そのため、実際の法的拘束力を持たせるためには、依然として各国レベルでの有効化（validation）手続を経る必要がある。

① 出願するルート

日本での特許出願に基づき、日本での出願日から1年以内にパリ条約の優先権を主張して欧州特許出願することが可能である。

また、PCTに基づく国際出願を日本特許庁へ提出し、その後、欧州特許庁段階へ移行することも可能である。

② 明細書の言語

ドイツ語、フランス語、英語のいずれか。これら以外の言語による出願については、出願日から2月以内に翻訳文の提出が必要（PCT出願の場合は優先日から31月以内）である。

③ 欧州サーチレポート

出願日認定後、出願は先行技術調査に付され、欧州サーチレポートが作成される。欧州サーチレポートには、新規性・進歩性を判断するに当たって考慮することができる文献が記載される。欧州サーチレポートは作成後、全ての引用文献の写しとともに、出願人に送付される。

④ 出願公開

あり（出願は、出願人から非公開請求書が提出されている等の例外を除き、出願日又は優先日から18月経過後に公開される。）

⑤ 審査請求制度

あり（欧州特許公報に欧州サーチレポートが公開された日から6月以内に審査請求しなければならない。）

⑥ 先願主義

同一の発明について複数の特許出願があった場合、最も先の特許出願に特許が認められる。新規性・進歩性などの特許要件の判断も出願日を基準にして行われる。

⑦ 新規性・進歩性判断の基準に用いられる先行技術

国内外公知公用、国内外刊行物（口頭による公開も含む。）による。

⑧ 特許権の存続期間

各国の法令によるが、基本的には、特許権成立後で、欧州特許出願日から20年を超えない。

(3) 欧州単一効特許

　欧州特許のほうは、各国言語への翻訳を含む事務的な作業と費用が発生するため、出願者は一部の国に限定して特許を取得する場合が多く、欧州で窓口を一本化している本来の目的を果たしていないという実情があった。そこで、EUは手続の簡素化とコスト削減に向けた「単一効特許（Unitary Patent, UP）」の提供を開始し、併せて特許権の無効や侵害に関する裁判手続を統一する「統一特許裁判所（Unitary Patent Court, UPC）」との二本立ての制度の提供を開始している。

　2023年6月1日以降、欧州特許庁（EPO）により欧州特許出願に基づいて特許が付与（登録）されると、特許権者は特許に対して、単一効特許を取得するための申請、又は従来型の指定国有効化手続、のいずれかを採ることが可能である。単一効の申請には登録日から1か月、指定国有効化手続には登録日から3か月の期間が与えられる。

　欧州単一効特許は、国内特許、従来型の欧州特許と併存する新たな3つ目のオプションであり、出願人は引き続き、国内特許又は従来型の欧州特許を選択することもできる。単一効特許はUPC協定を批准している国において有効であり、現時点では以下の18か国である（2025年3月1日時点）。

　オーストリア、ベルギー、ブルガリア、デンマーク、エストニア、フィンランド、フランス、ドイツ、イタリア、ラトビア、リトアニア、ルクセンブルク、マルタ、オランダ、ポルトガル、スロベニア、スウェーデン、ルーマニア

(4) 中国
① 出願するルート
　日本での特許出願に基づき、日本での出願日から1年以内に、パリ条約の優先権を主張して中国出願することができる。また、PCTに基づく国際出願を日本特許庁へ提出した後に中国の国内段階に移行することもできる。
② 明細書の言語
　中国語
③ 出願公開
　あり（出願は、出願日又は優先日から18月経過後に公開される。）
④ 審査請求制度
　あり（審査請求は、出願日〈優先権があるものは優先日を指す。〉から3年以内に行わなければならない。）

⑤ 先願主義

同一の発明について複数の特許があった場合、最も先の特許出願に特許が認められる。新規性・進歩性などの特許要件の判断も特許出願日を基準にして行われる。

⑥ 新規性・進歩性判断の基準に用いられる先行技術

内外国公知、内外国刊行物による。

日本の拡大先願に相当する要件について、日本では適用除外となる「発明者及び出願人同一」の場合でも、後願が拒絶される点に留意する。

⑦ 特許権の存続期間

特許権成立後で、中国特許出願日から20年を超えない。特定の理由により延長されることがある。

(5) 韓国

① 出願するルート

日本での特許出願に基づき、日本での出願日から1年以内にパリ条約の優先権を主張して韓国出願することが可能である。

また、PCTに基づく国際出願を日本特許庁へ提出し、その後、韓国の国内段階へ移行することが可能である。

② 明細書の言語

韓国語、英語（2022年7月1日付令）。外国語の場合、出願日（最先の優先日）から1年2月又は審査請求から3月のいずれか早い日に翻訳文を提出しなければならない。

③ 出願公開

あり（出願は、出願日又は優先日から18月経過後に公開される。）

④ 審査請求制度

あり（審査請求は、出願日〈優先権があるものは優先日を指す。〉から3年以内に行わなければならない。）

⑤ 先願主義

同一の発明について複数の特許出願があった場合、最も先の特許出願に特許が認められる。新規性・進歩性などの特許要件の判断も出願日を基準にして行われる。

⑥ 新規性・進歩性判断の基準に用いられる先行技術

内外国公知公用、内外国刊行物、国内外の電気通信回線を通じて公衆が利用可能になった発明による。

⑦ 特許権の存続期間

特許権成立後で、韓国での特許出願日から20年を超えない。特定の理由により延長されることがある。

(6) 台湾

① 出願するルート

台湾はパリ条約とPCTには未加盟で、WTOには加盟している。そのため、WTO加盟国に対する第一国出願及びPCT出願を基礎とする優先権を伴う台湾出願ができる。PCT出願において、台湾を指定することはできない。

② 明細書の言語

台湾の中国語又は外国語（英語、日本語など9種を含む。）。本土の中国語とは異なるので注意を要する。なお、外国語の場合は、指定期間内に翻訳文の提出が必要である。

③ 出願公開

あり（出願は、出願日又は優先日から18月経過後に公開される。）

④ 審査請求制度

あり（審査請求は、出願日〈優先権があるものは優先日を指す。〉から3年以内に行わなければならない。）

⑤ 先願主義

同一の発明について複数の特許出願があった場合、最も先の特許出願に特許が認められる。新規性・進歩性などの特許要件の判断も出願日を基準にして行われる。

⑥ 新規性・進歩性判断の基準に用いられる先行技術

内外国公知、内外国刊行物による。

⑦ 特許権の存続期間

特許権成立後で、台湾における特許出願から20年を超えない。特定の理由により延長されることがある。

	米国	欧州	中国	韓国	台湾
出願するルート	パリ条約に基づく優先権主張出願ルート、PCTルート	パリ条約に基づく優先権主張出願ルート、PCTルート	パリ条約に基づく優先権主張出願ルート、PCTルート	パリ条約に基づく優先権主張出願ルート、PCTルート	TRIPS協定
明細書の言語	英語。英語以外の出願は英語翻訳文を提出しなければならない	ドイツ語、フランス語、英語ドイツ語、フランス語、英語以外の出願は、2月以内に翻訳の提出が必要（PCT出願のときは優先日から31月以内）	中国語	韓国語、英語（2022年7月1日付令）外国語の場合は、出願日（最先の優先日）から1年2月又は審査請求から3月のいずれか早い日に翻訳文を提出しなければならない	台湾の中国語又は外国語（英語、日本語など9種を含む。）外国語の場合は、指定期間内に翻訳文の提出が必要
審査請求制度	なし	欧州特許公報に欧州サーチレポートの公開日から6月以内	あり	あり	あり
出願公開	あり 原則、出願日又は優先日から18月経過後に公開される	あり 原則、出願日又は優先日から18月経過後に公開される	あり 原則、出願日又は優先日から18月経過後に公開される	あり 原則、出願日又は優先日から18月経過後に公開される	あり 原則、出願日又は優先日から18月経過後に公開される
先願主義	先願主義 2011年9月16日にAIA法により先発明主義から先願主義となり、2013年3月16日にAIA改正法が施行	先願主義	先願主義	先願主義	先願主義
特許権の存続期間	特許権成立後で、米国での特許出願日から20年を超えない	各国の法令によるが、特許権成立後で、欧州特許出願日から20年を超えない	特許権成立後で、中国での特許出願日から20年を超えない	特許権成立後で、韓国の特許出願日から20を超えない	特許権成立後で、台湾での特許出願日から20年を超えない
その他	情報開示陳述書（IDS）発明者宣誓書(Declaration)	欧州サーチレポート 欧州単一効特許の選択可能			

主要国（地域）の特許制度の概要

テーマ1-14　外国商標制度の基礎

●国ごとに商標制度が存在している
　特許制度と同様に商標権の効力は取得した国・地域に限定されており、商標制度も各国・地域ごとに存在し、手続や審査などもその国等の制度により行われる。外国特許制度の説明と重複する記載についてはなるべく省略しているが御了解いただきたい。

●出願国の選定について
　基本的には、販売国はもちろんであるが、生産を予定している国についても出願することが望ましい。一般論ではあるが、販売予定が未定の場合にもマーケットの大きさから米国、欧州、中国が選択されることが多い。

●外国出願のルート
　外国への商標出願は、一般的にその国等に居住している代理人（弁護士、弁理士等）を通じ、その国の特許庁に必要な書類を提出して行う。国によっては商標出願については、日本おける弁理士のような代理人制度がない国や、弁護士が行う国もあるので随時現地に確認して行う必要がある。
　外国への商標出願は、次の3つのルートが考えられる。
① 目的とする国へ直接商標出願する（直接とは日本の商標出願とは別に、日本商標出願に基づく優先権の主張もしないという意味である。）。
② 日本へ商標出願した後に、これに基づくパリ条約の優先権を主張して6か月以内に外国へ商標出願する。
③ 商標の国際出願（マドプロ）により指定国へ出願する。

(1) 直接出願
　目的とする国へ現地代理人を通じて直接商標出願するものである。
　当該国特許庁の指定する言語や書式により、現地代理人を通じて商標出願する。基本的にどの国においても、先願主義（First-to-file）が採用されているので早く出願するに越したことはない。
　よく言われる商標制度の大きな違いというのが先願主義と先使用主義である。詳細は省くが誤解を恐れずに言えば、商標権を認めるに当たり出願ありきなのか使用ありきなのかの違いと御理解いただくのがよいと思う。有名なところでは米国は先使用主義（First-to-use）をその特徴とする。

未登録であっても先に使用した者に一定の権利が認められる。

とはいえ、日本から出願する際には先願主義を念頭に、早めに出願手続をすることが望ましいといえる。

商標は言語から構成されるものが多いが、海外に行けば日本の平仮名、カタカナ、漢字などは文字として認識されず図形として扱われる場合もある（例えば称呼や観念が生じず、外観のみによって類否判断され得るということである。）。また、ローマ字表記の場合であっても、日本では識別力など問題なく登録されたものが海外においては、識別力がないと判断されたり、公序良俗に反すると判断され拒絶されたりすることもある。

商標出願や先行商標調査をする前に、現地の文化や言語に照らしてそもそも登録可能性があるか否かは現地代理人等に確認しておいたほうがよいことがある。

(2) 優先権主張

商標制度では新規性が問題とならないので特許制度よりは優先権を使う場面は少ないかもしれないが、パリ条約に規定される優先期間は特許と異なり6か月である点に注意が必要である。令和5年改正により優先権証明書の写しの提出及びオンライン提出が可能となっている。

なお、優先期間を経過している場合には、上記直接出願により対応することとなる。

(3) マドプロ（国際商標出願）

マドリッド協定議定書を利用した国際登録出願（以下、「マドプロ出願」という。）とは、指定した国等につき権利を取得することができ、その手続・管理が容易となる制度である。加盟国・地域は115か国（2024年5月30日時点）である。

PCTと異なり、日本の商標出願又は登録が基礎として必要になり、イメージとしては日本における保護を他国へ広げる感じである。商標については日本の基礎登録と同一である必要があり、指定商品等は日本の範囲内になければならない。国ごとに求められる商品等の記載要件が異なるので、基礎となる日本の商標出願をする際に指定商品等の記載についてマドプロ出願を意識しておくと後々楽になることが多い。

日本の基礎については登録前、つまり、出願段階でもこれを基礎としてマドプロ出願することができるが、日本の出願・登録は2階建て建物の1

階部分のようなものであり、国際登録日から5年以内に日本の出願が拒絶等となると国際登録出願もそれに応じてその範囲で取り消され、無駄となってしまう。日本の出願については早期審査制度を利用するなどして(マドプロ出願の基礎であることは早期審査の対象の一条件となっている。)登録となった時点で優先権を主張してマドプロ出願へと進むことが望ましいといえる。

また、国際登録を受けた後であっても指定国を追加し保護の地理的範囲を拡張することも可能である（事後指定）。

現在、日本からもMadrid e-Filingが利用可能であり、オンラインで出願手続ができる。また、以前は国際事務局に払う費用とは別に日本特許庁に対しても手数料の支払が必要であったが、一括して支払えるようになり利便性も高まっている。

●どのように選定すべきか

一般的に、多数国に出願する場合にはマドプロのほうがコスト・手続面でのメリットがあるとされる。国にもよるが4～5か国の出願であればマドプロのコストメリットが出るといわれることが多い。

ただし、コストも指定する国にもよるので弁理士と検討することをお勧めする。そもそも香港や台湾のようにマドプロで指定することができない国や地域があるし、また、例えば商品記載に特徴（癖？）のある米国や、最近では審査の早い中国などであればマドプロ出願で時間を費やすより直接出願したほうがよいとする専門家もいる。

また、コスト以外の要素として、東南アジアの国のように直接出願するよりマドプロ経由のほうが審査が早い国があったり、直接に現地代理人を通じて出願する際に委任状の公証等が必要な国ではこれが省略できるメリットのある場合などもあったりするので、コストや手続、権利化が必要な時期などを総合的に衡量してどのようなルートを選択するのか検討することが望ましい。

紙幅の都合もあり、全てを説明はできないが、権利化を望む国や地域が定まったところで弁理士に相談することをお勧めする。

●各国商標制度の概要

以下、主要な海外各国・地域の商標制度の違いを中心に概要を説明する。

(1) 米国

　日本などの先願（登録）主義と異なり、使用主義を採用する点に特徴がある。とはいえ、現状では両主義とも近づいてきており日本から出願することを考える場合であれば、先に使用しているという場面も多くはないであろうから出願を急ぐべきことに他国と変わりはない。

　米国の商標保護については、コモンロー上の保護、州法による保護、連邦法による保護があるといわれるが、一般に日本人が米国において商標権を取得する場合には連邦登録を念頭に置いておけばよいので以下は連邦法による保護を念頭に記載する。

　まず、米国出願においては基礎が必要となる。マドプロ出願の基礎と紛らわしいが、現実の使用、使用意思、外国登録などを基礎としなければならない。複数の基礎を選択することもできるので、例えば使用意思と日本登録を基礎として米国出願を行うことも可能である。

　商品記載については、日本の審査基準にあるようないわゆる包括記載はほぼ認められないと考えておくべである。よくいわれるのが店舗のスタッフに店頭で注文できる程度に具体的に記載すべきとされる。例えば「被服」のような記載は認められず、「Tシャツ」などのように具体的な記載が求められる。

　また、先に違いは少ないと言ったものの、使用主義的な考えが現れるのが使用証拠や使用宣誓の提出である。前述の米国出願の基礎をどれとするかにもよるが、使用意思を基礎とした場合には登録許可通知後6月以内に使用証拠の提出が求められる（つまり使用証拠を提出できなければ登録されない。）。また、登録後も、登録日から5年目と6年目の間の1年間、及び更新時（9年目と10年目の間の1年間）にはそれぞれ使用証拠等の提出が求められる。

　米国での販売等を示す使用証拠について、最近ではECサイトを使用することも多いが、米国人が購入できる状態なのか（サイトが英語表記、金額がUSD表記、販売中であるか等）は確認する必要がある。

　近年では不使用商標対策としてこれらの使用証拠のチェックも厳しくなっており、一部の商品について証拠を提出した場合など監査が入り追加の商品についても使用証拠を求められることもある。

　なお、マドプロで米国を指定した場合には、国際登録日ではなく米国国内での登録日から使用証拠提出期間が起算されるので期限管理に注意が必要となる。

(2) 欧州連合（EU）

　欧州連合商標（EUTM）によりEU加盟国（27か国、2024年3月14日時点）をカバーする商標権を取得することができる。いわゆるEU圏内の主要国は大体カバーできるのであるが、ブレグジットにより英国が離脱しているので英国は別途権利化を目指す必要がある。

　EU商標制度の特徴としては、識別性などは審査するが先後願は審査しない点が挙げられよう。具体的には、欧州連合知的財産庁（EUIPO）が類似と考える先行商標権者には類似の後願があったことを知らせるのであるが、これを理由に拒絶はされない。類似の後願を排除したい先行権利者は自身の判断で異議を申し立てる必要があるため、日本の感覚からすると異議申立てが頻繁に利用される印象である。

　なお、英国についても異議申立期間などが異なるものの（英国は2か月、EUは3か月）、実体審査を行わない点などEUTM類似の制度といえる。

(3) 中国など

　まず、中国において注意すべきは、香港及びマカオには中国の商標権が及ばない点である。香港及びマカオについては別途それぞれ権利化する必要がある。

　以前は一出願一区分制度が採られていたが、現在では日本と同様に一出願多区分制度が採用され、1つの出願で複数の区分を指定することができる。ただし、登録後の分割ができないなど注意が必要な点もあり、複数の区分を1出願にまとめても区分ごとに出願しても出願費用は変わらない現地代理人も多く、現地代理人も一出願一区分での出願を勧めることが多い印象である。

　また、指定商品・役務の記載については現状では中国における標準記載しか認められないことが多い。マドプロ経由であれば記載については比較的緩やかに判断される印象があるが、リスクとしては権利範囲が不明確になるおそれもあり、どちらのルートにせよ、現地代理人からは標準記載の採用を勧められることが多い。

　韓国、台湾などについてはもちろん、国（地域）ごとに先願のチェックは必要であり、識別力などの判断も国ごとに異なるが、手続的には日本と余り変わるところはない。

第1部 基礎編 知的財産法の知識

テーマ1-15　パリ条約の基礎

●目的

　知的財産法の世界で「パリ条約」といえば、「工業所有権の保護に関する1883年3月20日のパリ条約」を指す。この条約の歴史は古く、1883年の締結以来、数回の改正を重ねて現在に至っている。

　19世紀後半、国際的な商取引の発達に伴い、製品はその国内のみならず世界中に流通するようになっている。そのため、各国の産業財産権法を調整し、世界統一法の制定を望む声が高まっていた。

　しかし、多くの国が伝統と面子にこだわり、世界統一法の制定は困難であった。そのため、パリ条約では、各国の産業財産権法（工業所有権法と同義）の適用を認めながらも（これを「属地主義」という。）、重要事項について可能な限り統一的な保護規定を設けることとした。

　パリ条約の加盟国は2024年10月時点で164か国にも及んでおり、産業財産権法の分野で極めて重要な地位を占める。我が国は1899年にパリ条約に加盟しており、現在はストックホルム改正条約が適用されている。

　パリ条約が適用される国は産業財産権の保護のための同盟を形成することとされ、互いにパリ条約を遵守することにより、産業財産権の国際的保護が図られている。

　以下、パリ条約の三原則について説明する。

●内国民待遇の原則

　内国民待遇の原則は、外国人が不当に差別されることのないようにするための原則である。すなわち、保護を受けようとする国（例えば米国）の国内法（ここでは米国法）の手続に従う限り、その内国民（つまり、米国国民）と同一の保護を受けられる、という原則である。

　パリ条約では、前述のように、属地主義の原則により、同盟国ごとに各国の産業財産権法の適用を認めている。その結果、各国が外国人を内国民（自国民）より不利に扱うこともできることとなってしまい、このような差別的取扱いを認めたのでは産業財産権の国際的保護を図るのは困難である。

　内国民待遇は、各同盟国の産業財産権法の適用を前提としつつ、産業財産権の国際的保護を効果的に行うことを目的として導入された、パリ条約の基本的な規定である。

●優先権

　優先権は、第一国にされた先の出願（一般には日本出願）に基づいて優先期間内（特許は1年以内）に第二国にされた後の出願（一般には外国への出願）に関しては、その間に行われた行為によって不利な取扱いを受けないようにする、という特別の利益である。要するに、日本出願から1年以内に優先権を主張して外国に出願すると、その出願を日本出願の時に出願したものとして特許の要件である新規性・進歩性等を判断してもらえる、というものである。このような優先権の制度は、外国出願において実務的に最も重要な制度である。

　パリ条約では、属地主義を前提としているため、他の同盟国で保護を受けるためには、同一の対象についてその同盟国の言語、方式に合った出願を別途しなければならない。

　先願主義を採用している国に出願する場合には一刻も早く出願すべきであるが、複数の出願を複数の言語で行うのは外国人にとって時間的にも経済的にも大きな負担がかかる。

　そこで、パリ条約では、このような不都合を解消する猶予期間を設けた。これが優先権制度である。手続面から外国人と自国民を平等に扱う目的で優先権制度を設けている。

●特許独立の原則

　特許独立の原則は、各国の特許は互いに独立したものとするというものである。独立とは、他国の特許権と自国の特許権とが互いに独立しており、例えば無効や存続期間等に関して他国の特許権に影響を受ける（与える）ものではない（してはならない）ことを意味する（例えば他国で特許権が無効になったら自国でも対応する特許権を無効にするなどの制度を設けることができない。）。

　日本で出願して特許を得れば世界中の国でライセンスできるとか、日本で特許が成立したから米国でも必ず特許として成立する、と考えてしまう方がいるが、それは誤りである。

テーマ1-16　ライセンス契約

●契約の基礎知識

契約とは、内容的に合致する少なくとも二つの相対立する意思表示から構成された、法律関係・権利義務関係の発生・変更・消滅の効果を生ずべき一つの法律要件である。

また、一定の継続的関係を規定する契約、例えば賃貸借契約や継続的取引基本契約、そして後述する知的財産権のライセンス契約等の場合、契約期間、すなわち法律関係・権利義務関係の消滅時期が定められるのが通例である。

なお、「契約書」というタイトル以外に、「覚書」「念書」「合意書」「確認書」といったタイトルで書面が作成されることがあるが、その内容が、当事者間における法律関係・権利義務関係の「一生」（又はその一部）を定めたものである限り、原則として、「契約書」と同等の効力を有する。

ところで、友好関係にある当事者間の場合、「明確な契約を交わさなくても、信頼関係でやっていける」と考え、契約条件の確認・契約書の作成を省略する例がままある。しかし、友好関係が永続すれば格別問題ないが、実際には友好関係が途中で消滅し、双方の法律関係・権利義務関係が不明確となって、紛争に立ち至ることが少なくない。やはり、契約条件の確認・契約書の作成は必要不可欠である（もちろん、鉛筆1本を文房具店で購入したり、磁気ディスク1枚を電器店で購入したりといった場合には不要であることは言うまでもない。）。

そして、知的財産権の世界においても（あるいは、知的財産権の世界であるがゆえに）、契約条件の確認・契約書の作成は非常に重要なものである（契約書のチェックポイントについては、▶「テーマ2-6」を参照）。

●特許・実用新案・意匠・商標のライセンス

「ライセンス」とは、知的財産権者が、自己の権利の他人による利用を認めることをいう。そして、このライセンスする知的財産権者のことを「ライセンサー」と呼び、ライセンサーから利用許諾を受ける者のことを「ライセンシー」と呼ぶ。また、ライセンシーが、さらに、利用許諾を受けた知的財産権の再許諾を他者に対し行うことを「サブライセンス」と呼び、再許諾を受ける者のことを「サブライセンシー」と呼ぶ。この場合、元のライセンスのことをマスターライセンスと呼ぶことがある。つまり、ライセンサー → ライセンシー → サブライセンシーと流れていくのである。

特許・実用新案・意匠・商標（すなわち産業財産権）のライセンスは、基本的には、ライセンサーのメリット（ロイヤルティ（実施料）の取得、自社グループの結束・拡大等）と、ライセンシーのメリット（産業財産権の利用、事業拡張等）とが合致するところに生まれるものである。

　ライセンス契約においては、通常、対象となる特許・実用新案・意匠・商標の特定、許諾地域、許諾の形態（専用・通常、独占的・非独占的〔▶「テーマ１－２」を参照〕）、ロイヤルティの算定方法・支払方法、契約期間、秘密保持等の諸規定が設けられる。ミニマムロイヤルティ（最低使用料）が規定されることもある。

　許諾の形態については、独占的（相手方以外には許諾しない、という意味）な場合と非独占的な場合とがある。そして、独占的な場合であっても、特許（実用新案・意匠）法上の専用実施権（商標においては「専用使用権」と呼ばれる。）まで設定する例は少なく、通常実施権（商標においては「通常使用権」と呼ばれる。）の許諾にとどまることが多い。

　また、専用実施（使用）権は、設定の登録をしなければ、その効力が発生せず、通常実施（使用）権は、登録しなくても効力は発生する。

　なお、出願段階においてもライセンスの制度（仮実施権制度）がある。

●著作権のライセンス

　著作権は、特許権・実用新案権・意匠権・商標権（以上を総称して「産業財産権」と呼ばれる。）と同じ知的財産権でありながら、登録なくして権利が発生する（無方式主義）等、いろいろな相違点が存する（▶「テーマ１－１１」を参照）。

　また、ビジネス的にも、かつての著作物の典型例である文芸作品、音楽、絵画、写真、映画のほか、コンピュータ・通信関連の科学技術の発達を基盤に、プログラムの著作物等、著作権の成立する著作物は大きな広がりを見せており、非常に重要な地位を占めている。

　著作権のライセンス契約においても、対象となる著作物の特定、許諾内容（上演、放送、書籍出版等）、許諾地域、許諾の形態（独占的・非独占的）、ロイヤルティの算定方法・支払方法、有効期間、秘密保持等の諸規定が設けられるが、当該対象著作物の種類や許諾内容によって、様々なバリエーションがある。

テーマ1-17　職務発明制度

●従業者等がした発明

企業に勤める従業者等が、企業の業務として研究・開発等を行った結果完成させた発明を「職務発明」という。一般論としては、民法の雇用の原則により、従業者等の労働の結果生じた成果物は、その企業に帰属するのが原則である。

しかし、発明は従業者個人の能力や努力によるところが大きく、通常の労務の提供とは異なる。加えて雇用関係においては、従業者と使用者である企業とは全く対等な立場にあるとは言い難く、その意味で従業者を保護する必要があると考えられる。一方、企業側も、給料や設備、研究費等を提供しており、発明の完成に一定の貢献をしているといえる。

そこで、特許法は、特許を受ける権利は発明者である従業者等が原始的に取得することを前提としつつ、企業の貢献度を考慮して、企業はその職務発明を実施料の支払なく実施できる権利（法定通常実施権）を有するものとした。

また、あらかじめ社内規程や契約によって取扱いを定めておくことにより、企業は、相当の利益の支払を条件に、従業者等から特許を受ける権利や特許権の承継を受けることができる。

●職務発明とは

(1) 職務発明の成立要件

職務発明とは、従業者等がした発明であって、その性質上、当該使用者等の業務範囲に属し、かつ、その発明をするに至った行為がその使用者等における従業者等の現在又は過去の職務に属する発明をいう。社員が職務上行う発明は、通常職務発明に該当する。

職務発明の成立要件は、以下の3つである。

① 従業者等がした発明であること

従業者とは、使用者等との間に報酬の支払を条件とした雇用関係のある者をいい、一般の社員のほか、企業の役員も含む。したがって、誤解されることが多いが、企業の社長（代表取締役）であっても特許の世界では「従業者」とされる点に留意されたい。

また、嘱託、臨時雇等であっても、雇用関係、すなわち、賃金の支払を前提とした労務の提供関係がある限り、従業者に該当する。したがって、アルバイト等であっても、雇用関係があれば、従業者になり得る。

なお、出向社員は、給与の支払先の従業者に該当すると考えられる。

② その性質上、当該使用者等の業務範囲に属する発明であること

「使用者等」とは、他人を雇用する自然人、法人等をいう。前述したように、法人の代表取締役は飽くまで「従業者」である。「業務範囲」とは、客観的に事業の遂行と技術的な関連性があれば足りるとされ、法人については定款に定めた目的の範囲に限られないと解される。

③ 発明をするに至った行為がその使用者等における従業者等の現在又は過去の職務に属すること

「発明をするに至った行為」とは、発明することを命ぜられた場合に限らない。広く発明完成に至るまでの行為をいうと考えられ、職務遂行の結果として生じた発明は職務発明であるといえよう。「その使用者等における」とは、同一企業内におけることを意味し、退職後は原則として含まない。例えば退職前に発明が完成し、退職後にこれを出願したのであれば、その発明は職務発明である。退職後に発明の帰属が問題となる場合があるので、取扱いには気を付けておきたい。

(2) 発明の種類

ところで、従業者等がした発明は、全て職務発明に該当するのであろうか。答えは、「No」である。従業者等がした発明は、通常、次の3つに分類される。

① 職務発明

例えば食品企業に勤める社員が、その企業の業務として研究・開発等を行った結果完成した食品の保存に関する発明は、職務発明に該当するであろう。職務発明の場合は、以下に述べるとおり、あらかじめ契約を締結し、又は社内規程等にて規定しておくことにより、企業がその権利を承継できる。

② 自由発明

使用者の業務範囲に属さない発明である。例えば社長の自動車の運転手が、その職務にも企業の業務にも何ら関係のないビジネス関連発明をした場合、その発明は自由発明に該当し、その運転手個人に帰属する。

③ 業務発明

使用者の業務範囲に属する発明であって、職務発明を除くものである。例えば社員の職務が電子部品に関するものである場合に、職務範囲外のスポーツ器具の発明をなした場合であって、それが企業の業務範囲に該当する場合、その発明は業務発明に該当する。

●従業者等がした発明の取扱い

(1) 権利の帰属

　　従業者等がした職務発明について、契約等においてあらかじめ使用者等に特許を受ける権利を取得させることを定めたときは、その特許を受ける権利はその発生時から使用者等に帰属する。なお、職務発明に係る取扱いを定めなくても発明者たる従業員がその発明について特許を受けた場合、その企業は、その特許権について通常実施権を有する。

(2) 相当の利益

　　特許法35条4項は、特許を受ける権利を企業に譲渡したとき等は、発明者は「相当の利益」を受けることができるとしている。相当の利益は、社内規程等で定めておくのが一般的である。

　　特許法上、契約等においてこの相当の利益について定める場合には、相当の利益の内容を決定するための基準の策定に際して使用者等と従業者等との間で行われる協議の状況、策定された当該基準の開示の状況、相当の利益の内容の決定について行われる従業者等からの意見の聴取の状況等を考慮し、その定めたところにより相当の利益を与えることが不合理であると認められるものであってはならないと規定されている（同条5項）。

　　そして、相当の利益についての定めがない場合又はその定めたところにより相当の利益を与えることが不合理であると認められる場合には、相当の利益の内容は、その発明により使用者等が受けるべき利益の額、その発明に関連して使用者等が行う負担、貢献及び従業者等の処遇その他の事情を考慮して定めなければならないとされる（同条7項）。

(3) 社内規程等の作成

　　企業では、通常「職務発明取扱規程」等の社内規程にて、職務発明の取扱いを定めている。規程には、以下の項目を入れるのが一般的である。

・規程の目的
　発明の奨励と権利の補償等
・職務発明の定義
・権利の帰属
　職務発明は、企業がその権利を取得すること。
・発明を行った場合の届出義務
　発明等を行ったときは、その旨を速やかに企業（所属長等）に届け出な

ければならないこと。
・職務発明の認定
　企業は、上記届出を受理したときは、その届出に係る発明が職務発明か否かの認定を行わなければならないこと。
・相当の利益の決定
　これについて、詳細は▶「テーマ2-5」を参照されたい。

(4) 自由発明、業務発明

　社員の発明が自由発明又は業務発明に該当する場合は、特許を受ける権利等を承継することをあらかじめ社内規程等で定めることはできない。

　ただし、職務発明に該当しない場合であっても、業務発明をなしたら企業に届け出る義務や、企業と優先的に協議する義務を規程中に盛り込むことが慣行的に行われているようである。

　なお、ビジネス関連発明の場合（例えば企業の営業担当者が考えたビジネス関連発明の場合）、その発明を行うことが「職務」といえるかどうか微妙なケースが多いので、業務発明と捉えて個別に譲渡契約を締結するのが無難であろう。

第1部　基礎編　知的財産法の知識

テーマ1-18　団体商標制度と地理的表示制度

　団体の構成員に商品名やサービス名等を独占的に使用させ、団体の信用力を高め、商品やサービスのブランド作りに資することを目的とする制度がある。それは、団体商標制度、地域団体商標制度及び地理的表示制度である。以下に、それぞれの制度について説明する。

●団体商標制度とは

　「団体商標制度」は、事業者を構成員に有する一般社団法人や事業協同組合等の団体が、その構成員に使用させるための商標を保護する制度である。

　団体商標は、文字、図形及びこれらを組み合わせたロゴであっても登録することができる。これは後述する地域団体商標との大きな違いである。

(1) 団体商標制度の特徴

　団体の構成員が、その団体の定款等に従い、所定の商品やサービスについて、団体商標を使用することができる。

　団体商標が不正使用された場合には、商標権者が差止請求・損害賠償請求を行う。

　団体商標の保護期間は、原則設定登録の日から10年であるが、更新登録の申請により保護期間を更に延長することができる。

(2) 団体商標の登録要件

　通常の商標として登録要件を満たす必要がある。

(3) 団体商標の活用方法

　例えばある規格を認定する事業者団体が、認証マークや証明マークを団体商標として登録し、一定要件を満たす構成員にそれらのマークを使用させることが考えられる。これにより、その認証マークや証明マークの信用力、ひいてはその規格の信用力を維持・向上させることができる。

　右の商標は、無線LAN製品の普及促進を図ることを目的とした業界団体である米国のワイーファイ　アライアンスが所有する団体商標である（登録第5296846号）。

●地域団体商標制度とは

「地域団体商標制度」は、地域の産品等について、事業者の信用の維持を図り、「地域ブランド」の保護による地域経済の活性化を目的として「地域名＋商品（サービス）名」の組合せからなる文字商標（地域団体商標）を保護する制度である。

「関さば」のように、単に「地域名＋商品（サービス）名」の組合せからなる文字商標は、一般的に使用されるものであり自他商品識別力がないとして商標登録できないが、地域団体商標として特別に保護される。

なお、大分県漁業協同組合が所有する地域団体商標「関さば」（登録第5005588号）の指定商品は、第29類「佐賀関産のさば（生きているものを除く。）」及び第31類「佐賀関産のさば（生きているものに限る。）」である。後述のとおり、指定商品等については、地域名との関連性を明確にする必要がある。

(1) 地域団体商標制度の特徴

団体の構成員が、地域の産品等について、地域団体商標を独占的に使用することができる。

地域団体商標が不正使用された場合には、商標権者が差止請求・損害賠償請求を行う。

また、地域団体商標とともに、地域団体商標マークを使用することができる。

引用：地域団体商標マーク

地域団体商標の保護期間は、原則設定登録の日から10年であるが、更新登録の申請により保護期間を更に延長することができる。

(2) 地域団体商標の登録要件

① 登録する商標が「地域名＋商品（サービス）名」の組合せからなる文字商標であること
② 法人格を有する団体であること
③ 団体の構成員に使用させる商標であること
④ 地域名と商品（サービス）に関連性があること
⑤ 一定の地理的範囲の需要者間で広く知られていること（周知性）

(3) 地域団体商標の活用方法

地域団体商標を団体の規約等に賛同した構成員に使用させることによ

り、商品（サービス）について、団体を中心としたブランド化を図ることができる。

●地理的表示制度とは

「地理的表示保護制度」は、特定の産地と品質、社会的評価等の特性の面で結び付きのある農林水産物・食品等の産品（特定農林水産物等）の名称（地理的表示）を地域の共有財産として保護する制度である。

地理的表示の登録例としては、「近江牛」や「市田柿」などがある。

(1) 地理的表示制度の特徴

登録生産者団体の構成員（生産者）が、GIマークと併せて地理的表示を独占的に使用することができる（GIマークのみの使用はできない。）。

地理的表示が不正使用された場合には、生産管理団体ではなく、国が取り締まる。

また、地理的表示の相互保護の枠組みにより、日本と同等水準と認められる地理的表示保護制度を有する欧州・英国において、日本の地理的表示が不正使用された場合には、各国当局が取り締まる。

引用：GIマーク

(2) 地理的表示に登録されるための要件

地理的表示であれば全て登録されるというわけではない。主に以下の点が要求される。

① 申請する産品が特定農林水産物等であること
② 生産団体の構成員に使用させる地理的表示であること
③ 生産行程を管理する生産者団体があること（法人格は問わない）
④ 生産者団体について、加入の自由が規約等に定められていること
⑤ 生産者団体が、生産行程管理業務規程を作成し、遵守できること
⑥ 生産者団体が生産行程管理業務を実施するために必要な経理、人員体制を有すること

(3) 地理的表示の保護期間

地域団体商標制度のような更新制度はなく、地理的表示の保護期間は定められていない。

(4) 地理的表示の活用

地理的表示に登録されることにより、地域と結び付いた産品の品質、製法、評判、物語といった潜在的な魅力や強みを見える化することができる。

また、地理的表示を生産管理団体の規約等に賛同した構成員に使用させることにより、その産品について、生産管理団体を中心としたブランド化を図ることができる。

●団体商標制度、地域団体商標制度、地理的表示制度の違い

これらの制度は、商品（産品）等の名称を保護し、それを団体の構成員に使用させる点で共通するが、各制度の考え方が根本的に異なる点に注意が必要である。

特に地域団体商標制度と地理的表示制度は、ともに地域ブランド化に活用することができるが、産品を取り巻く状況に応じて、どちらの制度を選択するか、又は両制度を組み合わせるかを検討する必要がある。

例えば地域団体商標制度を選択する場合には、名称に周知性が必要とされる。したがって、その名称が広く知られていない場合には、地域団体商標として登録することができない。

一方、地理的表示制度を選択する場合には、地域（特定の産地）と、農林水産物の品質、社会的評価等の特性の面との結び付きが必要とされる。したがって、このような結び付きがない場合には、地理的表示として登録することができない。

そして、両制度を組み合わせる場合には、周知性と前述した結び付きの双方が求められる。

このように、各制度のメリット・デメリットに加え、各制度の違いを考慮して戦略的に活用する必要がある点に注意する必要がある。

テーマ1-19　データの知的財産法による保護

●データ保護の必要性

　近年のIoT（Internet of Things）や人工知能（AI：Artificial Intelligence）の発展に伴い、大量のデータの取扱いが重要になってきている。このような大量のデータはイノベーションにつなげるために、できるだけ広くオープンにすべきとする議論がある一方、そもそも他社の保有しない大量のデータこそが競争力の源泉であるとの考えや、他社へのデータ提供により収益化を図るようなことも考えられる。特に後者の立場では、データに対して独占排他的な保護を受けられる知的財産法による保護が期待される。

　そもそも、創作物に該当しないようなデータそれ自体は、基本的には知的財産法の保護対象とはされていないが、一定の場合には不正競争防止法で保護されることとなる。しかし、同法はいわゆる行為規制法であり、知的財産権による物権的な保護を与えるものではない。さらに、一定のデータについて物権的な権利として強力な保護を与えるための知的財産権としては、著作権法及び特許法による保護が考えられる。

　以下では、これらの法律によるデータの保護について説明する。

●データの不正競争防止法による保護（注1）

(1) 営業秘密としての保護

　　データは、以下の3要件を満たす場合、営業秘密として不正競争防止法による保護を受けることができる（不競2条6項）。

① 秘密として管理されていること（秘密管理性）
② 生産方法、販売方法その他の事業活動に有用な技術上又は営業上の情報であること（有用性）
③ 公然と知られていないこと（非公知性）

　① 秘密管理性については、情報の保有者の主観的な「秘密である」との認識だけでは足りず、具体的状況に応じた一定の合理的な秘密管理措置によって従業員等に秘密であることが明確に示され、かつ、認識される可能性が確保される必要がある。例えば電子データのヘッダ等への「マル秘」の付記、そのデータを格納する媒体の格納場所へのアクセス制限といった措置が考えられる。

② 有用性については、その情報が現に事業活動に使用・利用されていたり、又は使用・利用されたりすることによって費用の節約、経営効率の改善等に役立つことが必要である。この「有用性」については、情報保有者の主観ではなく客観的に判断されるものである。

③ 非公知性については、一般に知られておらず、又は容易に知ることができないことが必要である。具体的には、その情報が合理的な努力の範囲内で入手可能な刊行物に記載されていない等、情報保有者の管理下以外では一般的に入手できない状態である。

以上のような要件を満たすデータについては、営業秘密として、その所定の不正行為（不競2条1項4号～10号）に対して、損害賠償請求などの措置を講ずることができる。(注2)

(2) 限定提供データとしての保護

営業秘密に該当しないデータについては、限定提供データとして保護を受けることができる。ここで、限定提供データとは、業として特定の者に提供する情報として電磁的方法（電子的方法、磁気的方法その他人の知覚によっては認識することができない方法をいう。）により相当量蓄積され、及び管理されている技術上又は営業上の情報（営業秘密を除く。）のことである（不競2条7項）。

この限定提供データは、ビッグデータ等を念頭に、商品として広く提供されるデータや、コンソーシアム内で共有されるデータ等、事業者が取引等を通じて特定の者に提供する情報を想定している。よって、相手方を特定・限定せずに無償で広く提供されている、いわゆるオープンデータ等は対象とならない（不競19条1項9号ロ）。

また、相当量蓄積されていること、すなわち有用性を有する程度に蓄積している電子データが保護対象となる。有用かどうかの判断は、そのデータが蓄積されることにより生み出される付加価値、利活用の可能性、取引価格、データ創出・収集等に当たって投じられた労力などが勘案されると考えられる。

さらに、電磁的方法による管理として、限定提供データ保有者と、その提供を受けた特定の者以外の者がデータにアクセスできないようにするアクセス制限措置が講じられていることが必要である。

この限定提供データとして保護される情報としては、具体的には、「技

術上の情報」として、地図データ、機械の稼働データ、AI学習用データセット、AI学習済みモデル等の情報が、「営業上の情報」として、消費動向データ、市場調査データ等の情報が挙げられる（ここでいう「データ」には、テキスト、画像、音声、映像などが含まれる。）。

なお、営業秘密に該当する場合は、限定提供データからは除外される点に注意が必要である。

以上のような要件を満たすデータについては、限定提供データとして、その所定の不正行為（不競2条1項11号～16号）に対して、損害賠償請求などの措置を講ずることができる。（注3）

●データの著作権法による保護（注4）
(1) データの著作物性について

AIにおける学習データ等の情報解析の対象となる大量のデータについては、① 多数の写真や文章等からなる場合、② IoT等により収集される数値データよりなる場合、とがあると考えられる。

①の場合、その個々のデータについては、原則として著作物として保護されることは異論がないところであろう。それらの集合体としてみる場合は、次の②に述べるデータベースの著作物に該当するかどうかが問題となる。ただし、たとえデータベースの著作物に該当する場合であっても、個々の著作物について著作者の権利に影響を及ぼすものではないとされている（著12条の2第1項）。

②の場合、原則として数値データそのものは著作物としては保護されないと考えられるが、一定の要件を満たしてデータベースの著作物に該当する場合は、著作権により保護されることとなる。具体的には、著作権法上、データベースとは、論文、数値、図形その他の情報の集合物であって、それらの情報を電子計算機を用いて検索することができるように体系的に構成したものをいう、とされている（著2条1項10号の3）。その上で、データベースでその情報の選択又は体系的な構成によって創作性を有するものについて、著作物として保護するとしている（著12条の2第1項）。したがって、著作物として保護されるためには、この要件を満たす必要がある。この点に関しては、例えばIoTによる収集データなども一定の工夫があれば、その集積されたデータはデータベースに該当する可能性はあると考えられる。

(2) 著作権によるデータ保護の実効性

　AIで用いられるデータやIoTで収集されたデータについては、(1)に示した①、②いずれの場合も著作物として著作権により保護される可能性がある。しかしながら、そのようなデータがAIをはじめとするコンピュータによる情報解析の対象物として用いられる場合は、著作物として保護される場合であっても、その保護において実効性がなくなることがある点には注意する必要がある。

　すなわち、平成30年著作権法改正により、著作物に表現された思想又は感情の享受を目的としない利用については、その必要と認められる限度において、いずれの方法によるかを問わず、利用することができることとされた（著30条の4）。よって、例えばAIの開発のための学習用データとして著作物をデータベースに記録する行為などとともに、その収集した学習用データを第三者に提供（譲渡や公衆送信等）する行為についても当該学習用データがAIの開発という目的に限定されていれば、権利者の許諾なく行えることができるものと考えられる。ただし、改正前の著作権法47条の7ただし書に規定されている「情報解析を行う者の用に供するために作成されたデータベースの著作物」の情報解析目的での複製については、「著作権者の利益を不当に害する場合」に該当し、例外的に権利制限の規定が適用されない。

　よって、①、②いずれの場合も、情報解析（AIによるものを含む。）のために作成されたデータベースの著作物と認められれば、権利制限の対象とならず、データベースに係る著作権者の権利行使は認められる一方、①の場合はたとえ個々のデータに関して著作権による保護を受けたとしても、データベースの著作物として認められない場合は、それらのデータの集合物をAIや情報解析業務に用いるような場合はかかる権利制限の対象となり、実質的な保護は受けられない場合があることとなると考えられる。

●データの特許法による保護

　特許法によれば、保護対象である発明としてデータやデータ構造は明記されていない（特2条1項）。しかしながら、「物の発明」に「プログラム等」が含まれるとした上で（同条3項1号）、この「プログラム等」とは「プログラム（電子計算機に対する指令であつて、一の結果を得ることができるように組み合わされたものをいう。）その他電子計算機による処理の用に供する情報であつてプログラムに準ずるものをいう」とされている（同条4項）。

さらに、特許庁審査基準においてこの「プログラムに準ずるもの」とは、「コンピュータに対する直接の指令ではないためプログラムとは呼べないが、コンピュータの処理を規定するものという点でプログラムに類似する性質を有するものをいう」とし、その例としてデータ構造（データ要素間の相互関係で表される、データの有する論理的構造）が挙げられている。

一方で、同じく審査基準においては「情報の単なる提示（提示される情報の内容にのみ特徴を有するものであって、情報の提示を主たる目的とするもの）」は技術的思想でないものとして発明該当性が否定されており、その例として「デジタルカメラで撮影された画像データ」が挙げられている。情報の提示に技術的特徴を有する場合は発明の対象となり得ると考えられるが、IoTやAIに用いられる大量のデータやデータ構造は、このような場合に該当する可能性は低いと考えられる。

よって、更にコンピュータソフトウエア関連発明についての審査基準の適用について審査ハンドブックの解説を参照しつつ検討する。審査ハンドブックの記載では、「データの有する構造によりコンピュータが行う情報処理が規定される『構造を有するデータ』又は『データ構造』を、『物の発明』として請求項に記載することができる」として、以下の例が挙げられている。

例4：データ要素A、データ要素B、データ要素C、…を含む構造を有するデータ

例5：データ要素A、データ要素B、データ要素C、…を含むデータ構造

ただし、これらの例に示されているように、データやデータ構造だけについて特許請求の範囲に記載して権利を取ることは困難である。すなわち、この場合における「データ」や「データ構造」は飽くまで「プログラム等」、すなわちプログラムに準ずるものである。したがって、データやデータ構造について特許権を取得するためには、まず、前述の審査基準が適用されるかどうかを検討し、それでは判断できない場合にソフトウエアの観点に基づく考え方が適用され、データの有する構造が規定する情報処理が、ハードウエア資源を用いて具体的に実現されていれば、特許権による保護対象となり得ることとなる。具体的には、請求項に係る発明が、ソフトウエア（プログラムに準ずるデータ構造）とハードウエア資源とが協働した具体的手段又は具体的手順によって、使用目的に応じた特有の情報の演算又は加工が実現されている必要がある。

現状では特にAIやIoTに用いられるデータ構造やデータに関して特許権による保護を受ける場合、そのデータ構造やデータのみで特許権を取得することは

困難であり、そのデータ構造やデータの処理方法とともに特許請求の範囲に記載する必要がある。よって、特許法によるデータやデータ構造の保護は、その処理方法とともに権利化されることで、かなり限定的なものになると考えられる。

(注1) 参考文献：経済産業省知的財産政策室『逐条解説・不正競争防止法〔第3版〕』pp.46-56（商事法務［2024年］）
(注2) 企業が営業秘密に関する管理強化のための戦略的なプログラムを作成できるようにするための参考となる指針として経済産業省「営業秘密管理指針」がある（同省のウェブサイトより入手可能）
(注3) 限定提供データの要件の考え方、不正競争に該当する／しない行為の具体例を盛り込んだガイドラインとして経済産業省「限定提供データに関する指針」がある（同省のウェブサイトより入手可能）
(注4) 著作権法及び特許法の記載については、参考文献：加藤浩一郎「我が国における特許権・著作権によるデータの保護とその実効性」日本知財学会誌16巻2号pp.39-45（2019年）

テーマ1−20　特許出願非公開制度

●特許出願非公開制度が必要とされる背景

　特許出願は、出願公開制度により出願日から1年6か月を経過した場合に全てその内容が公開されるのが原則である。その理由は発明を秘匿せず、いち早く出願して世間に公開することを前提にその代償として独占権としての特許権を付与するというのが特許制度の建前だからである。

　しかし、国家の安全に関わる軍事技術あるいは軍事転用可能技術も同様に全世界に向けて公開すべきであろうか。

　この点、米国・中国をはじめとする主要国にはこのような技術については公開せずに秘密にする秘密特許制度が以前から存在していた。日本でも、実は明治時代には秘密特許制度が存在していたが、第二次大戦後に廃止され、その後、令和に至るまでこのような制度が存在していなかった。

　しかし、2022年2月のロシアによるウクライナ侵攻など、昨今の不安定な国際情勢が追い風となって「国家の安全」の重要性が再認識され、2022年5月11日に成立したのが「国家の安全」に関わる法律とされる「経済安全保障推進法」である。

　「特許出願非公開制度」はこの法律の4つの柱の一つとされ、国家の安全を脅かす可能性のある技術、特に軍事技術あるいは軍事転用可能な技術に関する出願を公開しないようにする制度である。

　なお、政治的な背景もあって、秘密特許制度という言葉はあえて用いられていないものの、実質的には各国の秘密特許制度と同等の制度といえる。

●特許出願非公開制度の概要

　本制度では、まず、特許出願に記載された発明が特定技術分野（非公開の対象は軍事技術等が含まれ得る特定の分野に限定されるが、本稿では説明を省略する。）に属するか否かの言わば一次審査を特許庁が行い、該当するときは内閣総理大臣に送付するとともに出願人にも通知を行う（図中の「送付通知」）（経済安保66条）。

　次に特許庁から通知を受けた内閣総理大臣は、言わば二次審査として発明が「国家及び国民の安全を損なう事態を生ずるおそれが大きい」かどうかを審査（「保全審査」という。）する（同法67条）。審査の結果、指定しようとする場合には先に出願人に通知を行う（図中の「事前通知」）。

　最終的に保全指定を受けた場合、出願人はその発明を許可なく開示あるいは

実施することができず(経済安保73、74条等)、更に漏えいの防止のために適正に管理する措置を講ずる義務が生ずる(同法75条)。このような義務を負うという不利益がある半面、言わばその「見返り」として、出願人はこれにより受けた損失について補償されることとなっている(同法80条)。

また、当然のことながら自由に外国に出願できては意味がないため、何人も特定技術分野に属する発明は勝手に外国出願することができないこととなっている(同法78条)。

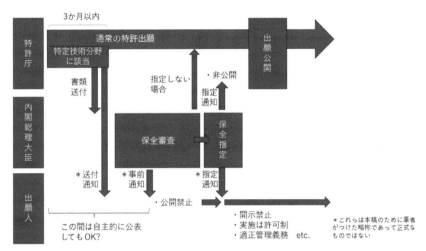

特許出願非公開制度の処理の流れ

なお、法律に規定されていない点として内閣総理大臣からの通知(図中の「事前通知」)を受ける「前」に出願人が「公開」した場合の取扱いがある。条文上はこの通知を受けた「後」しか規定されていないため、そのような安全保障上に問題のある発明を通知より前であれば「公開」してもお咎めがない、ということになるものと考えられる。

テーマ1-21　特許調査

●特許調査とは

　特許調査は、通常、特許出願したいアイデアや発明があるときに、その内容と同様のものが既に出願されていないかどうかを確かめるために行うことが最も一般的である。この理由として、既に出願されているものと同じ内容のものを出願しても、特許として認められるために必要な要件である新規性を満たしていないので、出願しても特許にならないからである。調査により、そのアイデア・発明に高いコストを費やして出願するだけの価値があるかどうかの判断材料を得ることができる。

　また、法改正により、特許出願人は出願時に先行技術文献情報を提出することが必要となった。これにより、特許出願の際には、関連技術の特許調査（先行技術調査）は避けて通れないことになったので注意が必要である。

　なお、ここでは自社の考えているアイデア・発明が既にあるかどうかを確認する以外の特許調査の意義について紹介する。

●特許調査を行うことの意義

(1) 優れた技術開発のための素材

　　　特許に書かれている内容は、ある意味で各技術分野における最先端技術であるにもかかわらず、なぜ公開されているのであろうか。それは、特許の内容を公開しなければ、あちこちで研究の重複が生じ、無駄な労力を費やすことになってしまうので、これを防止するためである。それならば、特許の内容を自社の新商品・技術開発に積極的に活用すべきである。

　　　例えば既に特許として公開されている技術内容を素材として新商品の開発や新事業展開を図ることで、最先端の技術内容を参考に更に優れた発明が生まれる可能性が高い。もちろん、この場合その発明を新たな特許として出願できるというメリットがあり、特許になっているものより更に優れていることから、特許として認められる可能性も高いといえる。

(2) 重複研究の防止

　　　次に、重複研究の防止ができる点である。前述のとおり、多大な研究費をかけて開発した技術が、既にあったものと同様であるというのでは、その研究にかかった労力、時間、コストが無駄になってしまう。このような無駄をなくすという点で、大きな意味がある。

さらには、侵害訴訟などで後々トラブルになる可能性をかなり低減できることが挙げられる。新商品・技術などを開発する際に特許調査をしなかったばかりに、同様の技術について特許権を持っている会社から、後々侵害警告を受けることになるケースが中小・スタートアップ企業に多い。昨今、特許に関する侵害訴訟における損害賠償額の増加に伴い、中小・スタートアップ企業においては、その存続すら危ぶまれることになりかねない。

しかしながら、特許調査に基づき技術開発を行っている場合、そもそも出発点から侵害回避を前提とできるため、侵害訴訟などのリスクヘッジとして大きな意味がある。

(3) 他社動向の監視

さらに、他社の動向を監視できるというメリットもある。例えば同業他社の特許を監視することで、将来その会社が注力していこうとしている分野が分かるのである。もし可能ならその特許内容をパテントマップ（▶「テーマ3-3」を参照）にして分析すると更に分かりやすくなる。

このように、特許調査とは、あらゆる企業と密接な関係にある。つまり、特許調査の結果により、企業の将来的方針や新規事業を決定する上で、経営上貴重な資料として活用できるばかりか、特許に関するリスクヘッジにもつながるという大きな効果があるといえる。

●調査方法について

特許調査には、有料データベースの調査もあるが、ここではインターネットを利用して、無料のデータベースである特許情報プラットフォーム（以下、「J-PlatPat」という。）を利用した調査方法（検索方法）を紹介する。

【調査前にすべきこと】

(1) キーワードの特定

まず、データベース検索をする上で準備しておくのは、調べたい技術内容に基づきキーワードを決定することである。ただし、ここで気を付けていただきたいのは、あるキーワードを考えたら、そのシソーラス（同義語）も確認すべき点である。

例えば「スケジュール」というキーワードで検索する場合、シソーラスには、日程、予定、予測、…などがある。何十万件とあるデータから、漏

れなく検索するためには、このキーワードの決定が大きな鍵になることを十分認識していただきたい。

特許調査の方法は、技術内容を特定するために必要なキーワードを上手く組み合わせながら、対象とする特許を検索して絞り込んでいくということにほかならない。

(2) 分類の特定

キーワード検索以外に、分類を特定することも漏れのない調査を行う点で重要である。分類には、国際的に統一された特許分類である国際特許分類（IPC：International Patent Classification）や、IPCをより詳細にした日本独自の分類であるFI（File Index）、FIの一定の範囲を製法・目的等の観点で分類したFターム（File forming Term）などがある。

前述のキーワードと分類をうまく組み合わせる検索により、更に精度の高い調査が可能となる。

キーワードに対応する分類として、以下ではFIの特定について紹介する。J-PlatPatにアクセスし、「特許・実用検索」→「特許・実用新案分類照会（PMGS）」を選択する。ここで、キーワードに対応するFIを特定することができる（FIの表示例：H04M1/72 携帯電話）。

【検索手順】

まず、J-PlatPatにアクセスし、「特許・実用検索」→「特許・実用新案検索」をクリックする。「特許・実用新案検索」のページが表示され、当該ページから実際に特許調査（検索）を行うことができる。

手順1　初期画面では、「テキスト検索対象」が「和文」「国内文献」「外国文献」にチェックが入っている。国内文献のみを対象とする場合には、「外国文献」のチェックを外す。

手順2　次に、初期画面では、「検索キーワード」の「検索項目」で「全文」が指定されている。また、出願人検索を行う場合には、「出願人／権利者／著者所属」を指定する。

手順3　「検索項目」の右欄の「キーワード」に検索するためのキーワードを入力する。

手順4　キーワードを入力したら、下にある「検索」ボタンをクリックする。キーワードによっては、数百～数千件とヒットするので、うまくキーワードを組み合わせる必要がある。その組み合わせ方の一例として、他の

「検索項目」の右欄の「キーワード」に検索するためのキーワードを追加入力することにより、検索結果を絞り込むことができる（AND検索）。

なお、「検索項目」の右の「キーワード」欄に複数のキーワードを入力した場合には、OR検索となる。

AND検索とOR検索とは、キーワードが複数ある場合、これらの複数のキーワードが必ず含まれているならAND検索となり、対象とする特許内容にどれか一つが含まれているならOR検索となる。

手順5　検索結果が表示されたら、一覧表示をクリックする。公開番号の一覧が表示されるので、見たい番号のものをクリックして対象特許公報を閲覧することになる。また、検索した結果、目的とする特許が見つかったら、それに付与されているFIなどの分類を基に、再度検索してみるとよい。

しかし、ここで留意すべき点がある。実は、ここで公開されている特許は、原則として1年6月より以前に出願されたものであることである。特許は出願してから、原則として1年6月後に公開されるので、裏を返せばこの期間内に出願されている特許は閲覧できないのである。これは、有料のデータベースを用いても同様であり、この期間のものを調べる術がないことを認識いただきたい。

以上、特許調査の有効活用及びその方法について述べてきたが、特許調査の結果というものが身近に企業経営とも密接に関わり得るもので、経営戦略及びリスクマネジメントとして利用できることを認識いただけたであろうか。自社にて特許調査を日常業務の一部として取り入れていただければ幸いである。

また、ここにある検索方法は、簡易な方法のみであり、更に高度な調査が必要な場合には、その方法に関する専門書を参照されたい。

テーマ1-22　特許事務所（弁理士）とは

●特許事務所（弁理士）とは

　まず、「特許事務所」という名称は誰でも自由に使えるわけではない。弁理士法75条では、一定の特許関係の業務は弁理士でない者が行ってはならないと規定しており、「弁理士又は弁理士法人でない者は、弁理士若しくは特許事務所又はこれらに類似する名称を用いてはならない」とも定めている（同法76条）。つまり、特許事務所とは、弁理士が少なくとも一人はいる事務所ということになる（弁理士法人とは、法人化した特許事務所のことである。）。

　「弁理士」とは、弁理士法で認められた国家資格者である。1年に1回行われる弁理士試験に合格すれば資格が与えられ、日本弁理士会という団体に登録して初めて、弁理士と名乗ることができるようになる。

●特許事務所の名称

　特許事務所の多くは、その事務所に在籍する主たる弁理士の名前を付したもの（例：山田特許事務所）になっている。ほかには、いわゆる抽象的な名称を用いたもの（例：イデアプラン特許事務所）も認められている。

　また、単なる「特許事務所」「特許商標事務所」以外に、「国際特許事務所」「内外国特許事務所」といった名前を見掛けることもある。しかし、「国際」や「内外国」などの文字の部分には法的意味がないことは余り知られていない。つまり、外国出願や外国企業との取引実績次第でこの名称が使えるようになるものではなく、基本的には弁理士でさえあれば名乗ることができる。

　もっとも、「法律特許事務所」や「特許法律事務所」といった名前を掲げているところもある。この場合は、事務所に弁護士が在籍していることを意味するので、前述した例とは違って「法律」という文字の部分に意味がある。なお、最近では、「知的財産事務所」という名称も認められるようになっている。

　さらに、特許事務所についても法人化が認められており、当初は「特許業務法人」がその名称とされていたが、現在は「弁理士法人」という名称を用いることとなった。

●特許事務所（弁理士）の業務

　弁理士ができる仕事の範囲については、弁理士法で定められている。

　① 特許、実用新案、意匠若しくは商標又は国際出願、意匠に係る国際登録出願若しくは商標に係る国際登録出願に関する手続の代理（出願等）、こ

れらに関する鑑定
② 税関長又は財務大臣に対する手続の代理及び相談
③ 特許、実用新案、意匠、商標、回路配置若しくは特定不正競争に関する事件又は著作物に関する権利に関する事件の裁判外紛争解決手続の代理及び相談
④ 特許法第105条の2の11第1項及び2項に規定する意見を記載した書面を提出しようとする者からの当該意見の内容に関する相談
⑤ 特許、実用新案、意匠、商標、回路配置、著作物に関する権利若しくは技術上の秘密若しくは技術上のデータの売買契約、通常実施権の許諾に関する契約の代理等、これらに関する相談
⑥ 特許、実用新案、意匠若しくは商標、国際出願、意匠に係る国際登録出願若しくは商標に係る国際登録出願、回路配置又は特定不正競争に関する事項について、裁判所において補佐人として、当事者又は訴訟代理人とともに出頭し、陳述又は尋問をすること
⑦ 外国の行政官庁又はこれに準ずる機関に対する特許、実用新案、意匠、商標、植物の新品種又は地理的表示に関する権利に関する手続に関する資料の作成
⑧ 発明、考案、意匠若しくは商標、回路配置、植物の新品種、事業活動に有用な技術上の情報又は地理的表示の保護に関する相談
⑨ 特許、実用新案、意匠、商標若しくは回路配置に関する権利若しくは技術上の秘密若しくは技術上のデータの利用の機会の拡大に資する日本産業規格その他の規格の案の作成、これに関する相談
⑩ 拒絶審決、無効審決等の取消訴訟の代理
⑪ 特許、商標等の特定の侵害訴訟の代理（※一定の制限あり）

このほかにも、隣接業務として、各種の知的財産権の存否の調査や知的財産に関するコンサルティングも行っている。

●特許事務所の付加価値

ここでは、「特許」の場合を例に挙げて説明する。まず、特許出願の手続は、出願人になる個人や会社が自ら行う場合と、これら会社等から委任を受けた特許事務所の弁理士が行う場合とがある。後者の場合には、特許事務所が、特許の手続を「代理」することになるわけである。

ところが、比較的よくある誤解が「発明者から聞いた発明の内容を、そのま

ま書き写し、形式的な書式を整えているだけではないか」というものである。
　しかし、実際には、特許事務所は、知識と経験を駆使して多くの「付加価値」を付けている。では、特許事務所の付加価値とは、どのようなものなのか。
　出願書類の作成時には、特許事務所は、いわゆる出願テクニックを駆使する。この出願テクニックは、その発明が特許権になるか否か、あるいは、特許権になった場合の権利範囲の広狭等を大きく左右する。
　この出願テクニックは、およそ3つに分けて以下のように表すことができる。
① 発明を確立させるとともにその価値を最大限に高める。

　　例えばクライアントの提案が単なるアイデアの着想（「○×できるといいなあ」というもの域を出ていないもの）である場合には、それを具体化する提言をして「発明」として完成させることがある。また、実際には広い分野で応用できる発明であるにもかかわらず、発明者は自社の製品に適用することしか念頭にない場合が多々あるため、広範囲をカバーする発明として権利化することを提言したり、クライアントのアイデア以外に良いアイデアがあればそれを提案したりする。

② 発明のすばらしさを伝えるための論理構成や文章構成（ストーリー）を考え、審査官を納得させて審査をパスできる文章や図面を作成する。
③ 特許権の権利範囲は、出願書類に書かれた内容によって決定されるので、権利範囲が最大になるように出願書類を作成する。特に特許請求の範囲（「クレーム」ともいわれる。）の記載箇所がポイントになる。

　ここでは、従来の関連技術との差を検討しつつ、発明の真の特徴を抽出し、この特徴を余計なぜい肉を付けることなく、かつ、正確に表現した文章を作成する。
　「特許事務所（弁理士）の仕事は『法律』を作る仕事である」といった先人がいたが至極名言である。例えば出願書類に「AステップとBステップとCステップからなるコンピュータ・プログラム」と書いて権利が成立すれば、同じアイデアのプログラムを日本全国津々浦々、誰もが事業として作ることができなくなってしまうからである。つまり、書いた内容が一種の「法律」になるのである。
　このような作業を専門家に依頼せずに自分で行うことも可能ではあるが、それによって特許権を取得できる可能性を減らしてしまったり、価値の低い特許権しか得ることができなくなったりする事態を招いている場合が実は多い。
　一般の方は、権利範囲を抽象的に書くことに慣れていないために具体的に書

いてしまうが、具体的に書けば書くほど権利範囲は狭まる。例えば試作品で「ゴム」を使っている場合には権利範囲も「ゴム」という言葉で表現してしまいがちであるが、「弾性体」であればゴムでなくても同じ効果が生ずる場合がある。この場合、ライバル企業が「バネ」を使って模倣品を作っても、「ゴム」と書かれた特許権の権利範囲外になってしまう（ここでは、「均等論」と呼ばれる権利解釈理論は除外して説明している。）。

このように書くと出願に関しては、特許事務所（弁理士）に全面的に任せることを勧めていると思われるかもしれないが決してそうではない。

特許事務所（弁理士）は、ビジネスの当事者ではない。すなわち、現実のビジネスやその将来の方向性を最もよく知っているのはビジネスの当事者である企業側である。

したがって、企業側は、自ら出願書類を作成する必要はないが、最低限、特許事務所（弁理士）から受け取る明細書のドラフト（草稿）をチェックできる知識を身に付ける必要がある。これについては、本書の▶「テーマ2-16」以降を参照されたい。

第2部　実践編

知的財産管理

テーマ2-1　知的財産管理

●知的財産権と経営責任

　知的財産権は、第一に、企業のリスクマネジメントの一環として再認識されるべきである。なぜなら、知的財産権はそのほとんど全てに差止請求権が認められており、知的財産権の侵害事件を引き起こした場合、当該事業活動を停止しなければならないという事業に対する重大なリスク要因となるからである。

　知的財産権のうち特許権、意匠権、商標権については、権利の内容が全て公示されており、侵害した場合には侵害した者の「過失の推定」が行われる。これらの知的財産の世界では、公示された権利について事業を行う者の全てが知っていなければならないとされているのである。言い換えれば、これは個人を含めて事業を行う者の全てに対して他人の権利の調査義務を課しているのである。

　よって、必要な調査を行わず、取締役会で事業開始を決定して新規事業を開始した結果、他人の特許権等を侵害した場合には、当該取締役には、当該調査義務違反によって他社の知的財産権を侵害したということで、会社法にいう取締役の善管注意義務違反（法令違反行為）と認定される可能性もあることに注意が必要である。

●「知的財産管理」と「知的財産戦略」

　知的財産管理という言葉は、一般には、リスクマネジメントとして知的財産権に最低限注意を払うような消極的な企業活動のみならず、知的財産権を取得して製品やサービス事業に活用したり、ライセンス収入を上げたりするという積極的な企業活動も含む意味で用いられている。

　しかし、これまでの経験上、多くの中小・スタートアップ企業のオーナーは知的財産権に関する事項を最低限注意すべきリスクマネジメントというレベルで捉えているのが実情である。

　その是非はともかく、そのような実情に鑑み、本書では、全ての企業において必要最小限押さえる必要があると思われる知的財産権に関する企業活動（リスクマネジメント的な意味合いの強い活動）を「知的財産管理」として捉えることとし、自社製品（サービス）の市場を確保する目的で知的財産を利用するように、より積極的に知的財産を経営に有利に働かせようとする企業活動を「知的財産戦略」という言葉を用いて使い分けることとした（「知的財産戦略」については▶第3部を参照されたい。）。

●知的財産管理とは

前述した定義を前提とした「知的財産管理」に当たる企業活動は、以下の4つに分けることができる。

(1) 管理法務

知的財産権に関する問題に対応する社内チェック体制や社内規定整備等の管理法務的な企業活動である。具体的な出願案件の管理は、次の(2)出願管理に分類されるため、それ以外の法務的な機能をここに含めている。

(2) 出願管理

発明や商標等の具体的な出願案件がある場合に、これらについて管理する企業活動である。出願前から出願時、出願後、権利化後のそれぞれの段階において管理すべき事項は異なる。

(3) 事業管理

事業活動を遂行していく際に、他社の知的財産権を侵害しないようにする、あるいは自社の知的資産の流出を防ぐ、ということを主目的とするリスクマネジメントとしての意味合いの強い企業活動である。事業活動の時系列、すなわち企画段階、設計・試作段階、事業開始段階のそれぞれの段階において管理すべき事項が異なる。

(4) 紛争管理

実際に紛争が生じてしまった場合の処理・対応という企業活動である。前述の3つの管理は、紛争が生じないようにするための、言わば、予防法務(より正確には、「予防知財法務」といえよう。)に属するのに対し、これは実際の事後的な企業活動である。リスクマネジメントとして当然企業が知っておくべき事項である。

以上が本書の第2部「知的財産管理」の概要であり、分類である。具体的には、目次自体がこの分類に沿っており、実務的なアドバイス等も含めて記述しているので、参照されたい。

(1) 知財管理法務　① 管理法務

テーマ2-2　知的財産管理の基本

●知的財産の社内管理の必要性

　知的財産戦略を効果的に実施するためには、その前提として知的財産の適切な管理が不可欠である。知的財産を効果的に創造し、権利化し、活用していくため、具体的には、創作から出願までの管理、中間手続、権利取得、権利の活用、他社特許対策、情報管理等の管理業務を行う必要がある。

　たとえ創造性の高い技術を企業が有していても、それについて特許出願を行う等、適切に権利を取得していかなければ、その技術を用いた商品やサービスの提供を独占することはできない。また、意見書や補正書の提出、特許料の納付等、種々の手続を適切に行わなければ、取得できたはずの権利を失うことになりかねない。

　したがって、一つ一つ着実に知的財産を増やし、活用していくために、社内で必要なリソースをさいて、知的財産を適切に管理していく体制を整えたい。

　ここでは、主として特許管理と商標管理について、簡単に説明する。

●特許管理

(1) 特許管理（出願から登録、年金管理まで）

　　社内で創造された様々な技術には、特許性の高い技術が数多く存在するはずである。これらを一つ一つ出願し、権利化し、有効に活用していくことは、将来的にはその会社の競争力を左右するであろう。

(2) 啓発活動

　　発明者は、特許出願の必要性や重要性を認識していないことが多い。また、特許出願の量のみを管理するのではなく、質的に高い発明を創作し、特許出願していく必要がある。さらに、発明がなされたとしても、それをうまく表現した形で知財担当者に伝えられなければ、権利化していくにふさわしい明細書を作成することができない。

　　そこで、特許教育や啓発活動をしていくことが必要となる。まず、技術者対象の特許セミナーを定期的に行い、特許等知的財産権とは何か、なぜ特許出願をしなければならないのか、特許出願を行わない場合のリスク等を教育すべきである。また、各部や各チームとミーティングをもち、特許出願を、各部・チームの共通課題として認識してもらう必要がある。

発明者個人の能力に依存するだけでなく、組織的に発明を発掘していくことも、非常に効果的であると考えられるからである。このような、いわゆる「特許マインド」を社員に植え付けていく業務は、非常に時間と手間がかかり、容易ではない。しかし、長期的に見て企業の知的財産の創造に資するものであり、知的財産の管理としては最も重要な要素の一つである。

(3) 発明の発掘と出願管理

特許法は先願主義を採用しているから、社内で創作された新たな発明は、一刻も早く出願することが不可欠である。また、企業内で創作された技術を漏れなく権利化していきたい。

そのためには、埋もれた発明の発掘を行う必要がある。発明者自身がその特許性を認識していない場合であっても、創作性のある発明が埋もれている可能性がある。知財担当者は、そのような発明を見つけ出し、出願に結び付けていかなければならない。

また、発明者に対しては、発明報告に用いるための、「発明考案届」のようなフォーマットを準備しておき、新たな発明の創作があった場合には、フォーマットに従って、発明の内容を届け出てもらうようにするとよい。これは、明細書作成の基礎となるものであるし、発明の把握を十分にできるようにするためである。

発明が発掘できたら、その発明について、① 従来技術、② 解決しようとする課題、③ 課題を解決するための着想をまとめ、発明のポイントをつかむ。そして、弁理士に明細書等の作成と、出願業務を依頼する。

なお、社内に技術に精通した知財担当者がいない場合には、特許事務所にこのような業務をアウトソーシングするとよい。その分野の技術に精通している弁理士を見つけ出せば、発明の発掘から出願までの業務を依頼することができるであろう。

(4) 外国出願手続

外国でも実施する可能性のある重要な発明については、外国出願をしておくとよい。外国出願は、通常、パリ条約による出願と特許協力条約（PCT）による出願の2種類が考えられるが、いずれも、原出願の日から1年以内に出願しなければ、優先権を主張することができない。詳しくは、▶「テーマ1-13」を参照されたい。

(5) 中間処理管理

　特許出願を行うだけでは、特許権は取得できない。特許権を取得するためには出願日から３年以内に出願審査請求を行う必要がある（▶「テーマ２-24」も参照）。また、拒絶理由通知を受けたら、意見書や補正書の提出等をしなければならない（▶「テーマ２-25、26」を参照）。これらの業務も、特許事務所と相談しながら行っていくことができる。

(6) 登録後の管理

　登録後は、「年金」といわれる特許料の管理を行う（▶「テーマ２-27」を参照）。１～３年分の特許料の納付後、特許権の設定の登録がなされるから、次回の納付は、４年目からとなる。年金の納付は適切に行う必要がある。納付期限を徒過すると、貴重な財産である特許権の失効につながることとなる。したがって、データベース等により管理し、納付忘れのないようにしなければならない。また、特許事務所や外部の管理会社に、年金管理を依頼する方法もある。

●特許情報管理

　他社の権利を侵害していないかどうかをチェックするため、また、技術開発の動向を知るため、特許情報の調査を行うことは、極めて効果的である。詳細は▶「テーマ１-21」を参照されたい。

　なお、定期的に特許調査を行い、調査結果をまとめ、関係者に回覧し、重要特許をチェックすることをお勧めする。チェックの結果、必要があると判断すれば、特許異議申立てや特許無効審判請求、ライセンスを検討するためである。

　調査方法としては、貴社の技術分野に関連しそうな国際特許分類（IPC）やキーワードを用いて、J-PlatPatや商用のデータベースで１次調査を行う。量的に膨大な出願が見つかるであろうから、実際に要約文等に目を通すなどして２次調査を行うとよい。特許情報の配信サービスも存在しているので、そのようなサービスを上手に利用してもよいであろう。

●商標管理

　商標は出所表示機能、品質保証機能、広告宣伝機能等を有しており、その戦略はブランド戦略の根幹をなすものである。使用により、商標は、それ自体に企業や商品に対する信用と名声が蓄積されるため、商標の管理を適切に行うことにより、財産的価値のある商標をつくりだし、維持する必要がある。

(1) 自社商標管理

商標の選択（ネーミング）についての詳細は、▶「テーマ3-14」を参照されたい。

① 出願、中間手続、登録後の管理等

選択した商標を出願し、その他管理業務を行う必要がある。詳しくは、上記の特許管理を参照されたい。

② 商標調査

特許調査の場合と同様、定期的に商標公報等をチェックするとよい。自社の登録商標と類似する他社の登録が見つかった場合等は、異議申立て等の対応を検討するためである。

また、商標の選択時や他社から警告書等を受領した際には、詳細な商標調査を行う。他社が同一又は類似の登録商標についての権利を保有している場合に、これを使用することは、商標権の侵害に該当するおそれがあるからである。

なお、他社の周知又は著名な表示の使用は、たとえその他社がその表示について登録商標を保有していなくても、不正競争行為に該当するおそれがあるため、注意が必要である。

データベースとしては、J-PlatPatなどがある。

(2) 商標の適正使用

商標の財産的価値を損なわないよう、商標は適正に使用されなければならない。社内で、商標の使用や表示の基準を作成し、統一的な使用を心掛けるとよい。また、普通名称化を防止するためにも、表示の適切な管理が必要であろう。

ここで普通名称化とは、例えば「セロファン」のように、もともとは識別力を有する商標であったが、その後、識別力を喪失し普通名称すなわちその商品の一般的名称と認識されるようになってしまうことをいう。商標法は普通名称については登録を認めていないし、普通名称化した商標を第三者が使用した場合、たとえその商標が登録されていたとしても、商標権の効力は及ばないことになる。したがって、普通名称化の防止は、特に有名な商標を有する企業にとって、商標管理上重要な事項の一つである。

テーマ2-3　技術情報管理

●ノウハウの保護

自社技術情報（ノウハウ）の管理については、① 営業秘密として飽くまで秘密として管理するか、② 秘密として管理しない＝公開を前提として特許等の権利化を図るかの2つの対応がある。

秘密として管理することを選択した場合には、外部に漏れた際に不正競争防止法による対応ができるように秘密として管理する体制を整える。

また、秘密として管理しない場合には、ノウハウを第三者に特許取得された際に対抗できる準備を整えておくことが必要となる。

●「営業秘密」とは

営業秘密とは、「秘密として管理されている生産方法、販売方法その他の事業活動に有用な技術上又は営業上の情報であって、公然と知られていないもの」（不競2条6項）である。

つまり、① 秘密として管理されていること、② 事業活動に有用な技術上又は営業上の秘密であること、③ 公然と知られていないことの3つの要件を満たしているものをいい、これらを満たしている営業秘密が不正競争防止法による保護を受けることができる。

②、③についてはその情報自体の属性である。両者を簡単に説明すれば、②は事業活動に役立つと客観的に認められる具体的な情報をいい、③については、一般に知られていないことをいうと解される。

●営業秘密の管理方法

また、①「秘密として管理されている」の要件を満たすためには、秘密に管理する意図（主観性）と秘密に管理していると客観的に認識できる程度の管理であること（客観性）が必要である。主観的に秘密に管理する意図は、読んで字のごとくであるが、それを担保する客観性はどの程度必要とされるのかについて説明を加える。

就業規則や文書管理規定等により、秘密保持のための社内管理体制が整えられている状態が必要である。細かい話をすればきりがないが、主なところを列挙すれば、以下のとおりとなる。

① 従業員に対して就業規則等により秘密保持義務を課していること
② 書類には、「極秘」「社内秘」「社外秘」等の表示をしていること

③営業秘密のランクに応じてアクセスできる者を制限していること
　④工場見学者に対して秘密保持契約を結んでいること
　⑤退職者との秘密保持契約を結んでいること

　このほかにも「秘密書類を家に持ち帰ったりしないこと」等、多くの情報管理が要求される。

●第三者に特許を取得された際の対応準備

　次に営業秘密として管理せずに、しかも権利化する必要がないと判断した場合や権利化を見過ごした場合等において、それを第三者が特許を取得してしまった際の対応の準備について説明する。

　自社が関連する技術等について、第三者が特許を取得してしまった際の選択肢には、事業の中止や権利回避のための仕様変更、特許無効の主張、先使用権の主張の3つの対応が考えられる。事業の中止や変更は選択肢の一つであるが、せっかくの自社のノウハウを放棄することとなってしまう。

　以下、先使用権主張のための準備について述べる。

　「先使用権」とは、法定通常実施権の一つであり、一定の条件の下に独占権たる特許権等の例外として公平の観念から認められている。先使用による通常実施権を取得するためには、発明が完成していることと事業の実施又は準備等が必要とされる。この2点の立証のための客観的な証拠の準備が必要となる。つまり、設計図等の図面や納品書等の伝票、現物を保存することを心掛け、発明の完成と事業の実施準備の裏付けとする。

　また、特許出願日より以前に存在していたことの証明を強化するために、確定日付等によりその日付を客観的に担保することも検討する。

●確定日付の取得等

　公証人役場において行う手続である。その一つは、証拠資料（ノウハウを記した書類に加えて、実際に製造販売していた証拠となる注文書等の写し）を公証人役場の窓口へ持参して、公証人に確定日付を押印してもらう方法である。確定日付とは、その日時点でその資料が確かに存在していたことを公的に証明するもので費用が安く手続も比較的簡単である。

　もう一つは、公証人に事実実験公正証書を作成してもらう方法である。事実実験公正証書とは、公証人が実際の製品の構造や動作、工程等を見てその事実を記載した証書で公文書として確実な証明力を有する。

テーマ2−4　知的財産部のアウトソーシング

●知的財産部の役割

　知的財産部は、一般に、知的財産権の管理（知的財産の権利化が主たる業務であるが、技術情報管理や紛争への対応機能を含む場合もある。）、戦略（権利の活用等）の策定、社員に対する知的財産教育等を行う部署とされていることが一般的である。このような知的財産部は、特許に関して先進的な企業（特にメーカーが多い）には設けられているが、中堅企業やスタートアップ企業では存在しないことが多い。

　しかしながら、知的財産権に関してしっかり管理し、戦略を策定することは21世紀に活躍しようとする中堅企業やスタートアップ企業にとって重要なことである。他方、中堅企業やスタートアップ企業の全てに知的財産部を作ることを要求するのも費用対効果の観点から非現実的である。

　そこで、知的財産部を戦略的にアウトソーシングできないか。できるとすればどこまでかが問題となる。

●知的財産部の戦略的アウトソーシングの必要性

　結論から先にいえば、知的財産部を持たない企業は社内で全て解決しようとするのではなく、状況に応じて戦略的に外部専門家（「外部経営資源」といえる）の利用をお勧めしたい。つまり、社内で対処すべき事項は自社内で対処し、状況によって適切なタイミングで外部専門家に依頼できるようにするのが望ましい。これまで、知的財産に関して全面的に社外専門家に任せきりであった、あるいは全面的に社内で対応してきた、という企業の方は、果たしてそれが適切な方法であったかどうかを見直すべきであろう。

　まず、全面的に社外専門家に任せきりであった、という企業の方は、例えば過去の特許出願の内容が適正なものであったか、あるいは自社の事業的な将来の戦略がきっちり盛り込まれているのかをチェックしてほしい。社外専門家は事業的な戦略に関しては門外漢なのである。

　次に、社内で特許出願明細書を書ける人に書いてもらって出願してきた企業においては、本当にその明細書がプロ（具体的には弁理士）の目から見ても権利範囲が可能な限り広く押さえられているかをチェックしてほしい。プロでない人の書いた明細書は最悪の場合、単に出願書式を整えて出したというだけで権利として成立しないケース、特許権にはなったが権利範囲が限定され過ぎていて他社を牽制し得るレベルに達していないケース等が存在するのである。

以上のことから、前述したように、社内で対処すべき事項は自社内で対処し、状況によって適切なタイミングで外部専門家（弁理士・知的財産を専門とする弁護士等）に依頼するのが望ましい、という結論が導かれるのである。

●アウトソーシングすべき範囲とすべきでない範囲

それでは、知的財産部で行われている前述の機能のうち、アウトソーシングすべき範囲とすべきでない範囲をどのように考えるべきか。

以下本書の体系に沿って検討したい。

(1) 知的財産管理

① 管理法務

知的財産権に関する問題に対応する社内チェック体制や社内規定整備等の管理法務的な企業活動である。このようなチェック体制や発明者補償規定の作成は基本的に社内で対応すべき範囲である。

② 出願管理

発明や商標等の具体的な出願案件がある場合に、これらについて管理する企業活動である。

まず、出願前の先行技術調査に関しては、日常的に行う簡易な調査であれば、自社内で行うことができる（▶「テーマ1-21／2-8、9」を参照）。他方、他社との侵害の可能性等については、社外専門家を活用すべきである。

次に、特許出願書類の作成については、前述したように弁理士という社外専門家を活用すべきである。

もっとも、弁理士から提示されるドラフト（草稿）のチェックは社内でしっかり管理すべき事項である（ドラフトチェックについては、▶「テーマ2-16～23」を参照）。

出願後の管理は基本的に社内で行うべきである。ただし、弁理士という社外専門家を通じて出願した場合、最低限、出願審査請求の期限は管理してもらえる。

拒絶理由通知を受けた場合についても基本的には明細書のドラフトチェックと同様である（▶「テーマ2-25、26」を参照）。

権利化後の管理は原則として社内で対応する必要のある事項である。これも弁理士を通じて出願した場合は最低限、年金の管理をしてもらえる。

③ 事業管理

　事業活動を遂行していく際に、他社の知的財産権を侵害しないようにする、あるいは自社の知的資産の流出を防ぐ、ということを主目的とするリスクマネジメントとしての意味合いの強い企業活動である。

　まず、ビジネスを開始する前、ソフトウエアの開発委託（受託）契約を結ぶ場合、他社製品を仕入れる際等に行うべき知的財産権に関するチェックは社内で管理する必要があるのは当然である。行動を開始してから社外専門家に相談しても手遅れの場合が多い（▶「テーマ2-29～37」を参照）。

④ 紛争管理

　実際に紛争が生じてしまった場合の処理・対応という企業活動である。

　基本的には社内のみで対応すべきではなく、社外専門家と協同で対処すべき事項である（▶「テーマ2-38～42」を参照）。

(2) 知的財産戦略

① 戦略法務

　知的財産権の手段的利用といえるパテントマップ、パテントポートフォリオの活用等から、目的的利用といえる特許権の活用、ブランド戦略等が含まれる。基本的に戦略自体は社内で立案すべき事項である（▶「テーマ3-1～6」を参照）。もっとも、戦略策定のためのツール自体は社外の資源を活用すべきである。

② 出願戦略

　個別の出願案件を戦略的に活用する企業活動である。

　特許出願のきっかけに関しては、最初のアクションを取り得るのは企業でしかあり得ないので、当然のことながら社内で管理すべき事項の一つである。社内に埋もれている発明の発掘会議を定期的に開くことに関しては社内で管理すべき事項である。

　もっとも、実際の発掘会議に当たってはそのような発掘能力に長けた社外専門家たる弁理士を活用すべきである（▶「テーマ3-10」を参照）。

　特許出願の代理を依頼する特許事務所の選択については当然のことながら社内で管理すべき事項である（▶「テーマ3-7」を参照）。

　外国出願に関しては基本的に外国出願経験の豊富な社外専門家（弁理士）を活用すべきである（▶「テーマ1-13」を参照）。

　出願後にビジネスの内容が変更されるなど事情が変わった場合、当該

特許出願の内容を整備し直すなどの最初のアクションは社内でしか知り得ないことなので、社内で管理すべき事項である（▶「テーマ3-15」を参照）。

権利化後の権利を維持すべきかどうかという管理は社外では判断できないので、社内で管理すべき事項の一つである（▶「テーマ3-16」を参照）。

③ **事業戦略**

例えばIPランドケープのように、ある事業活動を遂行していく際の、知的財産権の手段的利用や目的的利用のための企業活動である（▶「テーマ3-17～30」を参照）。

特許の活用に関しては、社内のみでは権利範囲を不当に広く考えがちなので、中立的な判断を求めるためにも社外専門家を活用すべきである。

特許権の侵害をしている会社を見つけた場合など、どのように対応すべきかについては、基本的には社内のみで対応すべきではなく、社外専門家と協同で対処すべき事項である。

(3) **知的財産教育**

社内で知的財産管理や知的財産戦略を行う上で、やはり基礎となる知識を持っていただきたい。例えば知的財産権法の基礎や出願から登録になるまでの流れ、用語の意味などは押さえておいていただきたい（▶「テーマ1-1～22」を参照）。

これら知的財産教育については、基本的に社外にアウトソーシングすべき事項である。

●知的財産コンサルティングファームの利用

以上のような知的財産管理や知的財産戦略において社内で管理・策定すべき事項を述べたが、社内にそのような管理・策定の体制の整備自体ができていない場合、知的財産コンサルティングファームのコンサルティングを受けて数箇月程度で社内体制を構築する方法がある。例えばコンサルティングを受けられる項目として、知的財産管理に関しては、社内の知財リスクの事前チェック体制構築や発明者補償規定の整備、社内から特許出願案件があがってこないような体制であれば、そのような体制整備（発明提案の社内ルーティンの作成や提案書の常備等）、特許・商標既出願の評価（放棄による費用節減の可能性等）がある。

また、知的財産戦略に関しては、ビジネス関連発明の開発会議開催、発明発掘コンサルティングの定例会化、社内の発明奨励施策の策定等についてコンサルティングを受けることが可能である。

特に資金的余裕があり、上場の直前や上場をしてまだ間もなく、知的財産管理体制にやや不安のある企業は、知的財産による攻撃の主たるターゲットとされることが多いので、そのような企業が短期間のうちに社内体制を構築したいような場合には、このようなコンサルティングを受けることが有用であろう。

社内で行う事項と社外にアウトソーシングすべき事項の比較

業務内容	社内で行うべき事項	社外にアウトソーシングすべき事項
管理法務		
社内事前チェック体制	◎	
社内規定整備	◎	○
出願管理		
先行技術調査	△	△
他社権利侵害の可能性等	△	○
出願書類作成		◎
ドラフト（草稿）のチェック	◎	
出願後の管理	○	△
権利化後の管理	○	△
事業管理		
他社の権利侵害防止	◎	○
自社知的資産の流出防止	◎	
紛争処理	○	◎
知的財産教育	△	○

【備考】
※　◎…最適　○…適している　△…状況に応じて判断すべき
※「社内で行うべき事項」に○、「社外にアウトソーシングすべき事項」に△がある場合、原則として社内で対処して一部を社外にアウトソーシングすることも可能である。
※「社内で行うべき事項」及び「社内にアウトソーシングすべき事項」両方に○又は◎が付いている場合は、社内のみでなく社外専門家と協同で処すべき事項である。
※「社内で行うべき事項」「社内にアウトソーシングすべき事項」両方に△がある場合は、社内で行い、状況に応じて社外にアウトソーシングすべき事項である。

テーマ2-5　従業員の発明に対する補償金

●従業員へ補償金の支払が必要になる場合

　職務発明（▶「テーマ1-17」を参照）は、原則としてその発明者に帰属することになる。しかし、特許法では、契約による承継の場合はもちろん、予約承継（又は予約取得）で、あらかじめ職務発明を会社等に承継又は取得させることを認めている。これらの場合、会社等は従業員（「社長」「代表取締役」も含む点に注意）に対して一般に補償金とも呼ばれる発明を承継したことに対する「相当の利益」を与えることが必要になる。

　近年、発明者が、この補償金の支払を受けていない、あるいは利益（補償金）は一応もらったが「相当」でない（足りない）という趣旨の主張をするケースが増えており、幾つか裁判も存在する。これが会社にとってのリスクの一つにもなっているのである。もっとも、それらは社内規程等で会社側が一方的に補償金自体を定めているケースであり、個別に補償金に関する契約を締結したケースで問題となったものは今のところないようである。

　したがって、基本的には補償金に関して発明者と会社等で「相当の利益」に相当するものであると明確に合意した上でその額の補償金を支払うようにすれば、この点に関するリスクの回避ができることになると一応考えられる。

●補償金の種類と現状

　各社の補償制度の現状はおおむね以下のとおり、3つの補償を段階に応じて行っているケースが多い。

(1) **出願補償**

　発明を出願した時点で発明者に支払われる補償金である。
　この時点では権利の価値の判断が難しいため、小額かつ一定額が多い。

(2) **登録補償**

　出願が登録された時点で発明者に支払う補償金である。登録要件を具備した発明であると評価できることから、出願時補償より高額な場合が多い。

(3) **実績補償**

　登録になった発明が自社又は他社で実施された場合に発明者に支払われる補償金である。一般には、等級方式かスライド方式で支払われている。

●相当の利益について

これまでの制度においては、職務発明に対する相当の利益の額は、その発明により使用者等が受けるべき利益の額及びその発明がされるについて使用者等が貢献した程度を考慮して定めなければならないと規定されていた。このため、勤務規則等（使用者等があらかじめ定める勤務規則その他の定め）において職務発明に係る相当の利益が定められていた場合であっても、裁判所がこの規定に基づいて算定する利益の額が「相当の利益」であるとされていたため、この相当の利益についての争いが相次いで起きた。

これに対し、平成16年特許法改正により規定された新しい職務発明制度においては、契約、勤務規則その他の定めにおいて職務発明に係る相当の利益を定める場合に、その定めたところにより相当の利益を与えることが不合理と認められない限り、その「相当の利益」が認められることとなる。

また、新しい職務発明制度においても、契約、勤務規則その他の定めにおいて相当の利益について定めていない場合や、定めたところにより相当の利益を与えることが不合理と認められる場合には、これまでの制度と同様に、その発明により使用者等が受けるべき利益の額等を考慮して「相当の利益」の額が定められることとなる。

●新制度による相当の利益の定め方

新しい職務発明制度においては、その際の考慮要素について、改正前の規定を以下のようにより明確にしている。

① まず、契約等においてこの相当の利益について定める場合には、相当の利益を決定するための基準の策定に際して使用者等と従業者等との間で行われる協議の状況、策定された当該基準の開示の状況、相当の利益の内容の決定について行われる従業者等からの意見の聴取の状況等を考慮して、その定めたところにより相当の利益を与えることが不合理と認められるものであってはならないこととされた。

② そして、この相当の利益についての定めがない場合、又はその定めたところにより相当の利益を与えることが不合理と認められる場合には、この相当の利益の内容は、その発明により使用者等が受けるべき利益の額、その発明に関連して使用者等が行う負担、貢献及び従業者等の処遇その他の事情を考慮して定めなければならないこととされた。

つまり、①により不合理でないと認められれば、その定めたところによる対価が相当の利益とされる。

これに対し、対価について定めていない、あるいは①が不合理と認められた場合は、②により相当の利益が定められることとなる。

●補償金の算定方式の例
(1) 出願時と登録時に補償金を支払う場合
　　例　会社が発明者に支払う補償金の額は、次の各号に掲げるとおりとする。
　　　一　出願時に〇〇円
　　　二　登録時に〇〇円
　　　三　登録時点において実施料収入のある場合は、別表1に定める額

別表1

	Aランク	Bランク	Cランク
登録時に支払う補償金	〇〇万円に、実施料収入が〇〇万円を超える部分について、〇〇万円ごとに〇〇万円を加えた額	〇〇万円	〇〇万円
当該職務発明に関しての実施料収入	〇〇万円以上	〇〇万円以上〇〇万円未満	〇〇万円以上〇〇万円未満

(2) 利益に応じた補償金を支払う場合
　　例　会社が発明者に支払う補償金は、その特許に基づく利益の〇％とする。ただし、年間の利益が〇〇円に満たないときは、利益がなかったものとする。

テーマ2-6　特許に関する契約書のチェックポイント

●一般的なチェックポイント
　一般的に、特許に関する契約書を先方から受け取ったときは、次のような諸点をチェックする必要がある。

(1) 文言の明確性・一義性
　　契約書は、当事者間の権利義務関係を規定する重要なものであるから、その各条項の意味が不明確であったり、幾通りかに解釈が可能であったりすると、それが原因で将来的に紛争が生ずるおそれがある。したがって、面倒でも、契約書の各条項を一つ一つ熟読し、意味が明確かどうか、他の解釈が可能かどうかを十分に検討し、万一不明確であったり他の解釈が可能であったりするときは、先方に問い合わせ、修正すべきである。

(2) 契約の公平性
　　契約の相手方が作成した契約書案は、その相手方にとって有利な内容となっていることもあり、十分検討しないまま契約を締結した結果、非常に不利な契約条件の履行を強いられるおそれもある。したがって、各条項をチェックし、余りに相手方に有利過ぎると思われるときは、相手方との関係にもよるが、基本的には修正を求めるべきであろう。
　　なお、契約内容が余りにもこちら側に有利な場合にも、公序良俗に違反するとして民法90条により無効とされたり、あるいは不公正な取引方法に該当し、独占禁止法上の問題とされたりするおそれがあるので、同様に注意を要する。

(3) 対象特許の特定・脱漏なし
　　対象となる特許が契約書上明確になっていなかったり、脱漏があったりすると、やはり、将来的に紛争が生ずるおそれがある。したがって、その契約書が対象として予定している特許権（又は特許を受ける権利）が、他と混同されない程度に区別して特定されているかどうか、また、漏れがないかどうかを十分に検討する必要がある。
　　もっとも実務上は、個別の権利を特定するのではなく、一群の関連する発明群をパッケージとして、まとめて契約の対象とすることも多い。

(4) 秘密保持

特許に関する契約を締結した場合、その後に技術情報のやり取りが行われることが多く、したがって、秘密保持に関する規定が重要になるので、その有無を確認した上、ない場合には、秘密保持規定を設けることを検討する必要がある。

(5) 契約期間・契約終了事由

契約当事者間で、一定期間、継続的な関係を築く場合には、契約期間を定めた条項（契約期間更新条項を含む。）や、契約終了事由（期間満了、途中解約、契約解除）を定めた条項があるかどうか、あるとしてそれが公平・適切なものかを検討する必要がある。

(6) 管轄裁判所

知的財産のうち、特に特許権等の専門的・技術的知識が必要な事件を主として担当する特許専門部は、現在、東京地裁と大阪地裁にしかない。ただし、民事訴訟法において、特許権等に関する訴えの管轄（裁判所の扱う事件についての分担のことであり、原則として管轄でない裁判所では裁判ができない。）について規定があり、東京高裁・名古屋高裁・仙台高裁・札幌高裁の管轄区域内にある地裁に管轄が認められるときは、東京地裁に訴えを提起することができ、また、大阪高裁・広島高裁・福岡高裁・高松高裁の管轄区域内ある地裁に管轄が認められるときは、大阪地裁に訴えを提起することができる。つまり、管轄合意（当事者の合意で本来の管轄と異なる管轄を創設する場合）がなくても、東京地裁か大阪地裁に訴えを提起することが可能である。

もっとも、東京地裁と大阪地裁のどちらが地理的に便利かといった問題は残るので、依然として、管轄裁判所の合意を定めておく意義はある。

また、外国企業と契約する場合は、管轄裁判所を日本国内に指定する点に注意を要する。

なお、特許権等に関する訴えの控訴審については、東京高裁の専属管轄となり、その特別の支部である知的財産高等裁判所（知財高裁）で取り扱われることとなる。

そのほか、各契約形態によって様々なチェックポイントがあり、紙幅の都合上、全てを網羅することはできないが（一部は後述する。）、基本的には、想像力を豊かにし、権利・義務の発生・変更・移転・消滅（＝権利・

義務が生まれてから死ぬまでの一生）の各シチュエーションを思い浮かべ、それぞれの局面でどのような事態が生ずる可能性があり、それらについてどのように対処したいか（あるいは対処していくべきか）を考えていくと、良い契約書を作成することができる。

また、上記のほか、対象となっている特許権が有効か、対象となっている特許権に専用実施権・通常実施権が設定・許諾されていないか、対象となっている特許権が他者との共有になっていないか、なっているとして、その他者の同意が必要か否か、必要だとして、その同意は得ているのか、対象となっている特許権に質権が設定されていないか等を、特許登録原簿の調査によりあらかじめ確認しておく必要がある。

以下、契約類型ごとに、重要なチェックポイントに絞って付言しておく。

●特許権の売買契約の場合

特許権の売買契約の場合、前述した一般的なチェックポイントのほか、代金の支払を遅延した場合の遅延損害金が定められているか否か、定められているとしてその率が不当に高くないか、チェックする必要がある。

また、特に買主の立場に立てば前述との関連で、売買対象となっている特許について、有効であること、（特許権が他者との共有であるとして）共有者が同意していること等を売主が保証する規定があるかどうかもチェックする必要がある。

●特許権のライセンス契約の場合

特許権のライセンス契約の場合、前述した一般的なチェックポイントのほか、ライセンシーとしては、実施許諾の期間・地域・内容が明確に規定されているかどうかをチェックするほか、ロイヤルティが高過ぎると結局、ライセンスを受けて事業展開するメリットがなくなるおそれもあるので、ロイヤルティの料率や、算定方法を十分チェックしておく必要がある。

また、特許権が無効審判によって無効となることもあるわけであるから、そのような事態が生じたときは、直ちにライセンサーから通知してもらえるようにしておくとともに、既払のロイヤルティがどうなるのか（返還してもらえるのか否か）についての条項が設けられているかどうかも確認しておくべきである。そのほか、ライセンシーが特許発明を実施した結果、第三者に損害を与えた場合は、ライセンシーのみが責任を負うのか否かに関する規定の有無もチェックしておく必要がある。

逆にライセンサーとしては、ライセンシーに対して技術情報を提供する場合等には、秘密保持条項が必要不可欠である。場合によっては、ライセンス契約とは別に秘密保持契約を締結することを検討したほうがよいケースもあろう。また、ライセンシーが勝手に第三者に実施権を譲渡したり、再実施許諾したりしないよう、これを禁ずる規定を設けておく必要がある。

さらに、ライセンシーによる関連・改良発明についての規定も設けておくべきであろう。ただし、ライセンシーが改良発明をしたときには必ずライセンサーに無償譲渡しなければならないとか専用実施権を設定なければならないなどと規定してしまうと、独占禁止法に違反することになってしまう可能性があるので、注意を要する。

一方、ライセンサーの依頼した公認会計士等によるライセンシーの監査（オーディット）の規定もロイヤルティを確実に得るために重要である。

また、著作権については▶「テーマ2-32」を参照されたい。

●共同研究契約、共同出願契約の場合

これらの契約については、▶「テーマ2-7」を参照されたい。

●アドバイス

主導権を握るためにも、契約書案は自ら作成し、相手方に先に提示するようにしたい。実務上は、たたき台となった契約書をベースに交渉にすることが多いためである。

また、少しでも内容に疑問がある場合には、弁護士や弁理士に意見を求めるようにすべきである。

テーマ2-7　共同研究や共同出願をする場合の留意点

●共同出願が必要な場合

　他社との共同出願とは、他社と自社とで共同で行う特許出願のことを意味する。他社との共同出願が必要になる場合は、特許を受けようとする発明についての特許を受ける権利が他社と自社との共有に係る場合である。

　このような取扱いとするのは、特許を受ける権利が共有に係る場合、各共有者は、他の共有者と共同でなければ特許出願をすることができないと特許法で規定されているからである。この規定に違反した出願（例えば1の共有者の同意なしに他の共有者が単独でした出願）は、拒絶理由又は無効理由を有する。

　したがって、他社から共同出願を依頼される場合、あるいは他社に共同出願を依頼する場合には、まず、共同出願に係る発明についての特許を受ける権利が他社と自社との共有になっているか否かを判断する必要がある。

　特許を受ける権利は、原始的には発明者に認められる。企業の従業者、役員等が職務に基づいて発明をした場合、その発明は職務発明となる。企業において、職務発明に係る特許を受ける権利を当該企業に予約承継させる旨の勤務規則等がある場合には、職務発明に係る特許を受ける権利は当該企業に帰属する。このような勤務規則等が他社にも自社にもある場合において、他社の従業者等と自社の従業者等とが共同で発明をなしたとき（例えば他社と自社とで行っている共同研究開発において発明がなされたとき）は、当該発明に係る特許を受ける権利が他社（1社に限られない）と自社との共有になる。なお、他社と自社との共同研究開発において発明がなされた場合、後述の留意点がある。

　また、特許を受ける権利は移転することができるので、他社が有する特許を受ける権利の持分の一部を自社が譲り受けたとき、又は自社が有する特許を受ける権利の持分の一部を他社に譲り渡したときは、当該特許を受ける権利が他社と自社との共有になる。

●共同研究開発において発明がなされるときの留意点

　共同研究開発（基礎研究、応用研究及び開発研究が含まれる。）は、一般的には、① 研究開発のコスト軽減、リスク分散又は期間短縮、② 異分野の事業者間での技術等の相互補完などを目的として、他社の有する技術を導入して開発を行う形態、同業種又は異業種メーカー同士で互いに技術等を補完し合って開発を行う形態などで行われる。なお、他社には、得意先の企業、競業会社、スタートアップ企業などが含まれる。

他社と自社とで共同研究開発を行った場合、その成果を両者で共有できるメリットはあるが、両者が同床異夢の関係等にあれば、その成果等についての解釈に両者間での争いが生じやすい。例えば研究課題、研究内容、研究場所、研究期間、研究の管理・分担、研究者、研究費の分担、研究開発成果の帰属、研究開発成果の取扱いなどの事項については争いが生じやすいため、争いを未然に防止するためにはあらかじめ他社との間で共同研究開発契約を締結しておくことが望ましい。

　この共同研究開発契約の契約書には、一般に、共同研究契約書、共同開発契約書、共同研究開発契約書などの名称が付される。この契約書には、上記事項のほか、前文、研究の目的、研究開発成果の公表、秘密保持義務、契約期間、解約条項、第三者との共同研究開発、契約期間の延長などの項目が記載される。

　なお、上記事項の中で「研究費の分担」の方法としては、他社と自社とがそれぞれ自己の研究の分担に係る費用を負担する方法、共同研究全体に要した費用の一定比率を決めて負担し合う方法、共同研究全体に要した費用を一方のみが負担する方法、等がある。研究開発成果の帰属は、両社の貢献度に応じて決定する方法、貢献度にかかわらず持分を均等にしたり、単独所有にしたりする方法などがある。

　また、特許出願手続においても、共同発明者の決定、特許を受ける権利の帰属・持分、手数料の負担、出願発明の実施などの事項については争いが生じやすいため、争いを未然に防止するためにはあらかじめ他社との間で特許共同出願契約を締結しておくことが望ましい。

　この特許共同出願契約の契約書には、一般に、特許共同出願契約書、特許共同出願に関する覚書、共有産業財産権に関する約定書などの名称が付される。この契約書には、例えば上記事項のほか、前文、持分の譲渡、契約の変更などの項目が記載される。

　なお、共同発明者の決定に際しては、実質的な発明過程に関与した者か否かが判断基準とされる。一般的な助言・指導を与えた単なる管理者、研究者の指示に従い、単にデータを取りまとめた、又は実験を行った単なる補助者、資金・設備提供の便宜を与えることにより発明の完成を援助し又は委託した単なる後援者・委託者などは、共同発明者には該当しない。

　共同研究開発契約や特許共同出願契約については、独占禁止法に抵触しないように注意する必要がある。研究開発の共同化が競争に及ぼす影響、あるいは研究開発の共同化によって第三者が排除されることが競争に及ぼす影響が、競争制限行為規制法である独占禁止法上の問題となることがあるからである。

研究開発の共同化が競争に及ぼす影響が独占禁止法上の問題となるか否かについては、技術市場又は製品市場における競争が実質的に制限されるか否かによって判断される。この判断の際、共同研究開発に参加する企業数、市場シェア、市場における地位等、研究の性格、共同化の必要性、対象範囲・期間等が総合的に勘案される。研究開発の共同化が独占禁止法上、主として問題となるのは、競争関係にある事業者間で研究開発を共同化する場合である。

研究開発の共同化によって第三者が排除されることが競争に及ぼす影響が独占禁止法上の問題となるか否かについては、共同研究開発の実施に伴う取決めが市場における競争に影響を及ぼすか否かによって判断される。

研究開発の分担等を取り決めること、共同研究開発テーマと同一テーマの独自又は第三者との研究開発を共同研究開発実施期間中に制限すること、共同研究開発への他の事業者の参加を制限すること、成果の第三者への実施許諾に係る実施料の分配等を取り決めること、成果に係る秘密を保持する義務を課すこと、成果であるノウハウの秘密性を保持するため、必要な場合に合理的な期間に限って、成果に基づく製品の販売先について他の参加者又はその指定する事業者に制限すること、などは原則として不公正な取引方法に該当しないと認められる。

一方、技術等の流用防止のために必要な範囲を超えて、共同研究開発に際して他の参加者から開示された技術等を共同研究開発以外のテーマに使用することを制限すること、成果を利用した研究開発を制限すること、成果に基づく製品の生産又は販売地域を制限すること、などは不公正な取引方法に該当するおそれがあるか、あるいはそのおそれが強いと認められる。詳細は、公正取引委員会平成5年4月20日作成（平成29年6月16日改定）の「共同研究開発に関する独占禁止法上の指針」を参照されたい。

●共有に係る特許を受ける権利の持分譲渡の制限

他社と自社とで特許を受ける権利を共有している場合、他社の同意なくして、自社の持分を譲渡することはできない。特許を受ける権利の持分の自由譲渡を認めると、1の共有者による譲渡先の投下資本や技術力のいかんによっては、他の共有者の持分価値に大きく影響するからである。

ただし、他社及び自社において、職務発明に係る特許を受ける権利を企業に予約取得させる旨が当該企業の勤務規則等にそれぞれ規定されており、他社の従業者等と自社の従業者等とにより共同で発明がなされ、その発明が他社及び自社にとって職務発明に該当する場合、特許を受ける権利はそれぞれの企業に

帰属することとなる。

　また、他社と自社とで特許を受ける権利を共有している場合、他社の同意なくして自社の持分を譲渡担保の目的とすることもできず、持分に対して強制執行することもできない。

●共同出願に係る手続

　他社と行った共同出願に関しては、手続補正書の提出等の手続については、各人が全員を代表するものとされるので、他社又は自社が単独で行うことができる。ただし、代表者（2社以上であってもよい。）を定めて特許庁に届け出たときは、各人が全員を代表するものとはされず、他社及び自社の中から定めた者のみが全員の代表者とされる。また、全員の不利益となるような、又は改めて本人の意思を確認するのが適当であると考えられるような法定の手続については、他社及び自社が共同で手続しなければならない。したがって、当該法定の手続に際しては、他社との間で十分に協議をしておくことが望ましい。

　また、他社と行った共同出願についての拒絶査定不服審判の請求は、他社と自社とで共同で請求しなければならず、当該拒絶査定不服審判の審決に対する訴えは、固有必要的共同訴訟と解され、他社と自社とで共同で提起しなければならないと考えられる。

　なお、共有者が国や特許料の減免を受ける者である場合、持分に応じてその措置を受けることができる。

②-1　出願管理（出願前）

テーマ2-8　特許出願前に先行技術調査を行う必要性

●特許の先行技術調査とは

　特許の先行技術調査とは、特許出願をする前に、その発明と同様の内容が既に他人により出願されているかどうかを確認するために行う調査のことで、先願調査とも呼ばれる。また、特許法には、出願人は出願時に先行技術文献情報を提出することが義務付けられている。これにより、出願の際には先行技術調査は避けて通れないことになっている。

●特許の先行技術調査の必要性

　特許は、出願しようとする発明と同一の内容のものが既に出願公開されている場合、その出願は「新規性がない」（新しくない）として特許を受けることはできない（▶「テーマ1-2」を参照）。特許法は、新規発明の公開の代償として、一定期間独占権を付与するため、そもそも新しくない発明は権利として保護されない。先行技術調査を行わずに特許出願すると、特許庁の審査にて同じ内容の先願が見つかったので新規性がない、あるいは類似の先願内容と比較してさほど変わらないので進歩性がないということで拒絶になってしまうことが多い。又はその出願を基に事業を開始するとかえって他人の権利を侵害するおそれもある。かかる場合には、これまで投じてきた時間・労力・費用が全て無駄になるばかりか、損害賠償を請求されることにもなってしまう。

　したがって、このようなリスクを回避するという意味でも自社の特許出願前に先行技術調査を行うことは重要である。

　特許出願内容は原則として出願日から1年6月は公開されないため、調査可能な特許は、その時点より1年6月以上前に出願されたものであることに注意を要する。裏を返せば1年6月以内に出願されたものは調査する術がない。よって、出願後1年6月経ってから、再度調査することでより完全な調査ができる。したがって、出願日から1年6月経過後の再調査は、その発明を審査請求（▶「テーマ1-3」を参照）を行うかどうかの判断材料にもなり得る。

　さて、調査を行った結果、全く同じ内容のものが見つかった場合、そのままの内容では、出願しても特許とはならない。ここで、考えられる選択肢としては、①　出願自体を取りやめる、②　先願内容との違いを明確にして違う部分を中心とした内容で出願する、③　その周辺などに別の発明がないか再考する、といったことが挙げられる。

このうち、①を選択すれば、出願にかかる数十万という費用を調査費用のみで抑えることができるのでコストメリットがある。②を選択すれば、その部分について特許が取れる可能性はある。③については、異なるアイデアを再考することで、少なくともその先願から回避できる。ただし、②③の場合、実施内容と再考したアイデアを比較検討する必要がある。

●特許の先行技術調査の方法

特許調査に使われるデータベースには、独立行政法人工業所有権情報・研修館がインターネットを通じて提供している無料のデータベース（J-PlatPat）と民間の有料データベースがある。これらのデータベースで、自身の発明内容に基づき、調査を行うことになる。

基本的な調査方法は、その発明を特定、構成する上で必ず必要となるキーワードを考え、そのキーワードを基に同様の内容が存在するかどうかを検索することである。したがって、キーワードを考える際は、特に気を使ってほしい。うまく特定できていないキーワードで検索すると何千件という検索結果になったり、全く無関係の内容ばかりがヒットしてしまったりする。一般に調査する内容の要約文を書いてみるとよい。これにより構成、作用、効果、用途等を把握した上でそれぞれのキーワードを考えれば、andやor等の関係が明確になる。

その他の具体的な調査方法については、▶「テーマ１-21」を参照されたい。

●特許事務所や調査会社との打合せ

これらの先行技術調査は、出願依頼先の特許事務所や特許調査会社で行ってもらえる。調査会社で先行技術調査を実施しておけば先行技術を把握でき、特許出願に際して権利範囲を特定するのに役立つ。すなわち、発明を完成させた場合、権利範囲をどこまで拡大できるかは先行技術にかかっている。従来技術が少ない場合、完成させた発明より大きな範囲で権利化が可能である。一方、かなり近い先行技術が存在すると、発明の縮小あるいは追加の実験等が必要となり、更には出願を中止しなければならない場合もある。

そして、審査請求を考えている場合、特に調査会社の利用をお勧めする。

●アドバイス

このように、一般的に特許出願をして権利化する場合、特許事務所に相談する前に先行技術調査を行うことをお勧めする。この結果に基づき、いろいろな戦略を立てることが可能になるからである。

●特許公報の見方と入手
(1) 国際書誌事項識別コード (INIDコード)

　世界の特許公報は、含まれる情報項目に対して、国際的に統一された2桁の番号が付されてあり、どの項目を指すのか特定するのに役立つ（※全ての項目には付されていない。）。このコードは、世界知的所有権機関（WIPO）の下で決定されたコードであり、WIPO加盟国の公報において付記されている。以下に、そのコードの一覧（一部略）を示す。

(10) 特許文献の識別
(11) 特許文献の番号
(12) 文献種類別の言語表示
(13) 文献種別コード
(15) 修正特許情報
(19) 文献発行庁又は機関の識別コード
(20) 特許出願データ
(21) 出願番号
(22) 出願日
(23) 仮明細書後の完全明細書の提出日、及び博覧会出品日を含む
(24) 登録日（権利効力の発生日）
(25) 公表された出願が最初に提出されたときの言語
(26) 出願が公表されたときの言語
(30) パリ条約に基づく優先権のデータ
(31) 優先権主張番号（基となった出願番号）
(32) 優先権主張日
(33) 優先権主張国
(34) 広域又は国際取決めに基づく優先権出願の国名識別コード
(40) 公衆の利用に供された日
(41) 未審査特許文献が複製又は閲覧により公衆の利用に供された日
(42) 審査済み特許文献が複製又は閲覧により公衆の利用に供された日
(43) 未審査特許文献が印刷により公衆の利用に供された日
(44) 審査済み特許文献が印刷により公衆の利用に供された日
(45) 特許文献が印刷により公衆の利用に供された日
(46) 文献の請求の範囲のみが公衆の利用により供された日
(47) 文献が請求による複製又は閲覧により公衆の利用により供された日
(48) 訂正特許文献の公開日
(50) 技術的情報
(51) 国際特許分類
(52) 国内分類
(54) 発明の名称
(56) 説明本文とは別に記載されたときの先行技術文献リスト
(57) 要約又は請求の範囲
(58) サーチ分野

(60)	他の法律用、手続上関連する国内の特許文献への参照
	(61) 追加である先の出願番号、出願日
	(62) 分割された先の出願番号、出願日
	(63) 継続である先の出願番号、出願日
	(64) 「再発行」である先の公表の番号
	(65) 同一の出願に関して、以前に発行された特許文献の番号
	(66) 差替えである場合の先の出願番号、出願日
	(67) 変更出願の基となっている特許出願番号、出願日
(70)	特許文献に関連する者の識別
	(71) 出願人名
	(72) 発明者名
	(73) 権利者名
	(74) 代理人名
	(75) 出願人でもある発明者名
	(76) 出願人及び権利者でもある発明者名
(80) (90)	パリ条約以外の国際条約に関するデータの識別
	(81) PCT指定国
	(83) 微生物の寄託に関する情報
	(84) 広域特許条約に基づく国内手続を開始するための日
	(85) PCTに基づく国内手続を開始するための日
	(86) 広域、又はPCT出願の出願データ（出願日、出願番号、言語）
	(87) 広域、又はPCT出願の公表データ（出願日、出願番号、言語）
	(88) サーチレポートの繰り延べ公表日
	(91) PCT出願が国内又は広域段階に入らないため効力を失った日
	(96) 地域出願の提出データ（出願提出番号、出願番号、言語）
	(97) 地域出願の公開データ（公開年、公開日、言語）

(2) 世界の特許の公報と入手

　公報の調査と入手については、各国特許庁のウェブサイトへアクセスし、各国特許庁の電子データベースを活用することができる。日本特許はJ-PlatPat、米国特許はUSPTO、欧州特許はesp@cenet、中国特許はCNIPA、台湾特許はTWPATへアクセスすることで検索と閲覧は無料で行える（TWPATは一部有料）。業者が提供する特許データベースのシステムは、多様な検索機能があり、更に検索の条件を細かく設定することができるため、目的の特許を快適に検索し、データのダウンロードも行える。

テーマ2-9　商標登録出願前に先行商標調査を行う必要性

●先行商標調査とは

　先行商標調査とは、商標の出願前又は使用の開始前に、その商標の登録及び使用の障害となるような他人の先行商標が存在するか否かを確認するために行う調査のことである。

●先行商標調査の必要性

　商標法では、出願された商標と同一又は類似するような他人の先行商標がその出願の指定商品（役務）と同一又は類似する商品（役務）について存在する場合には、その先行商標よりも後に出願された商標は登録を受けることができない。そのため、先行商標調査を行わずに出願した場合には、約1年（特許庁における審査期間）を経過した後に、自社の商標出願に先行する他人の商標の存在により商標登録を受けることができない事態が生ずるおそれがある。

　また、既に商標の使用を開始しているような場合には、他人の先行商標に係る商標権を侵害するおそれもある。かかる場合には、営業努力と広告宣伝費を投じて自社の商品（役務）について使用している商標の変更を余儀なくされることになる。

　したがって、このようなリスクを回避するために、自己の商標の出願前に種々のデータベースを利用して商標の登録及び使用の可能性を先行商標調査によって確認することが望ましい。

●先行商標調査の方法

　先行商標調査はデータベース検索が一般的であるが、その調査に用いられるデータベースには、独立行政法人工業所有権情報・研修館がインターネット上で提供している無料のJ-PlatPatと民間が提供している有料のものがある。これらを用いて、自社で先行商標調査を行うことも可能ではあるが、検索の結果、検出される先行商標は、単に入力された検索式から導き出されるものであり、調査対象となる商標の登録及び使用の可能性についての判断を示すものではない。また、商標の類否判断等には相当の知識と経験が必要なため、自社内に専門の商標担当者を配置していないような場合には、その判断が困難と思われる。

　したがって、先行商標調査については、特許事務所へ依頼したほうがよいと思われる。特許事務所へ先行商標調査を依頼する場合には、① 実際に使用する商標の態様、及び② その商標を使用する商品（役務）の内容を連絡する必

要がある。商品（役務）の内容について説明が難しいときは、その商品（役務）の内容が記載されている自社のパンフレット又は営業資料等を添付してもよい。

●J-PlatPatの活用法

　特許事務所に先行商標調査を依頼した場合には、有料データベースの費用及び特許事務所手数料が発生する。そこで、例えば① 外部へ先行商標調査を依頼する前の予備調査、② 商品（役務）のネーミングの絞り込み段階等における簡易調査として、J-PlatPatを活用することが考えられる。

　このような調査を行うことにより、選択したい商標と同一又は明かに類似するような商標が発見されたような場合には、その時点で、その商標の選択を断念し、商標の代替案を検討することが可能となる。これにより、商標選択の最終段階でのみ先行商標調査を行う場合に比べ、否定的な調査報告を受ける確率が減少するため、調査報告を受けた後に、再度、代替商標を検討・選択するための時間と労力を軽減することができる。

　具体的な検索方法は、まずJ-PlatPatにアクセスし、次に「商標検索へ」をクリックするとサービスの一覧が表示される。その一覧中、文字商標の調査については「称呼検索」及び「商標出願・登録情報」を利用し、図形商標については「図形等分類表」を利用するとよい。

　なお、検索方法の詳細については、各検索サービスに「ヘルプ」が用意されているので、これを参照されたい。また、J-PlatPatでは、「簡易検索」も用意されているので、簡易的にこれを利用してもよいと思われる。

　また、調査の結果、発見された商標の現状（登録前のものであれば審査の状況等）を知りたいときは、J-PlatPatトップページ下の「商標審査着手状況」において確認することができる。

テーマ2-10　ビジネス関連発明の特許性の判断基準

●ビジネス関連発明とは

　ビジネス関連発明については、必ずしも公式な定義があるわけではないが、特許庁ウェブサイト「ビジネス関連発明の最近の動向について」においては、「ビジネス関連発明とは、ビジネス方法がICT（Information and Communication Technology：情報通信技術）を利用して実現された発明」であるとされている（下図参照）。具体的には、国際特許分類（IPC）やFIとしてG06Qが付与された特許出願が代表的なものである。

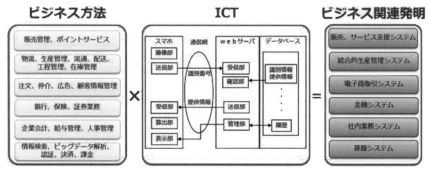

ビジネス関連発明の考え方

（出典：特許庁ウェブサイト「ビジネス関連発明の最近の動向について」）

　ビジネス関連発明（ビジネスモデル特許）の特許性は、他の分野と同様に、「そのアイデアが、発明の成立性、新規性・進歩性などの特許要件を満たしているかどうか」が判断基準となる。

　ただし、日本では、ビジネス関連発明は「ソフトウエア関連発明」として審査されるため、ソフトウエア関連発明の審査に準じて、上記の特許要件を満たしているかどうかを判断することが重要となる。

●ビジネス関連発明における「発明の成立性」の判断基準

　日本の特許法では、発明を「自然法則を利用した技術的思想の創作」と定義している。したがって、アイデアが「発明の成立性」を満たすかどうかは、それが「自然法則を利用した技術的思想の創作」に該当するかどうかで判断されることになる。

　では、具体的にはどのような場合に上記に該当するのであろうか？

　ソフトウエア関連発明について、特許庁では、以下のような判断基準で審査

が行われている。

　まず、ソフトウエア関連発明であっても、以下の（ⅰ）又は（ⅱ）のように、全体として自然法則を利用しており、「自然法則を利用した技術的思想の創作」と認められるものは、ソフトウエアという観点から検討されるまでもなく、「発明」に該当する（特許庁審査基準「第Ⅲ部第1章 発明該当性及び産業上利用可能性」）。
（ⅰ）機器等（例：炊飯器、洗濯機、エンジン、ハードディスク装置、化学反応装置、核酸増幅装置）に対する制御又は制御に伴う処理を具体的に行うもの
（ⅱ）対象の物理的性質、化学的性質、生物学的性質、電気的性質等の技術的性質（例：エンジン回転数、圧延温度、生体の遺伝子配列と形質発現との関係、物質同士の物理的又は化学的な結合関係）に基づく情報処理を具体的に行うもの

　この基準により判断されない場合は、次に以下の考え方に基づいて判断される（特許庁審査ハンドブック附属書B 第1章 コンピュータソフトウエア関連発明）。
　ソフトウエア関連発明のうちソフトウエアについては、「ソフトウエアによる情報処理が、ハードウエア資源を用いて具体的に実現されている」場合は、当該ソフトウエアは「自然法則を利用した技術的思想の創作」である。
　「ソフトウエアによる情報処理がハードウエア資源を用いて具体的に実現されている」とは、ソフトウエアとハードウエア資源とが協働することによって、使用目的に応じた特有の情報処理装置又はその動作方法が構築されることをいう。
　なお、ビジネスを行う方法に関連するソフトウエア関連発明は、ビジネスを行う方法に特徴があるか否かという観点ではなく、当該発明が利用するソフトウエアによる情報処理が、ハードウエア資源を用いて具体的に実現されているかどうかによって、「自然法則を利用した技術的思想の創作」に該当するか否かが判断されることに留意する必要がある。

●ビジネス関連発明における「新規性・進歩性」の判断基準

　ビジネス関連発明の「新規性」に関しては、他の分野の判断基準と同様であり、特有の判断基準はない。例えば既に発表されたり実用化されたりしているアイデア、自社のウェブサイトに掲載してしまったビジネスプランや、既に外

国で実施されているサービスなどは、「新規性」を満たさず、原則として特許を取ることはできない。

一方、ビジネス関連発明の「進歩性」については、基本的には他の分野の判断基準と変わらないが、一部について更に具体的な判断基準が示されている。

例えば前述のソフトウエア関連発明の審査ハンドブックでは、「所定の目的を達成するためにある分野に利用されているコンピュータ技術の手順、手段等を組み合わせたり、コンピュータ技術の手順、手段等を他の特定分野に適用したりすることは、普通に試みられていることである。したがって、種々の特定分野に利用されている技術を組み合わせたり、特定の分野に適用したりすることは当業者の通常の創作活動の範囲内のものである」と示されている。

また、進歩性の判断主体である当業者については、特に「その特定分野に関する出願時の技術常識や一般常識（顕著な事実を含む。）と、コンピュータ技術の分野の出願時の技術常識（例えばシステム化技術）を有しており、その発明の属する技術分野（特定分野とコンピュータ技術の分野）の出願時の技術水準にあるもの全てを自らの知識とすることができ、発明が解決しようとする課題に関連した技術分野の技術を自らの知識とすることができる」こととされている。

ビジネス方法関連発明は、前述のとおり、ビジネス方法と、ICTを利用した具体化方法の組合せにより実現されるものである。これらの組合せとしては、両者が公知である場合以外は、進歩性が認められる可能性がある。

この点については、審査ハンドブックにおいても「ソフトウエア関連発明の認定に当たっては、他の発明と同様に、請求項に記載されている事項については必ず考慮の対象とし、記載がないものとして扱ってはならないから、人為的な取決め等とシステム化手法に分けて認定することは適切ではなく、発明を全体としてとらえることが適切である」とされている。

●ビジネス関連発明と第四次産業革命

第四次産業革命を推し進めているIoTやAI等の新たな技術が進展する中、ビジネス関連発明の利活用に注目が集まっている。

具体的には、IoTの一つのモデルとして、以下の図に示すように、① 様々なセンサ等からデータを取得、② 取得されたデータを通信、③ 通信されたデータをクラウド等にビッグデータ化し蓄積、④ 当該データをAI等によって分析、⑤ 分析によって生まれた新たなデータを、何らかのサービスへ利活用、⑥ IoTにおけるビジネスモデルの確立、という①〜⑥からなるモデルを想定した場

テーマ2-10　ビジネス関連発明の特許性の判断基準

合、⑤の利活用や、⑥のビジネスモデルの確立において、自社のビジネスモデルが化体したシステムをビジネス関連発明の特許として保護することが可能な場合がある。

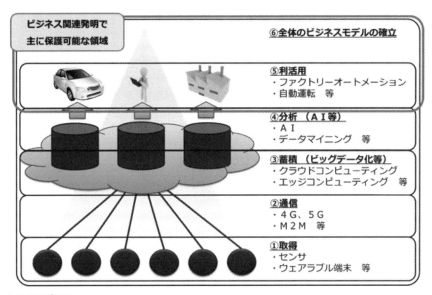

IoTのモデル図
（出典：特許庁ウェブサイト「ビジネス関連発明の最近の動向について」）

テーマ2-11　商標登録出願における留意点

●商標の使用

　商標法では、現実に商標を使用していなくても、将来的に商標を使用する意思があれば、商標登録を受けることができる（ただし、登録後3年間不使用の場合には、取消理由となる）。

　したがって、直ちに商品の販売等を開始しない場合であっても、自社の商品又はサービスに将来的に使用できそうなネーミングをストックしておく目的で商標登録出願を行うことも可能である。また、新会社を設立するような場合、法人の設立が完了していなくても、取りあえず、個人名義で出願しておき、その後に法人名義へ変更することも可能である。

　なお、商標が出願されてから登録されるまでに少なくとも6か月程度の期間を要することから、商標の使用期間が短いものについて商標登録を受ける必要があるのかという疑問が生ずるかもしれない。しかし、後に商標の使用期間を延長したいと思っても、その間に、他人が同一又は類似の商標を出願している場合には、これによって自社商標の使用が制限される事態も生じ得るので、出願は行っておいたほうがよいと思われる。また、商標登録は不要と判断した場合であっても、既に存在する他人の商標権を侵害しないよう、少なくとも使用開始前に先行商標調査を行うべきであろう。

●商標の態様の選定

　商標登録出願に際しては、出願する商標の態様（通常の文字にするのか、ロゴ化されたものにするのか、色彩はどのよにするのか等）を決定する必要があるが、この点については、実際に使用する商標と同一態様のものを出願すべきである。

　商標法には不使用取消審判という制度が設けられており、登録商標と社会通念上同一のものが使用されていなければ、商標登録が取り消されてしまうからである。社会通念上同一には、書体の変更（例えば「明朝体」と「ゴシック体」等）、平仮名、片仮名及びローマ字の表示変更であって同一の称呼及び観念を生ずるもの（例えば「MUSIC」と「ミュージック」）等が該当する。

　また、色彩については、色彩を変更することにより商標の印象が全く異なってしまうものでなければ、同一の商標として取り扱われるので、種々の色での商標の使用が予定されている場合であっても、通常は、そのうちの1色について出願すれば足りる。また、白黒で表したものを出願してもよい。

●指定商品（役務）の選定

　新会社を設立する場合（又は既に事業を行っているが商標登録を受けていなかったような場合）は、少なくともハウスマークとして用いられる商標（商号商標の場合が多い。）について商標登録出願を行う必要があると思われる。この場合には、出願人が実際に行う全業務を対象とすべきであろう。

　出願人の業務が多岐にわたる場合、商標登録出願の対象となる商品・役務の区分（商標法では、商品・役務が45の区分に分けられている。）が複数となることが予想されるが、このようなときでも、1つの出願で複数の区分に属する商品・役務を指定することができる（1区分ごとに別出願とするよりも割安）。他方、商標が個別の商品又は役務について用いられるものである場合には、その商品又は役務について出願すればよい。ただし、将来的に、取り扱う商品、業務範囲等を拡張する可能性があるときは、そのような商品・役務を指定商品（役務）に含めるべきか否かを検討すべきであろう。

●出願後の商標の変更・業務範囲の拡大

　願書に記載した指定商品（役務）の内容を拡大するような補正は認められないので、出願時には想定し得なかった新商品の取扱い、新サービスの提供を開始するような場合には、新たに商標登録出願をしなければならない。また、商標の補正は原則として認められないので、実際に使用する商標の態様が社会通念上同一でない程度にまで改変された場合には、その変更された商標について新たに商標登録出願をすべきである。

●外国へ出願する場合

　我が国へ出願した商標と同一の商標を外国にも出願する予定がある場合、アルファベット文字等により構成された商標の出願が可能かどうかを検討すべきである。例えば我が国へ出願予定の商標が片仮名文字により構成される「ミュージック」等であるときは外国商標として片仮名文字はふさわしくない点を考慮し、これと社会通念上同一といえる商標「MUSIC」を別途、日本出願すべきであろう。これにより、国際出願及び優先権を主張する外国商標出願の要件である商標（標章）の一致が充足され、その日本出願を基礎とする国際登録出願や優先権主張を伴った外国出願等が可能となるからである。また、指定商品（役務）の表示方法についても、国によって多少異なるので、より具体的な表示にすべきかなどの検討を要する場合もあろう。

テーマ2-12　出願前に学会発表等を行った場合の対応策

　出願した発明について特許を受けるためには、以下のいずれにも該当しない発明であること、すなわち発明が新規性を満たしていることが必要である。
　①　特許出願前に日本国内又は外国において公然知られた発明
　②　特許出願前に日本国内又は外国において公然実施をされた発明
　③　特許出願前に日本国内又は外国において、頒布された刊行物に記載された発明又は電気通信回線を通じて公衆に利用可能となった発明

　ここで、学会で発表してしまった発明やウェブサイトに掲載してしまった発明は上記の①や③に該当することになる。したがって、そのような発明について後から出願したとしても、新規性を満たさないとして、原則、特許を受けることはできない。しかしながら、特許法30条の規定（発明の新規性の喪失の例外）を利用する方法がある。

●特許法30条（発明の新規性の喪失の例外）

　同条は、一定の条件を満たしている場合には、新規性を喪失した場合でも新規性を喪失していないとみなす規定である。したがって、この規定を利用することにより、学会で発表等した発明について後から出願した場合でも、その発表等によっては新規性は失われず、他の特許要件を満たすことを条件として特許を受けることが可能となる。

　具体的には、特許を受ける権利を有する者が発表等を行った場合にこの規定の適用を受けるためには、発表等をしてから1年以内にその旨を記載した書面とともに出願を行い、かつ、発表等した発明がこの規定の適用を受けることができる発明であることを証明する書面を出願から30日以内に提出する必要がある。

　また、特許を受ける権利を有する者の意に反して新規性を喪失した場合にも、この規定の適用を受けられる場合がある。

●特許法30条の規定を利用する場合の留意事項

　例えば発表等してから出願するまでの間に、第三者がその発明について公開してしまった場合、特許法30条の規定を利用したとしても、出願はその第三者の公開があることを理由に拒絶されるかもしれない。同条の規定は、飽くまでも自分の（特許を受ける権利を有する者（▶「テーマ1-2」を参照）やこ

れに起因した第三者の行為を含む。）発表等に対してのみ例外を認めるものであり、全く関係のない第三者の行為にまで無条件に例外を認めるものではないからである。

　一方、特許出願前に出願に係る発明が複数回にわたって公開された場合でも、一番最初の公開と2回目以降の公開とが互いに密接不可分の関係にある場合は、それら複数回の公開について特許法30条の規定を利用できる可能性がある。例えば数日にわたらざるを得ない試験、試験とその当日配布される説明書、刊行物の初版と再版、予稿集と学会発表、学会発表とその講演集、同一学会の巡回的講演、博覧会出品と出品物に関するカタログ等が、そのような場合に当たるといわれている。

　ウェブサイト等に発表した場合、発表等した発明がこの規定の適用を受けられる発明であることを証明する書面として、ウェブサイト等を印刷したものを提出することが一般的と思われる。このとき、掲載日時が証明できるように、印刷対象となるウェブサイト等に掲載日時が表示されている必要がある。もし印刷対象となるウェブサイト等が掲載日時を含まない場合は、印刷した内容が掲載日時における掲載内容のとおりのものであることを宣誓する宣誓書を提出することになる。

　例えば学会論文誌の著者名と特許出願の発明者名とが違っている場合、特許法30条の規定を利用することができるであろうか。

　実務上は、刊行物等に発表された発明の発表者の氏名と特許出願の発明者の氏名とが一部一致していない場合であっても、特許法30条の規定を利用することができる。ただし、発表者と発明者の関係について、納得できる説明をした書面を提出する必要がある。

●アドバイス

　以上のように、我が国においては、一定の場合に新規性喪失の例外を認められることがある。ただし、外国に出願する予定がある場合には注意が必要である。特に欧州と中国への出願においては、基本的に新規性喪失の例外は認められないと思っていたほうがよい。欧州特許条約においては、新規性喪失の例外規定は極めて限定されたケースでしか認められていない（① 出願人に対する詐欺等の明白な裏切り行為、② 公に認められた国際博覧会での展示のいずれかから6月以内に出願する必要がある。）。

　いずれにせよ、この規定はイレギュラーなものであると考え、出願を済ませてから、発表等を行うという手順を遵守すべきである。

テーマ2-13　特許出願のための提案書

●提案書とは

　提案書とは、企業内においては開発者が知的財産（特許）担当者や管理者に対して、又は特許事務所に対して発明の内容を伝えるための資料である。自分の発明を提案するという意味で提案書と呼ばれているようである。この呼び名は企業や特許事務所によって様々であるが、発明届出書、発明説明書などと呼ばれる場合もある。特許事務所では、この提案書や打合せなどに基づいて、明細書や図面などの特許出願に必要な書類を作成する場合が多い。

　提案書に記載する項目は、例えば発明のポイント、発明の技術分野、関連する従来技術、従来技術の問題点、具体例を用いた説明、などであり、これに発明を説明するための図面を添付するのが一般的である。これらの項目は、明細書の記載事項におおむね対応している。提案書の各必要事項を具体的にどのように記載したらよいのか、説明を分かりやすくするために、六角形の鉛筆の例をところどころで引き合いに出し、以下に説明してみる。

●提案書の記載事項

(1) 発明のポイント

　最初に発明のポイントを記載する。これは、発明の「エキス」と言い換えることができるかもしれない。なぜ最初に発明のポイントを記載するかというと、企業の知的財産（特許）担当者、又は提案書を読んで明細書を作成する人に対してあらかじめ発明の核心部分を理解してもらうことで、後々の説明への理解を円滑にするためである。この発明のポイントの項目には、従来技術からの改良点や、苦労した点、着想のきっかけなどを記載することが望ましい。

　例えば鉛筆の例では、断面の形状を六角形にしたことが発明のポイントになる。これは、鉛筆が転がってしまわないようにするための工夫である。明細書を作成する人は、この「六角形だから鉛筆が転がらない」ということを念頭に置いて、提案書を読み進めていくことになる。

(2) 発明の技術分野

　次に、発明が属する技術分野を記載する。日用品などに関する簡単な発明の場合には特に記載する必要はないが、最先端の技術分野や日常なじみの薄い技術分野の場合には、この技術分野を記載することで、明細書作成者に技術を容易に理解するための糸口を与えることになる。

鉛筆の場合には、そのまま鉛筆と記載しておけば問題ないであろう。ただし、発明が鉛筆に限らず、ボールペンや万年筆に応用できる場合もある。この場合には、鉛筆という狭い技術分野に限定せず、筆記用具という広い記載にするほうがよいであろう。この技術分野を限定して記載すると、権利範囲が狭くなってしまう可能性もあるからである。

(3) 従来技術

次に、従来技術を記載する。なぜならば、提案する発明との差を明確にすることで、発明のポイントがより一層明らかになるからである。では、具体的にどのように記載すればよいのであろうか。企業などで行われている最も一般的なものとしては、関連する他社の先行技術を添付し、その概要を説明することである。一般に企業では、研究を始める前や研究の途中で、他社特許に関する技術動向調査を行う。これを先行技術調査という。そして、この先行技術調査の段階で発見された他社特許のうち、最も関連が強いものを従来技術として提案書に記載する。明細書作成者は、この先行技術に関する技術内容を読み、提案発明との技術的な違いを確認することになる。

六角形の鉛筆を特許出願する場合には、断面が円形の鉛筆が従来技術ということになる。このとき、必要に応じて、円形の鉛筆の特徴や製造方法についても説明する。

(4) 課題

次に、発明が解決しようとする課題を記載する。発明には、原則として解決しようとする課題があるはずである。この課題は、従来技術では解決し得なかった問題点とも言い換えることができる。

例えば円形断面の鉛筆の場合には、使用中に机の上から転がり落ちてしまうという問題点がある。そのため、六角形の鉛筆の場合には、机の上から転がり落ちないようにすることが課題となる。

(5) 具体的な内容

次に、発明の具体的な内容を記載する。これは、後述する図面と対応させて、発明の構成、作用・動作、そして発明の効果などを記載する。この具体的な内容の部分は、実際の明細書に反映され、将来的に権利範囲を定める資料になったり、訴訟の場面で参酌されたりするので、できるだけ詳しく記載することが望ましい。

① 構成

まず、発明の構成を記載する。発明の構成とは、発明がどのように成立していて、どのような部品が用いられているか等である。日用品であればどのような形状でできているか、機械の発明の場合にはどのような部品が組み合わされているか、ビジネス関連発明であればどのような処理手順から成立しているのかを記載する。

ところで、発明の構成を記載する際には、注意すべき幾つかのポイントがある。1つ目は、用語を統一することである。すなわち、ある特定の物を示す単語は常に統一し、別の単語を使わないようにするということである。なぜかというと、ある特定の物が異なる単語で記載されていると、明細書作成者がこれらは別の物なのかそれとも同一の物なのか迷ってしまうからである。

2つ目は、発明の構成を図面と対応させて記載することである。図面には、発明の全体図や特徴部分の拡大図などを記載する。そして、各部品や部分に数字や記号を付する。構成の説明では、図面中に記載されたこれらの番号や記号を取り込みながら記載する。これによって、提案書を読む人は、容易に発明の全体像を理解することができる。

例えば六角形の鉛筆であれば、「芯部材1と、第1の被覆部材2と、第2の被覆部材3から構成される」などと記載し、図面には鉛筆の正面図や断面図を記載し、文書に取り込んだ番号や記号を付しておく。このため、発明の構成を記載する前に、図面を記載したほうがよいであろう。

② 作用・動作

次に、発明の作用・動作を記載する。これは、発明の構成によって自然に生ずる機能と言い換えてもよいかもしれない。例えば六角形の鉛筆を例に挙げると、鉛筆の表面には平面が構成されているので、鉛筆を机に置いたときに転がりが防止される、というような説明である。

③ 効果

次に、発明の効果を記載する。発明の効果は、既に述べた発明の課題とも関連するものである。今回の発明によって初めて得られた効果を記載する。この発明の効果は、直接得られる効果のみならず、間接的に得られる効果も記載しておくことが望ましい。

六角形の鉛筆の場合には、机から転がり落ちることがなく、いちいち拾い上げる手間がなくなるといった効果や、芯の先が折れなくなるといった効果を記載する。

(6) 変形例

　基本となる発明を記載したら、次に変形例について記載する。変形例は、基本発明と異なる構成でも同じような効果を得ることができる発明である。変形例を数多く記載することで、権利範囲が広がったり、特許権取得後の権利が強いものになったりする。

　六角形の鉛筆の場合には、六角形でなく、三角形や四角形、あるいは角数を限定せずに多角形とすることもできる。また、正六角形でなくてもよいし、1か所だけ平面が形成されている鉛筆でもよいであろう。このように、考えられる限りの変形例を記載しておく。

(7) 図面

　図面は、発明を視覚的に表すものであり、他人に発明の内容を伝える上で最も効果的である。特許出願の際には図面は必須の書面ではないが、多くの特許出願では図面が添付されている。図面といっても、グラフや表などを記載できるのはもちろん、写真などでも構わない。

　日用品や機械の分野などでは正面図や平面図、そして断面図などを記載する。また、斜めの方向から見た図面（斜視図）も非常に理解を助ける。電気や電子の分野では回路図やタイムチャートなどを記載する。ビジネス関連発明ではネットワークシステムを示す図や処理手順を示すフローチャート、全体の構成図、端末での画面などが必要になるであろう。さらに、金属材料関係の発明では、例えば結晶構造の顕微鏡写真などが役に立つと思われる。

テーマ2-14　出願費用以外に必要な費用

●出願に際し費用はどれくらいかかるのか

まず、特許出願を行う場合に、出願料（1万4000円）がかかる。また、明細書等の作成を特許事務所（弁理士）に依頼した場合、30万円前後の手数料が必要となる。しかし、特許出願をしただけでは、特許権を取得することはできない。特許庁に対して特許権取得へ向けて審査を請求したり、特許料を納付したりしなければならない。また、審査の過程で審査官の判断に反論する必要が生ずる場合がある。以下、これらの場合について更に詳しく説明する。

●出願費用以外に必要な費用

(1) 出願審査請求手数料

　　特許出願をしただけでは、特許庁は実体的な審査をしてくれない。特許出願とは別に、出願審査の請求という手続をしなければならない（▶「テーマ2-24」を参照）。

① 特許庁への手数料

　　さて、特許庁に対する出願審査の請求のための手数料は、特許請求の範囲に記載されている請求項の数に応じて増加する。例えば1請求項の場合は14万2000円であり、更に1請求項につき4000円が追加される。詳細は特許庁のウェブサイトで確認されたい。

　　例外的な取扱いとして、出願審査の請求手数料が減額されたり、免除されたりする場合がある。例えば特許出願をする人が貧困のため、出願審査の請求手数料を納付するのに十分な資力を有していないと判断される場合や、国と民間企業が共同で特許出願をした場合などである。また、大学の研究者や研究開発型の企業なども一定の要件を満たせば、手数料が軽減される場合がある。

② 特許事務所への手数料

　　出願審査の請求は、特許出願人自ら行うことができる。この場合には、特許庁に対する出願審査の請求手数料しかかからない。一方、この出願審査の請求を特許事務所に依頼する場合には、特許事務所への手数料が別途必要となる（▶「テーマ1-22」を参照）。

(2) 拒絶理由通知に対する反論手数料

　　拒絶理由通知とは、特許庁での審査の過程で、特許できない理由、すな

わち、特許することを拒絶するための理由が発見された場合に、審査官がその理由を記載して出願人に知らしめるための通知である。このような拒絶理由通知（▶「テーマ2-25」を参照）が送付されてきた場合に、何ら反論手続をしないと、特許が取得できなくなってしまう。

拒絶理由通知に対する反論手続には、意見書及び手続補正書の提出がある。意見書とは、審査官の認定に対して出願人の反論を述べ、審査官の認定を覆すための書類である。また、手続補正書とは、請求項の記載を補充・訂正して、拒絶理由を解消するための書類である。この両書面をそれぞれ用いたり、併せて用いたりして反論する。

① **特許庁への手数料**

拒絶理由通知に対する反論手続において、特許庁への手数料は不要である。したがって、出願人自ら反論のための書類を作成する場合、原則として費用は発生しない。しかし、拒絶理由通知に対する反論のための書類の作成には、法律及び技術の両面からの専門的な知識を必要とする場合が多いため、特許事務所に作成を依頼するのが望ましいであろう。

② **特許事務所への手数料**

それでは、特許事務所に拒絶理由通知への反論の書類の作成を依頼した場合には、どの程度の費用が発生するのであろうか。明確な基準のようなものはないが、一例として挙げるとすれば、基本手数料が意見書・補正書ともにそれぞれ5万円程度とする特許事務所があるようである。すなわち、両方の書類の作成を依頼する場合には、10万円程度が必要となる。また、上記基本手数料のほかに、発明の内容や作成した文書の量に応じて追加料金を求める特許事務所もある。ただし、これらの金額は一例であり、更に高額な手数料が必要になる事務所もある。

(3) 拒絶査定不服審判の請求手数料

拒絶理由通知に対して反論しても特許が認められない場合がある。この場合、審査官によって「拒絶査定」という処分がなされる。どうしても審査官の認定に納得できない場合には、更に不服申立てが認められている。この手続は、拒絶査定に不服な場合に請求できる審判ということで、一般には、拒絶査定不服審判と呼ばれている。拒絶査定不服審判では、審査官の拒絶査定に納得できない理由を述べ、必要に応じて他の資料等を提出する。この手続には、特許庁に対する手数料が必要になる。また、審判請求を特許事務所に依頼する場合、特許事務所に対する手数料も発生する。

① 特許庁への手数料

　　拒絶査定不服審判が請求されると、特許庁では3人又は5人の審判官が審理することになっている。このための特許庁に納付する手数料は、基本手数料（4万9500円）に特許請求の範囲に記載されている請求項の数ごとの料金（5500円）が加算される。

② 特許事務所への手数料

　　拒絶査定不服審判の請求は、出願人自らすることができるのはもちろんである。しかし、審判手続は、民事訴訟にも類似した特殊な手続であるため、現実には出願人自ら請求することは困難であろう。この場合、特許事務所へ請求を依頼することになる。この場合は特許事務所への手数料が必要となる。

(4) 特許料

　特許庁での審査により、似たような発明が発見されなかった場合等には、特許査定という処分がなされる。しかし、特許庁により特許査定がされても、特許料を支払わなければ実際には特許権は発生しない。納付期限までに特許料を納付しないと、特許出願が取下げになり、以後、その発明について特許権を取得することはできなくなる。

　また、最初の特許料（1年目から3年目分）を支払っても、4年目以降の特許料を支払わなければ、特許権は3年で消滅してしまう。

① 特許庁への特許料

　　具体的な特許料の金額については特許庁のウェブサイトを参照されたい。特許料は、請求項数及び維持年数に応じて金額が異なる。

　　例外として、特許料を納付する資力がないと判断される個人や、設立したばかりで所得税が課されない法人、あるいは大学の研究者や研究開発型企業などは、特許料が減額されたり免除されたりする場合がある。

② 特許事務所への手数料

　　特許料は出願人が自ら納付することができる。この場合、特許料以外の費用は発生しないが、特許料の納付を特許事務所に依頼する場合には、特許事務所への手数料が必要になる。

(5) 特許事務所への成功報酬

　特許出願の手続を特許事務所に依頼した場合、特許査定が出された時点で成功報酬が必要となる場合がある。

成功報酬の金額は各特許事務所によってまちまちであるので、出願を依頼する際に確認しておく必要がある。

(6) その他

以上の費用のほか、特許出願をした後に出願人の住所を変更したり、特許権取得後に権利の名義を変更したりする場合には、別途費用がかかる場合がある。

なお、以上に述べてきた特許庁の料金は、適宜変更されているので、常に特許庁のウェブサイトで最新の料金を確認しておく必要がある。

また、特許事務所に対する手数料は、事務所により異なるので、あらかじめ確認する必要がある。

テーマ2−15　AIによる発明評価と明細書作成

●AIによる特許業務について

　AI（人工知能）の登場によって、企業の特許業務や特許戦略にはどのような変化が起こるのか。AIによって、特許業務が肩代わりされていく時代が到来したとき、知財の専門家である企業の知的財産部の方々や弁理士は、どのような仕事ぶりが求められるのか。

　経済産業省グレーゾーン解消制度において、AIによる明細書作成は、弁理士の監督下であれば「適法」の見解を得たことにより、特許戦略は、短期的には変化がないように見えても、長期的には大きく変わる可能性がある。AIによる業務の効率化は言うまでもないが、AIにより特許業務の品質向上にどのような変化がもたらされるのかを述べる。

●AIによる発明評価

（1）クレームチャートを用いた評価・技術提案

　クレームチャートは、審判などにおいて、新規性・進歩性の特許性判断のために用いられており、弁理士は、業務上、クレームチャートを必ず作るわけではないが、頭の中ではこのチャートのような比較と検討を行っている。AIにより、発明と先行文献との類似度合いをクレームチャートにより算出し、その類似度合いから新規性・進歩性の程度を模擬的に評価・判定するクラウドサービスが実現されている。

　出力例を図1に示すが、発明を構成要件で分け、5つの先行文献と一致率・相違率を算出し、特許性が高いと思われるものをA、特許性がある程度の水準以上のものをB、特許性がこの水準以下のものがC、特許性が低いものをDと、A〜Dの4段階で評価するものであって、更にどのような技術を考えるべきかの提案をAIアドバイスとして行う。

（2）AIを用いた発明会議

　弁理士は、従前の発明会議において、発明者が出したアイデアの特許出願を目指す。しかし、アイデアの練度が足りず、特許性が低い場合には、発明者と協力してアイデアを改良するために何度も会議を行い、出願まで導くことが弁理士の仕事となる。この発明会議にAIが持ち込まれたときに、発明会議はどのように変わるか。

　第一に、アイデアの改良が効率化すると期待される。AIに発明評価を

持ち込めば、その場で特許性が判定されるから、弁理士は持ち帰って調べる必要がなくなる。よって、発明会議の数を減らすことができる。あるいは、検討するアイデアの数を増やすことができる。

　第二に、発明会議の運営の効率化である。特許評価AIの判定の変化を判断基準として、発明会議を運営できる可能性がある。例えばA判定が出た時点で、発明会議におけるアイデアの改良は終えて、後述のAIによる明細書作成の作業に入ることができる。また、D判定がC判定までになったら、発明会議での検討は一旦中断し、発明者にアイデアを深める宿題を課すことができる。さらに、ずっとD判定が続くようであれば、当該のアイデアを発明者に諦めてもらうように進言できる。

　このように、AIによる発明評価の特許性判定の結果を根拠に、発明会議を効率的に運営でき、オンライン面談による発明会議でも、AIによる発明評価が、発明会議の運営を担うことになる。

AIアドバイス
発明は、引例とは異なり、………… を提供することに特化しています。このアイデアは良いものですが、今後更なる改善が必要です。例えば …… 改善の余地がありますが、今後の改良でより便利で使いやすい製品に進化する可能性があります。したがって、今後も継続的なアイデア出しや改善を行っていくことが重要です。評価はCとしましたが、今後の発展に期待し、積極的なアイデア出しを行っていくことをお勧めします。

ランク　C

アイデア	特許文献1	特許文献2	特許文献3	特許文献4	特許文献5
構成要件A	10%	25%	12%	20%	12%
構成要件B	20%	25%	16%	14%	14%
構成要件C	31%	22%	39%	18%	22%

図1　クレームチャートによるAI評価・技術提案

第2部　実践編　知的財産管理

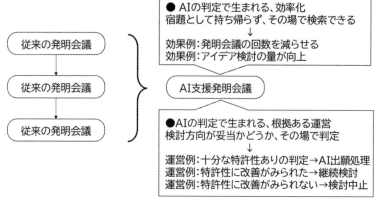

図2　AIによる発明会議

●AIによる明細書作成

　弁理士のようにAIが対話し、発明者から発明を引き出す明細書作成（AIによる対話型明細書作成）と、AIが請求項や発明の概要から実施例を書き込む明細書作成（AIによる記述型明細書作成）の2種類の特許書類作成システムが存在する。

　弁理士は通常、発明者から発明内容のヒアリングを繰り返し行い（提案と対話）、発明の必須要件である部分を先行技術と差別化できるようにコンセプト化することで、「発明の本質」として、特許請求の範囲を記載する。その後、通常の技術者であれば実施できる程度に具体的な実施例を記載する。このような、弁理士の発明者への対話、実施例の書き込みに着目をしてAI明細書作成が存在する。

(1) AIによる対話型明細書作成

　発明者が入力した発明の概要に対して、AIが質問を繰り返すことによって特許書類が作成されるクラウドサービスが提供されている。そのため、AIを活用して、発明の新規性・進歩性を満たすような具体的な発明内容を、いかにスムーズに発明者から引き出すかがポイントとなる。AIの質問に対して発明者が回答するだけではなく、AIが回答案を用意し、それを発明者が確認してから追記できる。これにより発明者が一から発明を具体的に記述しなければならないという精神的な負担を軽減し、スムーズに発明を記述するようにしている。

　また、発明の概要を踏まえ、先行技術調査を行う機能を付加し、その調

査結果から明細書に記載するための先行特許文献を指定してもらいつつ、指定されなかった先行特許文献の概要も含め、先行特許文献の内容を学習して実施例を書くようにAIに指令をする。

それによって、実施例の内容の充実化を図ることが可能となるため、この対話型明細書作成は、発明の内容がまだ定まっていない発明者の発明内容を具現化するのに適している。

(2) AIによる記述型明細書作成

発明の本質を把握している場合に、より実施例の書き込みを充実させるためのAIによる明細書作成システムがある。これを「記述型明細書作成」と呼ぶ。記述型明細書作成は、特許請求の範囲、明細書、要約などの各項目に発明の内容を入力すると、生成AIが該当項目の内容を記載する。AIの記述だけでは明細書の実施例の記載を充実させることが難しい場合、従来の特許文献を補充文献として学習させると効果的である。

例えば発明者が請求項を入力し、学習セットとなる数十から数百件の類似特許群を設定する。請求項の各単語を説明していそうな実施例の部分を類似特許群からAIが見つけ、最終的に、AIが請求項の内容に沿うように、それぞれの実施例の部分を適切に修正することで、より実施可能要件を満たすよう意識した、実施例の充実を図る記載を行う。

これにより、自社のアイデアを基準に、自社又は他社の類似特許群を入れることにより、自社又は他社の将来の実施を推測した特許書類が作成され、中間処理時の補正のサポート部分や分割出願のネタの充実化を図ることが可能となる。

また、類似特許群のデータセットを変更することにより、実施例の内容を変化させることができる。これにより、今までは1つの発明に対して1つの実施例を弁理士が作成していたのに対し、1つの発明で複数の実施例を作成することが可能となり得る。

(3) AIによる明細書作成の質

特許出願の質は、先願主義の下では、特許出願をより早くすることと、その新規性・進歩性を高めるために内容が充実していることが挙げられる。その質の向上に、AIによる明細書作成は有効なのであろうか。図3は特許出願の質のうち出願日が「早」いことが分かるように時間を横軸に、内容が「充」実していることが分かるように文字数を縦軸に表している。

ここで、AIを用いた明細書作成のタイプ、「AI出願型」「弁理士出願型」「AI・弁理士協働型」について説明する。

まず、発明者の発明内容を α とすると、AIによる明細書作成では、発明内容 α をベースにAIが作成した明細書を $\gamma 1$ と称する。この $\alpha + \gamma 1$ の特許書類は、数分で作成することから、図3に示すように出願日は早くなるが、コンピュータが発明内容を補充することもあり、内容の充実度・完成度はそこまで高くないであろう。これを「AI出願型」という。一方で、弁理士が発明内容 α をベースに明細書を作成した場合を特許書類 β と称する。この特許書類 $\alpha + \beta$ は、弁理士が書類作成に仮に1か月かけたとして、内容の充実度・完成度は高いことが考えられる。これを「弁理士出願型」という。

また、弁理士の特許書類 β に対して、AIによる明細書作成で追加した明細書を $\gamma 2$ とする。この $\alpha + \beta + \gamma 2$ の特許書類は、弁理士が書いた後に数分の処理をかけるので、出願日は弁理士出願型とほとんど変わらず、内容の充実度・完成度は最も高くなることが期待される。弁理士の明細書作成に加え、AIによる明細書作成が追加されることにより、弁理士が $\gamma 2$ を更に参考に修正などを追加することで、特許書類の充実度・完成度を高めることができる。これを「AI・弁理士協働型」という。

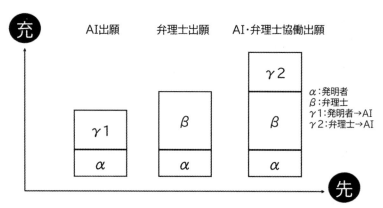

図3 AIによる明細書作成の質

(4) AIによる明細書作成の利用例

AIによる特許書類作成により、瞬時に明細書を作成した場合、文字量が圧倒的であるので、以下の①～⑤のような利用方法が考えられる。

① 先願権の早期確保（仮出願のような利用）
② 発明の詳細な作成の内容充実
③ 出願件数増強による未来へのポートフォリオの強化
④ 公開目的の出願利用
⑤ IPランドスケープからの空白領域に対する特許出願

　例えばAIの強みは、スピードであるが、最初に特許出願を行った者に特許権を与える先願主義の下では、有効な武器となる。AI出願型は、発明創出の当日に出願をすることも可能となり、先に発明した者が特許を受ける権利を有する先発明主義と変わらない状況となる。これは国際的な視点でみると、米国では仮出願（Provisional Application）制度を認め、発明者の早期出願権確保を担保しているが、日本においてはこのような制度がないため、AI技術の利用は重要である。
　また、この仮出願制度のように、日本の優先権主張の利用方法にも変化が生ずると考える。図4は、AI活用をした優先権利用例を示す。例えばAIによる明細書作成を活用し、スピード重視の特許出願であるAI出願型を行う。次に、国内優先権主張を利用して、弁理士出願型やAI・弁理士協働出願型のように、弁理士に特許請求の範囲のコンセプト化、AIの提案を踏まえつつも明細書の質を意識した特許出願を行い、海外にはAI出願と弁理士出願を併合優先して外国出願をする。これによって、米国の仮出願のように先願権を早期確保しつつ国内外への権利確保に向け、国内では国内優先権を1回、海外では併合優先を行うというパターンで特許書類の質確保も可能となり、今後、このような利用が考えられる。弁理士とAIの協働によって、弁理士がAIの提案する実施例に修正・追加することで、実施例、明細書作成の内容充実を図ることができる。

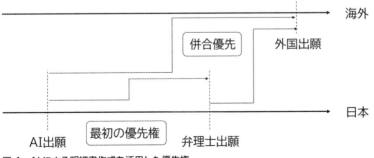

図4　AIによる明細書作成を活用した優先権

②-2　出願管理（出願時）

テーマ2-16　出願書類の願書のドラフト（草稿）のチェック

●願書の記載事項の概要について

　願書とは、出願人や発明者の氏名等、特許出願に関する書式的な事項を記載する書面である。出願書類の一番最初に添付されており、その先頭行には【特許願】と記載されているので容易に識別できる。願書には、下記のような事項が記載される。

〔通常、全ての特許出願に記載される基本情報〕
　書類名、整理番号、宛先、国際特許分類、発明者の住所又は居所、発明者の氏名、特許出願人の住所又は居所、特許出願人の氏名又は名称及び識別番号、代理人（弁理士）の識別番号、代理人の氏名、手数料の表示、提出物件の目録等。

〔特別な特許出願を行う際に記載すべき情報〕
　国内優先権主張を伴う出願：先の出願に基づく優先権主張を行う旨、先の出願の出願番号、先の出願の出願日。パリ条約による優先権等の主張を伴う出願：パリ条約による優先権等の主張を行う旨、第一国出願の国名、基礎出願の出願日。基礎出願の出願番号。分割出願や変更出願：分割や変更を行う旨の特記事項、原出願の出願番号。原出願の出願日又は手続補正書提出日。新規性喪失の例外規定については▶「テーマ2-12」を参照されたい。

●願書の記載事項のチェック

　上記各情報のうち、主に確認すべきなのは、出願人に関する情報、発明者に関する情報、及び特別な特許出願を行う際に記載すべき情報である。

　まず、出願人及び発明者に関する情報を確認する前に知っておくべき事項として、以下が挙げられる。

　① 出願したことによって得られる特許に関する権利（出願中の特許を受ける権利、審査を経て取得された特許権等）は、「発明者」の欄ではなく「出願人」の欄に記載された人（もちろん、発明者と同一人物がここに入ってもよい。）、又は法人が保有することが前提となっている。

　② 企業名で出願する場合（つまり出願人が企業名になっている場合）、それは発明者から特許を受ける権利が企業に譲渡されたことが前提となっている（▶「テーマ1-3」を参照）。したがって、この場合、発明者として氏名が書

かれていてもそれは名誉的な意味で記載されているにすぎないことを意味する。

③ 出願人も発明者も、人数に特に制限はないため、例えば1件の出願の出願人として複数人を記載することも可能である。複数の出願人の場合、特に契約等がない限り、各出願人に等分の権利があると推定される。例えば出願人が2人の場合には、それぞれが半分の権利を有すると推定される（▶「テーマ2-7」を参照）。

これらの点をまとめると、出願人に関する情報を確認する際に最も注意すべき事項としては、(A) 権利を保有すべき人の全てが出願人として記載されていること、(B) 権利を保有すべき人以外の人が出願人として記載されていないこと、を挙げることができる。なぜなら、(A) の条件を満たしていない場合には、権利を保有すべき人が権利者になれないし、また、(B) の条件を満たしていない場合には、権利の一部について、権利を保有すべきでない人に帰属させてしまう可能性があるからである。

このような確認が済んだら、各出願人及び発明者の氏名や住所の正誤をチェックする。なお、法律的な意味はないが、出願人や発明者が複数存在する場合、その記載順序にも気を使うことが多い。例えば「A社」と、A社の顧客である「B社」とが共同で出願を行う場合、顧客である「B社」を出願人の1番目に記載し、2番目に「A社」を記載するのが通例のようである。

次に、上述したような、特別な出願を行う際に記載すべき情報についても確認しておきたい。これらの情報が記載されていない場合には、特別な出願として認められないという重大な事態になりかねないからである。しかしながら、これらの情報を詳細に確認するには専門知識が必要になるので、確認は事実上困難である。そのため実際には、特別な出願を行う場合には、必要な特記事項が記載されている旨を特許事務所に再度確認することが現実的である。

その他、整理番号については、一定の範囲で任意の番号を記載することができるので、貴社の社内管理の都合の良い番号を使用すればよい。一般的には、出願の種別（特許、意匠等）、出願の年度、及び当該年度内の出願の通し番号を組み合わせる。例えば特許出願（Patent）であって2025年の1件目の場合、P2025-1のようになる。

テーマ2-17 「発明者」として記載すべき人の範囲

●発明者とは

　特許法29条1項柱書は、発明をした者は、その発明について特許を受けることができる旨を規定している。すなわち、我が国は発明者主義を採用し、特許を受ける権利を有する者は、原始的には発明者である。また、発明は事実行為であり、法律行為ではないため、未成年者のように行為能力がない者も、発明者になり得る。

　発明者を考えるときに問題となるのは、どの程度発明に関わった者までを共同発明者とすべきかという点にある。一般に、共同発明者とは、2以上の者が単なる協力ではなく、実質的に協力し、発明を完成させた者をいう。しかし、実際問題として、関係者が多数いる場合には、単なる協力者であるか又は実質的な協力者であるかを判断することは必ずしも容易ではない。

　また、これとは別に、研究・開発を他社に委託していた場合、委託先企業から発明が提案される場合もある。しかし、複数の企業の従業者が関わった発明においては一企業内の複数の従業者によりなされた発明の場合とは異なり、むしろ出願人がいずれの企業になるのか又は共同で出願するのかという点、すなわち特許を受ける権利をどの企業に帰属させるのかが問題となる。

　もし本来発明者となるべき従業員であるにもかかわらず、発明者の欄に記載し忘れてしまった場合、その従業員から特許を受ける権利の譲渡を企業が受けていない場合（予約継承等がない場合）は、拒絶理由や無効理由に該当するため、注意を要する（特38条）。発明者でない者が、特許を受ける権利を承継せずに無断で行った出願（冒認出願）の場合は、出願しても拒絶理由や無効理由に該当する（特49条1項7号）。もっとも特許庁は、実務上出願後登録前の発明者の追加・削除を一定の範囲で認めている。

●判断基準

　発明は技術的思想の創作であるため、実質上の協力者の有無は専らこの観点から判断しなければならない。技術的思想の創作自体に関係しない者、例えば単なる管理者、単なる補助者又は単なる後援者等は共同発明者ではない。

　例えば部下に対して一般的管理をした者（単なる管理者）、研究者の指示に従い、単にデータをまとめたり実験を行ったりした者（単なる補助者）、発明者に資金や設備を提供し、発明の完成を援助・委託した者（単なる後援者・委託者）等は、法律上の共同発明者に該当しない。

●発明の成立過程

発明の成立過程を① 着想の提供と② 着想の具体化の2段階に分け、各段階について、実質上の協力者の有無を判断すると便利な場合が多い。

具体的には、提供した着想が新しい場合は、着想者は原則として発明者であり、新着想を具体化した者は、その具体化が当業者にとって自明程度のことに属さない限り、共同発明者である。

ただし、発明の対象によって、この判断基準の適用にはずれが生じてくる場合もあり、注意を要する。

●同一企業における発明の場合

従業者のなした職務発明の取扱いについては、従業者の所属する企業が特許を受ける権利及びその後の特許権を承継することが、企業の社内規定により定められているのが一般的である。

また、特許法35条の規定により従業員から職務発明を承継・取得した企業は、発明者たる従業員に発明に対する補償金を支払うことを要する。したがって、同一企業においては、発明者の範囲は補償金等と関わってくるため、実質的な協力がないにもかかわらず、名前を連ねようとするケースも考えられ、そのため一般に発明者が実際よりも多く記載されるケースがあり得る。

発明者が複数いる発明が社内から提案された際には、その発明の成立過程や各発明者の役割分担を発明者に明示させることによって、各発明者が本当に法律上の発明者として適当であるか否かを確認することが必要である。

●研究・開発を他社に委託する場合

他社に研究又は開発を委託する場合には、委託した研究・開発から生まれた発明の取扱いについて、研究又は開発委託契約書に関連条項を設けるのが一般的である（▶「テーマ2-33」を参照）。自社が他社に研究・開発費を支払って研究・開発を委託した場合には、その研究・開発から生じた発明を含めた成果は、委託者側が権利を単独で所有するケースが多いが、両者の役割や発明の内容によって共有にする場合や受託者の権利として委託者は実施権のみ有するケースもあり得る。いずれのケースにしても、研究・開発委託契約書において成果として発明の取扱いを決めておくことにより、契約上の問題としては、研究・開発の過程で生ずる発明の特許を受ける権利の帰属を明確にできる。

テーマ2-18　明細書等のドラフトのチェック（一般）

●概論

　一般に企業では、明細書等の出願書類を外部の特許事務所に依頼することが多い。以下では、そのような場合に、作成された明細書等をどのような観点でチェックするか、そのポイントを説明する。

　出願書類には、願書のほかに明細書、特許請求の範囲、必要な図面及び要約書が含まれる。このうち、最も大切なのは、「特許請求の範囲」（正確には、それぞれの請求項）である。将来獲得する特許権の範囲を定めるのは特許請求の範囲であり、その他の部分は特許請求の範囲を裏付ける補助的な記載であるともいえるからである。ただし、特許請求の範囲は発明のエッセンスだけが記載されているため、出願書類の中でも最も理解し難い部分である。

　この特許請求の範囲の欄に記載されたそれぞれの請求項は、一般にはクレームとも呼ばれる。複数の請求項（クレーム）が記載されている場合には、請求項ごとに審査が行われ、それぞれが個別的に特許権の範囲を確定する。

●特許請求の範囲について

　では、請求項をチェックするためには、どのような点に留意すればよいのであろうか。技術分野ごとに異なる側面もあるが、それらは次テーマ以降で説明しているので、ここでは、一般的な注意事項について述べることとする。

（1）打合せどおりか

　　まず、打合せをして方針（例えば請求項について権利化を急ぐためにあえて下位概念とする、ある技術については請求項には入れずに詳細な説明の中のみで書いておいて後に補正により請求項として記載する等）が決まっている場合には、当然のことながらその打合せどおりに記載されているかどうかを確認すべきである。

（2）自社実施（予定）技術等と請求項との対応関係

　　次に、自社が現在実施しようとしている又は将来実施する可能性のある技術、あるいは他社が実施する可能性のある技術と請求項に記載された発明の内容との対応関係をチェックすべきである。将来的に行う可能性のある技術まで考慮すべきなのは、出願から登録を受けて特許権を得るまでの間の審査には数年を要するのが通常だからであり、権利行使をしたり、他

社を牽制したりする力を実際に持つのは数年後だからである（ただし、早期審査制度があるのでその場合は別論）。

したがって、自社も他社も実施する可能性がほとんどない技術について出願するのは余り意味がない。その意味で未来（例えば1年から10年後程度）の技術動向や将来、同業他社がどのように回避する可能性があるか等を予測することが重要となる。

(3) 各請求項を見る場合の注意事項

次に、具体的に各請求項のチェックをする際の注意点を挙げる。請求項のチェックで大切なのは、「取得したい発明が、漏れなく、かつ、余分な事項を含めることなく、記載されているか否か」という点である。

この「漏れなく」とは、その発明の「効果」（メリット）を発生させるために足りない要素があってはいけないということである。

もっとも、むしろ注意すべきは、「余分な事項を含めることなく」のほうであろう。これは、その発明の「効果」（メリット）を発生させるために必ずしも必要のない余分な事項が含まれている場合には、取得できる権利範囲が必要以上に狭くなってしまう可能性があるからである。

この点に関しては、「多記載狭範囲の原則」という言葉を覚えておくとよいであろう。つまり、一般に1つの請求項内の記載が長ければ長いほど、あるいは詳しければ詳しいほど権利範囲が狭くなるという原則である。長いということは限定要素が多いことにつながり、詳しいということは下位概念を用いている場合が多いのである。言うまでもなく、限定要素は少なく、個々の要素自体は上位概念のほうが権利範囲は広くなる。

具体的に、請求項をチェックする際のキーワードになるのが、「カテゴリー」「保護の単位」「概念の広さ」である。

特許法には、発明について複数の「カテゴリー」が設けられており、カテゴリーによって権利の及ぶ範囲や侵害行為発見の容易性が異なる。この「カテゴリー」として、具体的には、「物」と「方法」（正確には方法には通信方法、測定方法、制御方法等のいわゆる単純「方法」と「物を生産する方法」との2つがある）がある。基本的には同じアイデアであってもカテゴリーを変えて表現することは可能であり、多面的な観点から発明を保護することで広い範囲の保護が得られることになるのである（例えばソフトウエア関連発明を例に取れば、一定の情報処理をする装置という物の発明でも、一定の情報処理を行う「方法」でも表現できる）。

このため、このように複数のカテゴリーで請求項が記載されているか否かをチェックすべきである。

次に、「保護の単位」であるが、例えばある自動車用のエンジンAを発明した場合、このエンジンA自体を保護することはできるが、エンジンAを搭載した自動車として保護することもできる。つまり、アイデアが1つでも保護してもらう製品の単位を変えることが可能なわけである。

しかし、後者の場合、例えば第三者が無断でエンジンAの侵害品のみを販売等した場合には、この侵害品のエンジンは自動車の特許権の範囲外になり、直接的には侵害を問えない可能性がある（間接的な侵害を問うことも可能であるがこの話は省略する。）。

このような事態を避けるため、少なくとも発明の特有の効果が発揮される最小単位（上記の場合はエンジンA）で保護を行うことが重要である。このため、当該発明を保護するために適した最小単位で請求項が記載されているか否かをチェックしていただきたい。

ところで、上記の例の場合、エンジンAで権利が取れるのであれば自動車に関する請求項は要らないのではないかという疑問が生ずるであろう。

しかし、後にこの出願について特許が成立して侵害事件が発生した場合、請求項に記載された製品の価格×実施料率×製品の価格に対する発明の貢献度又は寄与度という形式で損害額が計算されるのが一般である。この場合、確かに発明の貢献度又は寄与度が考慮されるため（エンジンの場合であれば、車の価格に占めるエンジンの発明の貢献度）、必ずしもエンジンより自動車としての侵害事件のほうが損害額が高くなる保証はないが、エンジン（例えば20万円）の特許権侵害より自動車（200万円）の特許権侵害であるとして請求したほうが事実上高額になることが多いといわれる。そのため、このような請求項はあったほうがよいと考えられている。

また、「概念の広さ」であるが、発明の本質は抽象的な概念（思想）であるから、広い概念から狭い概念まで、様々な広さをもたせることができる。概念には、相対的に広い概念（上位概念）、相対的に狭い概念（下位概念）とがある。そして、この上位概念を請求項に記載して特許権を取得できた場合、その下位概念も特許権の範囲に含まれることになる。

例えば弾性体を用いたバンパー（上位概念）と、ゴムを用いたバンパー（下位概念）とがある場合、弾性体で特許権が取れれば、ゴムを用いたバンパーに直接的な特許権を取っていない場合であっても、ライバル企業はゴムを用いたバンパーを無断で製造等することができなくなる。逆に限定

要素の付いた下位概念のゴムを用いたバンパーのみで特許権を取っている場合、ライバル企業がバネを用いたバンパーを製造等することは自由である。このことから、可能な限り上位概念で権利化を図ることが望ましい。

ただし、余り概念を上位にしてしまうと、発明の範囲が拡大し過ぎて従来技術との差異がなくなり、特許性がなくなってしまうので、その限界を見極めることは必要である。実際には、発明者の考えているものは発明という抽象的な概念（思想）の一つの実現例にすぎないことが多く（ゴムのバンパーを発明したと認識している。）、発明者の発明から「概念」が抽出されているかどうかがポイントになる。

このため、まず発明者の発明を起点として、この発明全体の最低限の特徴的効果を発生させるために必要な要素以外の要素があるか否かを確認する。そして、このように不要な要素がある場合には、この限定要素を除外することにより、上位概念を抽出できる。例えば発明者が発明したと考えている装置Aが、部品aと部品bと部品cからなる場合で、部品bが必ずしも装置Aの発明の特徴的効果を奏するために必要でない場合には、部品bを除外することによって上位概念を抽出できる。

もっとも、部品bを付加することによって異なる効果（メリット）が生ずる場合には、これについても権利化すべきである。

なお、請求項をチェックする際には、請求項に書かれた一つ一つの構成要素ごとに同等の効果を奏することのできる「代替物（方法）がないか」を確認するとよいであろう。代替物が見つかればそれを含めた形で上位概念（つまり、ゴムとバネを含めた上位概念である「弾性体」）化することができるからである。

(4) 侵害の立証の容易性

以上のほか、侵害の立証が容易と思われる請求項が書かれているかどうかもチェックすべきである。実際の特許権侵害訴訟では、この「立証」という訴訟上の問題で十分な権利主張ができない場合が多い。

例えば一般には、「生産方法」という形式の請求項は、製品だけでは生産方法を特定できず、実際に相手方の工場内で確認しないと権利侵害と特定できない場合が多いので、侵害の立証が難しい請求項である。

他方、「物」として特定された請求項であれば、その製品を購入して解析すれば権利侵害が特定できる場合が多いので、侵害の立証が容易な請求項である。

もっとも、「物」といっても、「システム」という形式（請求項の語尾がシステムとなっているもの）は一般的には物理的に分離された複数のハードの総称（例えばサーバコンピュータとクライアントコンピュータの組合せ）とされているので、その一部分（例えばクライアントコンピュータ）について侵害であると主張することが難しいと、結局、全体として侵害であると主張するのが困難となる。

したがって、侵害の立証の容易性という点では、ハードとして単体である「サーバ（コンピュータ）」で特定した請求項は侵害の立証が容易と考えられる。

(5) その他

最後に、特許庁に支払う審査請求費用は、請求項の数に応じて増える。また、一般には事務所へ支払う手数料も増えるので、費用対効果のバランスを見極めることも必要になる。

なお、この場合、将来必要になるかもしれない請求項は、発明の詳細な説明にのみ記載しておくテクニックも用いられている。この方法の場合、審査請求費用が安くあがる（場合によっては事務所へ支払う費用も）というメリットがある。

半面、将来的にそれらについて権利化したいと思った場合には、補正により請求項に記載するようにしたり、分割出願したりするなどする必要があるため、将来その費用がかかる点に注意すべきであろう。

●明細書と図面について

明細書には【発明の名称】【技術分野】【背景技術】、更に【発明の概要】として【発明が解決しようとする課題】【課題を解決するための手段】【発明の効果】【発明を実施するための形態】【実施例】【産業上の利用可能性】の見出しを付して発明の内容を説明する。更に必要に応じて図面を用いて発明の説明を行う。

飽くまで一般論ではあるが、請求項が権利範囲に直接影響するのと比較すれば、発明の詳細な説明や図面は間接的に影響を及ぼすにとどまる。

もっとも、自社の機密として保持すべきノウハウ（請求項には明記されておらず、特に先行技術との関係で限定する必要のない原料の配分比率等）について必要以上に開示されていないかどうかは注意すべきである（このあたりは、▶「テーマ3-13」も参照されたい）。

まず、請求項に記載された技術の様々な具体例や応用例が、明細書の【発明の概要】や図面に記載されているかどうかをチェックすべきである。

 上位概念で請求項を作成すればするほど過去に既にある技術が含まれてしまう可能性があり、その結果、審査官に拒絶理由通知を発せられる可能性がある。

 しかし、この場合でも、過去の技術が入らないように下位概念の発明に限定すれば特許を受けられることがよくある。このような事態に備える意味で、様々な具体例があったほうがよいのである。詳しい説明は省略するが、出願時の明細書に書かれていない事項については、原則として後で権利主張できない。

 例えば請求項に「弾性体」とあった場合、その具体例として発明の詳細な説明に「バネ」のみが記載されていた場合、後日、請求項の「弾性体」を「バネ」に限定することは許される一方、記載されていなかった「ゴム」に限定することはできない場合がある。

 その結果、飽くまで一般論として言えば、発明の詳細な説明は長くかつ詳しいほうがよいのである。長くかつ詳しいということは様々な例について記載されているということであり、将来、拒絶理由を受けた場合に柔軟に対応できる可能性が高いからである。

 次に、技術的に誤りと認められる事項がないかどうかを確認すべきである。いかに技術に詳しい弁理士といえども、実際の発明者以上に詳しい場合は多くないため、発明者がチェックすべき事項といえる。

 また、【背景技術】の欄に先行技術が記載されているかどうかをチェックする。特に自社が過去にした出願で既に公開されている関連出願がある場合には、必ず発明の詳細な説明の中で記載しなければならないことになったので、そのような先願がないかを確認する。

 なお、この場合、【発明が解決しようとする課題】として、自社の先願について「○○の危険があった」等と書かれていると、その先願に関わる製品の製造物責任（いわゆる「PL」）が問題となり得るのでこのような記載がないかどうかも確認しておくとよいであろう。

テーマ2-19　明細書等のドラフトのチェック（電気関係）

●概論

　電気関連の電気、電子、情報、通信、デバイス、制御、半導体などは、数ある技術分野の中でも出願数が多い分野である。例えば2023年の特許庁に対する全特許出願件数は約30万件であり、そのうちの約半数が電気・電子、情報・通信に関連している。すなわち、電気関連分野は、もともと特許の激戦区であり、明細書の書き方には他の分野以上に注意を要する。

　ソフトウエア関連発明固有の注意点については別項目（▶テーマ「2-20」を参照）で説明しているので、ここでは、主にハードウエア関連発明にテーマを絞って説明する。

●特許請求の範囲について

（1）先行技術との違いが表現されているか

　　上述のとおり電気関連分野は古くから特許出願が多く、また、学会発表、論文発表なども盛んに行われてきた分野であるため、その分、先行技術文献の蓄積も多い。このことは裏を返せば、出願後に引用されることが予想される先行技術文献に記載された先行技術との違いを、出願段階から明確にしておく必要があるということである。

　　これらの先行技術との違いが明確にされていない状態で出願しても、出願後の拒絶理由通知で先行技術文献を引用された場合に反論できず、ひいては有効な特許を取得できないこととなるからである。

（2）発明がミクロからマクロな視点で記述されているか

　　電気関連の発明は、1つの発明が、様々な態様で実施されることが多い。例えば新しい機能を有するデバイスの発明の場合には、その実施態様として、部品としてのデバイスの製造・販売、このデバイスを含む半完成品の製造・販売やこのデバイスを含む完成品の製造・販売などの実施態様が考えられる。

　　したがって、部品、半完成品、完成品等のどのレベルの製品でも他社に製造・販売された場合に侵害が主張できるように請求項を複数の製品レベルで記載しておく必要がある。

(3) 発明がいろいろな態様で記載されているか

また、電気関連発明は、主に「物」の発明として捉えられる場合が多いが、現代のようにハードウエアの機能をある程度汎用的なCPU、DSP（デジタル・シグナル・プロセッサ）やコントローラとそれらを制御するプログラムで置き換えるソフト化の傾向もあるため、当該ソフトウエアをカバーするような特許請求の範囲となっているかどうかをチェックしておく必要もある。

(4) 発明に関連する自社製品を正確に表している請求項があるか

電気関連発明は、自社で開発中の製品に関連して出てくる場合も多いが、関連する自社製品を発売後、他社が自社製品をそのまま模倣してくる可能性も高いので、このような場合は、自社の開発中の製品における実施の形態や実施例をそのまま表した請求項、いわゆるピクチャー・クレームがあると権利行使が容易になるといわれているのでこの点もチェックするとよい。

●明細書と図面について

(1) 請求項の範囲が出願後の補正により修正された場合に、修正後の請求の範囲をサポートできるようにある程度幅を持って「発明の概要」や「図面」が記載されているか

先行技術調査を出願前に行っても、発見できなかった先行技術文献が審査官によって引用される場合もあり得る。そのような場合に請求項を補正する必要性が生じた場合でも、明細書や図面が補正後の請求項の内容を裏付けられるようにある程度バックアップとして幅広く記載しておく必要がある。特に現在は出願後に補正で追加できる範囲が狭いためなおさらである（特17条の2第3項）。

(2) 明細書、図面の記載が外国出願に適合しているか

重要な発明と判断された場合には、日本のみならず米国、欧州や他のアジア諸国に出願することも考えられるが、現時点では国により明細書、請求項の記載要件が多少異なる。日本出願に基づく優先権を主張した他国への出願への対応をスムーズにするためにも、重要な出願は、日本出願時にある程度他国への出願を見据えて、対応できるように明細書、請求項、図面などを作成しておくことも重要である。特にクレームの記載要件は、日本、米国、欧州と異なる点があるので要注意である。

もっとも、この点は、ドラフト時に初めてチェックするのではなく、当初の打合せ段階で特許事務所と確認しておくべきである。

テーマ2-20 明細書等のドラフトのチェック（ソフトウエア・ビジネス関連発明関係）

●ソフトウエアの明細書等の注意事項

ソフトウエア明細書と他の分野の明細書との相違点の一つに、「どのようにでも明細書を書ける」点が挙げられる。また、媒体クレーム（語尾が「…記録媒体」となっているクレーム）やプログラムクレーム（語尾が「…プログラム」となっているクレーム）が認められるので、これらの点を考慮しなければならない点も重要となる。さらに、ソフトウエアの特許権はある意味で権利行使が難しいので、この点も考慮しなければならない。

これらのことを踏まえて、ドラフトチェック時にどのような点に注意したほうがよいかを説明する。

(1) 概論

① 全体的に見て明細書等が意図したものになっているか

ソフトウエアの明細書等は、多くの場合に機能ブロック図やフローチャートを特許事務所側で追加するため明細書の加工度が高い。また、請求の範囲の発明特定事項（〜手段、〜工程等）をどのように特定するかという柔軟度も高い。これらのことから、最終的に仕上がったドラフトが発明者の意図からずれてしまうケースが散見される。このため、基本コンセプトが自分の意図したものとなっているか否かについてはしっかりチェックすべきである。

② 技術的につじつまが合っているか

発明が比較的高度な情報処理技術を駆使している場合には、その情報処理技術を前提とした明細書として完成されているか、言い換えると技術的につじつまが合っているかどうかを確認する必要がある。

例えばオブジェクト指向に関する発明でオブジェクト指向以外では意味のないものを出願したい場合を考えてみる。このような場合には、明細書全体がオブジェクト指向を大前提としてまとめられていなければならない。なぜなら、オブジェクト指向であるか否かについて不透明なドラフトを出願してしまうと、出願後に明細書をオブジェクト指向を前提としたものに補正することはできないため、その特許出願を権利化できなくなってしまうからである。

(2) 特許請求の範囲
① 発明のカテゴリーが適切か
　ソフトウエア関連発明の場合には、○○装置、××方法のような表現以外に、物の発明の一種として、△△プログラムというようなプログラムのクレームが認められる。
　このため、「～システム、～装置、～方法、～プログラム」というようなクレームを作成することができる。
　ここで、ソフトウエアの処理に特徴があれば当然プログラムクレームが作成されていなければならず、多面的な保護の側面から考えると、「～システム、～装置、～方法、～プログラム」といった多面的なクレームが作成されていることが望ましい。このため、「～装置」という請求項しか作成されていないような場合には、この点を指摘すべきである。
② システムクレームに頼っていないか
　サーバーとクライアントからなるシステム（例えばインターネット上のウェブサーバーをブラウザで閲覧するようなシステム）が前提となる場合に、サーバーとクライアントの両方が必須となるシステムクレームだけを作成すると、権利行使時に不利である。なぜなら、権利侵害時にサーバー側の立証だけではなく、クライアント側の立証も必要になるからである。このため、サーバー単体、クライアント単体のクレームが作成されているか否かをチェックすることが望ましい。
③ 請求の範囲が安易に実施の形態レベルに限定されていないか
　ソフトウエア関連発明の場合には、一般的に他の発明に比べて適用範囲が広いので、発明者が意図する実施の形態に限定するのは好ましくない。
　例えばインターネットのWWWを前提としてなされた発明であっても、WWWを前提から外しても発明として成立する場合が多い。過度に発明の概念を広げるのは好ましくないが、請求の範囲がむやみに限定されていないかどうかはチェックすべきである。

(3) 発明の詳細な説明
① 適切な機能ブロック図が付加されているか
　ソフトウエア関連発明の場合には、その構成をハードウエア面から具体的に説明することは難しい。なぜなら、ハードウエア構成についてはCPUやメモリがバスに接続される一般的な構成にすぎないからである。このことから、ソフトウエア関連発明を機能ブロック図を用いて機能面から特定

することが多いので、適切な機能ブロック図が付加されているかどうかをチェックする。機能ブロック図の例を以下に示す。

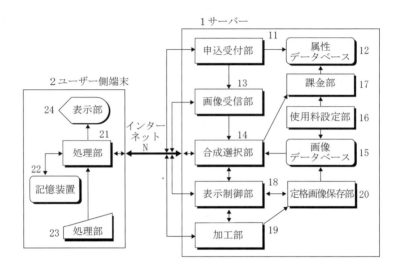

② **適切なフローチャート等が付加されているか**

ソフトウエア関連発明の場合には、方法クレームやプログラムクレームが作成されるので、フローチャート、タイムチャート又はシーケンス図などを使って具体的に発明を開示しておくことが特に望まれる。このことから、適切なフローチャート、データ構造などが付加されているか否かについてもチェックする必要がある。

なお、フローチャート、データ構造などについては、実装システムを考慮して発明者側から提供することが望ましい。

③ **データ構造やユーザーインターフェース等が付加されているか**

データ授受やデータベースのデータ構造に特徴がある場合には、データ構造についても図示して説明することが望ましい。また、ディスプレーに表示されるウインドーのようなユーザーインターフェース部分は、一目で侵害しているかどうかが把握できる部分であるので、このような部分は開示することが望ましい。

このため、弁理士は、必要に応じてデータ構造やユーザーインターフェース部分の資料を要求することになるが、これらを要求しないまま（データ構造などを省略して）ドラフトを作成していないかどうかをチェックすべきである。

なお、多くの場合、必要となるのであるが常にデータ構造やユーザーインターフェースが必要というわけではないので、その点は誤解しないでいただきたい。

④ ソフトウエアとハードウエアと協働関係が書かれているか

ソフトウエア関連発明では、「ソフトウエアによる情報処理がハードウエア資源を用いて具体的に実現されているもの」でなければ、法上の発明として成立しない。このため、コンピュータの構成を意識しつつ、明細書及び特許請求の範囲を完成させているかについてチェックすべきである。

●ビジネス関連発明

ビジネス関連発明は、日本ではソフトウエア発明の一形態として保護されるため、ソフトウエア発明の場合と同様の事項を記載する。概略的には、ビジネス方法を実現するシステム構成及びソフトウエアの処理を説明する必要があるため、この点を確認する。さらに、以下の点についても確認する。

(1) 特許請求の範囲について

まず、特許請求の範囲の記載内容としては、ビジネス方法を実現する全体の「システム」、サーバーや端末等の「装置」、処理手順としての「方法」、処理手順を特定した「プログラム」、あるいは、プログラムを記憶させたCD-ROM等の「記憶媒体」があるので、貴社の発明がこのような内容によって多面的に記載されていることを確認する。

この際、ネットワークシステムに関して、端末やサーバーを含んだシステム全体が1つの請求項に記載されている場合、実際の侵害訴訟においてはシステム構成要素の各々の内容を特定する必要が生ずるために権利行使が困難になる。そのため、少なくとも競合他社が実際に販売や使用を行う最小単位（多くの場合「サーバー」又は「プログラム」）で権利化を図れるようにチェックする。

また、各請求項には情報処理装置の使い方が具体的に示されている必要がある。例えば下記例1では情報処理装置の使い方が具体的に示されている。

例1　「予約者のコンピュータと、予約受付者のサーバーとを備え、コンピュータには、予約希望情報を入力するキーボードと、入力された予約希望情報をサーバーに送信する送信モデムとを備え…（途中略）…航空券予約システム。」

このように、ビジネス方法といっても、飽くまで情報処理を行うシステム等として記載する必要があり、取引手法を概念的に示しただけでは特許化できないので、この点に留意する。

しかし、例1では、「コンピュータ」等、構成要素が具体名称（下位概念）で表現されており、例えば「コンピュータ」に代えて「スマーフォン」を用いたシステムについては特許権を行使できない等の問題が生じ得る。このような問題を回避するため、下記例2のように、情報処理装置との関係を具体的に示しつつ、発明を極力上位概念で記載されているか、確認する。

例2　「予約者の予約端末と、予約受付者の予約受付装置とを備え、予約端末には、予約希望情報の入力を受付ける予約希望情報入力装置と、入力された予約希望情報をサーバーに送信する予約希望情報送信装置と…（中略）…航空券予約システム。」

(2) 明細書と図面について

次に、明細書に関しては、発明の概要を説明した後、システム構成と各処理の流れとを順次説明することが好ましい。ここで、実際に実施するシステム形態のみでなく、将来的なビジネス展開に伴うシステム変更等を考慮した応用形態がある場合には、これらの形態も漏れなく記載されているか否かをチェックする。また、各形態の説明においては、概念的な特徴だけでなく、ソフトウエアの処理内容や、データベースのデータ構造等、情報処理技術上の特徴点が説明されているか否かを確認する。

また、図面に関しては、特徴的な処理の流れを示すフローチャートは必須であると思われる。このほか、システム全体の基本概念を示す概念図、各装置（サーバーやクライアント端末等）の機能や構成要素を示すブロック図、モニター画面の表示例等を添えることが好ましい。したがって、発明の特徴を説明するために十分な図面が含まれているか否か、及びその内容に誤りがないか否かを確認する。

テーマ2-21　明細書等のドラフトのチェック（機械関係）

●概論

　機械関係における発明は、既存の機械においてその一部の部品の構造や動作に特徴がある場合が多く、従来技術が存在しない発明は余りない。

　したがって、特徴点、すなわち発明が文章及び特に図面により説明されているか、従来技術と比較してどこがどのように良くなったか（効果）が十分に説明されているかを確認することが重要である。

　まず、特許請求の範囲に関しては、機械関係における発明が駆動装置などの「装置」又は制御方法などの「方法」に関するものである場合は、それに対応する「装置」クレーム又は「方法」クレームが必要最小限の構成要件（要素）で構成されているか否かを確認する。すなわち、構成要件の1つでも欠けたら発明が実施できないという状態で、クレームが記載されていることを確認する。

　また、上記駆動装置などの「装置」の発明が駆動方法として成立する場合は「方法」クレームを、制御方法などの「方法」の発明が制御装置としても成立する場合は「装置」クレームを記載するなどして、機械関係における発明が多くのクレームから多面的に保護されているか否かを確認する。

●特許請求の範囲について

　出願書類のドラフトのうち最も重要なものは、将来、特許権が付与された場合に権利範囲を画定する特許請求の範囲の各請求項である。機械関係の発明は、一般的に目で見ることができる物であり、この物に沿った請求項を作成することは比較的容易である。

　しかし、上記作成された特許請求の範囲では、実際に特許権が付与された際、権利範囲は、極めて狭いものとなってしまう。したがって、自社の発明である物に対して同業他社が少し変更を加えて実施（製造、使用）することで、自社の権利の及ばない範囲となるおそれがある。よって、機械関係の発明をした場合には、実際に実施する物よりも広い請求項、すなわち上位概念の請求項を作成する必要があることに注意する。

●具体的な特許請求の範囲の作成例

　ここでは、自社がある機械装置の部材Aと部材Bを特徴のある（磁性体の）ネジで固定することを発明して出願する場合を例として挙げる。

まず、部材Aと部材Bを固定することが従来技術として、つまり当業者（同業他社）において当たり前のように行われているか否かを確認する。従来技術ではないのであれば、最初の請求項を「ある機械装置において、部材Aと部材Bを固定手段により固定することを特徴とするある機械装置（例1）。」と作成されているか否かを確認する。

この例1では、固定手段、すなわち固定するための物（方法）を限定していないため、同業他社がネジ以外の例えばボルトなどを使用して部材Aと部材Bを固定した機械装置を実施することは、自社の特許権の侵害に該当する。

次に、部材Aと部材Bを固定することが従来技術である場合は、部材Aと部材Bをネジで固定することが従来技術であるか否かを確認する。従来技術ではないのであれば、最初の請求項を「ある機械装置において、部材Aと部材Bをネジにより固定することを特徴とするある機械装置（例2）。」と作成されているかどうかを確認する。この例2の場合は、同業他社が部材Aと部材Bを固定するためにネジを用いることは、自社の特許権の侵害に該当する。

また、部材Aと部材Bをネジで固定することが従来技術である場合は、自社が実際に実施する部材Aと部材Bを磁性体のネジにより固定することが請求項に記載されているか確認する。すなわち「ある機械装置において、部品Aと部品Bを磁性体のネジにより固定することを特徴とするある機械装置（例3）。」と作成されているか確認する。この例3の場合は、最も狭い請求項となるが、同業他社が磁性体のネジを用いて部材Aと部材Bを固定することは、自社の特許権の侵害に該当する。

以上のように、自社の発明を広い請求項として記載することで、同業他社が実施できなくなる範囲が広がるので、出願原稿のドラフトをチェックする際には、広い請求項で記載されているか否かを確認することが非常に重要である。

なお、例1の請求項を作成できる場合において、それ以下の狭い請求項、すなわち下位概念の請求項の作成例を記載する。

請求項1　「ある機械装置において、部材Aと部材Bを固定手段により固定することを特徴とするある機械装置。」

請求項2　「前記固定手段は、ネジであることを特徴とする請求項1に記載のある機械装置。」

請求項3　「前記ネジは、磁性体であることを特徴とする請求項2に記載のある機械装置。」

●明細書について

次に、明細書に関しては、一般的には、発明である機械の構造を説明した後、その動作を順次説明することが好ましいと思われる。特に最低限、自社が実際に実施する形態が記載されているか確認する。

次に、同業他社が上記自社の実施予定の形態を見たときに、これと異なる構造（方法）により実施するであろうと考えられる形態が応用形態として記載されているか確認する。

また、請求項に記載された文言に対応して、その文言の内容説明が明細書において行われているか確認する。更に注意点としては、従来技術として自社の製品を引用している場合はPL法（製造物責任法）との関係を注意し、加えて、批判的な文章や限定解釈させるような記載がないか確認する。

●図面について

図面に関しては、発明である機械の構造や動作などの特徴が理解できる程度に描かれているか否かを確認する。また、必要に応じて全体構成図（発明が機械の一部）、フローチャート図（発明が機械の制御装置）等が添付されているほうがよい。さらに、複雑な機械においては、斜視図などを多用して表現されているほうがよい。

一般に、機械関係の発明において図面は文章よりも雄弁であるため、発明を正しく理解できるものでなければならない。これは、機械関係の技術者であれば、設計図等を見るだけでその機械の大体の構造・動作を理解できるように、特許出願を審査する審査官も機械分野に精通しているので、図面により発明を理解する場合が多いと思われるからである。

したがって、発明をよく表している部分の図面は詳細に描かれているか否かを確認し、ドラフトに添付された図面のみでは発明を理解しづらい場合は、発明者の側で必要な図面のドラフトを準備し、その図面を追加するように要請すべきである。

また、設計図における寸法線、発明に直接関係ない部分の詳細構造及び自社のノウハウに関する部分は、図面上に表示する必要はない。これは、図面においても明細書の発明の詳細な説明と同様に同業他社が実施できる程度に発明が開示されていればよく、実際に実施する機械をそっくりそのまま作れる必要はないからである。

したがって、上記の寸法線などが記載されているか否かを確認し、表示されている場合は、その削除を要求すべきである。

テーマ2−22　明細書等のドラフトのチェック（化学関係）

●「化学」の発明であることを意識することが重要

　「化学」は実験の学問である。この点、「電気」「機械」等の他分野の学問とは大きく異なる。物理系等の研究者は理論を構築することを主な仕事とする。これに対し、化学系の研究者は、材料の合成・分離・精製・改質等の方法を確立したり、材料の物性・安全性、用途等を日々実験を繰り返して実証したりすることを主な仕事とする。電気回路、機械等については、電気回路図、機械構造図等の図面があればそれらの作用を容易に理解できる。

　これに対し、化学物質、組成物等については、化学式、組成式等があったとしても、当該化学物質、組成物等の作用を理解することはできない。飽くまで実験データによって効果を実証するにとどまる。化学分野の発明の明細書では、多くの場合、作用を記載することができず、作用を書く代わりに実験データとしての実施例を記載することになる。この点は、電気・機械分野の発明の明細書の場合と大きく異なる。「化学」分野の明細書のドラフトを検討するに際しては、「化学」の特殊性、すなわち実験による実証が必要であることを十分に認識しておくことが重要である。

●請求項に記載された発明の種類・数のチェック

　化学分野の明細書では、電気・機械分野の明細書に比べて、発明の単一性の要件を満たす範囲内で多数の発明を記載できるケースが多い。化学分野の発明を出願する場合には、発明の単一性の要件を満たす範囲内で関連発明を請求項に多数記載し、広い権利を取得することに留意すべきであり、この視点で明細書のドラフトを検討することが重要である。

　明細書のドラフトの検討に際しては、請求項に係る発明と前述した発明の単一性の範囲と比較してみるとよい。そして、明細書のドラフトには記載されていないが、発明の単一性の要件を満たし、かつ、権利化すべきと考える発明があれば、それを新たに請求項に追加すべきである。包括的で漏れのない特許権の取得が可能となるからである。

●先行技術の把握

　請求項に係る発明が、先行技術との関係で新規であるか否か、すなわち先行技術を含んでいないかどうかを検討すべきである。

テーマ2−22　明細書等のドラフトのチェック（化学関係）

　そのためには、先行技術を可能な範囲で把握しておかなければならない。権利化のみならず、他社への牽制、後願排除効等をも考えると、発明をできる限り広く請求項に記載しておくのがよい。例えば物質発明等については、メインクレームで規定する化学構造式が限定的でないように、例えば置換基の位置限定が不要な場合には置換基の位置を固定しないように化学構造式を記載すべきである。一方、発明を広く請求項に記載し過ぎると先行技術を含んでしまい、出願後に補正が必要となる。補正の実体的範囲の制限が厳しく、しかも特許発明の技術的範囲の解釈に出願経過も参酌される可能性がある現行プラクティスにおいては何度も補正を行うことは避けるべきである。

　請求項には、先行技術との相違点が明確になるように発明を記載すべきである。また、その相違点が技術常識を考慮しても先行技術文献からは容易に想到できないことの理由、その相違点に基づく当該発明の有利な効果（先行技術が奏する効果と当該発明が奏する効果とを比較した場合に当該発明の有利な効果のこと。先行技術では奏することのない新たな効果と、先行技術が奏する効果よりも顕著な効果とがある。）を実験データとして明細書中に示しておくべきである。当該発明の新規性及び進歩性の認定が容易になるからである。

●請求項に記載された発明の従属関係、記載形式等のチェック

　特許法では、請求項に記載する発明が互いに同一発明であってもよいとされている。このため、一発明であっても複数の請求項に記載することができる。例えば組成物の発明の場合、組成・物性等で規定した請求項を別々に独立項又は従属項として設けることができる。また、組成で規定した請求項に対し、更に組成比を規定した請求項（数値限定クレーム）、組成の一要素を下位概念である具体的な化合物等として規定した請求項（選択発明クレーム）などを従属項として設けることができる。したがって、一出願中に多数の発明を請求項に記載する場合、そのうちの一つに着目し、その発明を多方面から規定した請求項を複数設けることを検討すべきである。このような請求項は、権利取得の上でも後願排除の上でも有効だからである。ただし、数値限定クレームについては、上限又は下限だけを規定したり、ゼロを含む数値範囲を規定したりしないように留意すべきである。当該請求項に記載の発明の外延が不明確であるとして拒絶理由等の対象となりやすいからである。

　なお、同一発明について従属項を設ける場合に特に検討すべきことは、各従属項に係る発明が、その従属先である独立項に係る発明に比して有利な効果を有しているか否かという点である。

独立項に係る発明に対して有利な効果を奏する発明を従属項に記載しておくと、独立項に係る発明の新規性ないし進歩性を否定する先行技術が審査で引用された場合に、当該従属項を独立項とする補正を行うと特許を受けられるからである。

　また、「化学」分野の発明は、択一的記載によるマーカッシュ形式（例えば「イ、ロ、ハ、ニの群から選ばれる1又は2以上の物質」等）、製法的記載によるプロダクト・バイ・プロセス形式（例えば「精製することによって得ることができる」という製法に関する表現によって特定されているもの）、パラメータを用いて規定するパラメータ形式（構成要素が物性値等のパラメータで特定されているもの）などにより請求項を記載できるので、これらも検討するとよい。ただし、マーカッシュ形式の場合、選択肢が互いに類似の性質又は機能を有し、請求項全体として簡潔に記載されていることが必要とされる。プロダクト・バイ・プロセス形式の場合、製法自体が新規であっても製法結果物が新規でなければ新規性が否定される。パラメータ形式の場合、例えば「X研究所試験法に従って測定した粘度が○～○」等のように自社独自の試験法等で規定しても発明の技術的意味が理解されず、発明の外延が不明確であるとして拒絶理由等の対象となりやすい（製法的・作用的に規定した場合も同様）。したがって、マーカッシュ形式の場合、互いに類似の性質又は機能を有しない選択肢等については別の請求項で規定するとよい。プロダクト・バイ・プロセス形式の場合、製法結果物が新規でなく製法のみが新規な場合は製造方法の発明として請求項に規定するとよい。パラメータ形式の場合、JIS規格等に従って請求項に規定するか、あるいは当該パラメータの意義・内容を発明の詳細な説明中に十分に明示しておくとよい。

　なお、プロダクト・バイ・プロセス形式のクレーム、すなわち物の発明についての請求項にその物の製造方法が記載されている場合は、審査官が「不可能・非実際的事情」があると判断できるときを除き、当該物の発明は不明確であるという拒絶理由を通知される点には注意を要する（ここで、「不可能・非実際的事情」とは、出願時において当該物をその構造又は特性により直接特定することが不可能であるか、又はおよそ実際的でないという事情をいう。）。

●発明の詳細な説明の記載のチェック

　発明の詳細な説明は、「物」の発明の場合、当該物の発明について明確に説明されていること、「作ることができること」及び「使用できること」が記載されている必要がある。

「方法」の発明の場合、当該方法の発明について明確に説明されていること及び「その方法を使用できること」が記載されている必要がある。「物を生産する方法」の発明の場合、当該物を生産する方法の発明について明確に説明されていること及び「その方法により物を作ることができること」が記載されている必要がある。化学物質の発明の場合、当該化学物質が物質名又は化学構造式で示されていれば、通常は明確に説明されているものとされ、製造方法が記載されていれば「作ることができる」ように記載されているものとされ、一つ以上の技術的に意味のある用途が記載されていれば「使用できる」ように記載されているものとされる。物を生産する方法の発明の場合、① 原材料、② その処理工程（条件等）、及び③ 生産物が記載されていれば、「その方法により物を作ることができる」ように記載されているものとされる。

●実施例のチェック

化学分野では、作用が不明確な場合が多く明細書に作用を記載することができないため、発明の構成がもたらす効果を実験例で実証する必要がある。化学分野の実施例は実験例を意味し、発明の構成がもたらす効果を実証する重要な意義を有する。

化学分野の発明では、多数の独立項・従属項を設けることが多いが、これらを十分にサポートし得る実施例を記載しておくことが各請求項に係る発明の権利化上重要である。このため、実施例及び比較例に漏れがないかどうかを十分に検討すべきである。例えばマーカッシュ形式で記載された請求項のサポートには、各選択肢に対応する実施例を、数値限定で規定された請求項のサポートには、数値限定の範囲内外の実施例を、また、方法の発明のサポートには、プロセス上の効果を示し得る実施例を、それぞれ書くことが望ましい。

実施例の数が多くなるため例示ミスに注意すべきである。独立項に含まれ実施例に該当する実験例であるにもかかわらず、好ましい態様を規定した従属項に含まれていないために比較例として記載してしまうミスが多い。これはメインクレームが広くなるほど生じやすい。メインクレームの要件を満たしている限りは、それが最適な構成であるなしにかかわらず、全てを実施例として記載しなければならないということである。

また、発明の効果の実証が実施例でなされているかどうか、評価項目に漏れがないかどうか、評価結果が明確か否かを十分にチェックすべきである。実施例よりも比較例のほうが優れた結果を示す実験例等がないようにすべきである。

テーマ2-23　明細書等のドラフトのチェック（バイオ関係）

●概論

　遺伝子工学、微生物、動物、植物に関するバイオテクノロジー関連発明は、「生体関連発明」として特許を受けることができる。これらの発明に関する明細書は、基本的には他の分野の発明における明細書と同様に、①誤字・脱字がなく、発明が正確に説明されているか、②一般的な用語（学術用語等）が使用されているか、③特許要件を満たしているか、④権利の及ぶ範囲が広いか、⑤権利行使しやすいか等を念頭に置きチェックする。

　一方、この分野の明細書においては、①「微生物の寄託」の事実を明細書に記載する必要がある、②「配列表」の記載が必要になる場合がある等の特有の明細書記載事項もある。以下、特許庁審査ハンドブックに記載されている内容を適宜参照しながら、この分野の明細書の主なチェック事項を確認する。

●特許請求の範囲について

　特許請求の範囲は、特許成立後の権利範囲を定める重要な記載部分であり、特許成立後に「この発明特定事項はなくてもよい」「記載していない発明特定事項が実際は必要である」と主張することは許されない。

　したがって、特許請求の範囲の記載を定めるに当たっては、事前に特許事務所に自己の発明を十分に説明し、実施例に限定されない同一の効果が得られる範囲まで発明を拡張し、広い権利取得が可能なような発明特定方法を検討してもらうとよい。そして、出来上がった明細書をチェックするに当たっては、自己が出願しようとしている発明が正確に特定されているか、明確に特定されているか、不必要な限定がなされていないか等を中心にチェックするとよい。

　発明の特定方法については、包括的な表現を用いた特定が認められている。

　特許請求の範囲の記載要件である明確性要件に関して、例えば核酸及びポリペプチドに関する発明を記載する場合、審査ハンドブックには以下のとおりの表現形式を用いることができるとされている（一部省略）。

　「遺伝子等の核酸については、(a)遺伝子は、塩基配列により特定して記載することができる。(b)構造遺伝子は、当該遺伝子によってコードされたタンパク質のアミノ酸配列により特定して記載することができる。(c)遺伝子は、『欠失、置換若しくは付加された』、『ハイブリダイズする』等の表現及び当該遺伝子の機能等を組合わせて以下のような包括的な記載をすることができる。

例1：以下の（ⅰ）又は（ⅱ）のタンパク質をコードするポリヌクレオチド。
（ⅰ）Met－Asp－…Lys－Gluのアミノ酸配列からなるタンパク質
（ⅱ）（ⅰ）のアミノ酸配列において1又は複数個のアミノ酸が欠失、置換若しくは付加されたアミノ酸配列からなり、かつA酵素活性を有するタンパク質
例2：以下の（ⅰ）又は（ⅱ）のポリヌクレオチド。
（ⅰ）ATGTATCGG……TGCCTのDNA配列からなるポリヌクレオチド
（ⅱ）（ⅰ）のDNA配列からなるポリヌクレオチドと相補的なDNA配列からなるポリヌクレオチドとストリンジェントな条件下でハイブリダイズし、かつB酵素活性を有するタンパク質をコードするポリヌクレオチド

　また、(d)ベクターは、その全塩基配列で特定して記載することができる。また、各エレメントと、その機能、あるいは、ベクターの部分塩基配列とその機能によって特定して記載することもできる。(e)非コード核酸は塩基配列により特定して記載することができる。また、標的遺伝子で特定して記載することもできる。

　タンパク質については、(a)組換えタンパク質は、アミノ酸配列又は当該アミノ酸配列をコードする構造遺伝子の塩基配列により特定して記載することができる。(b)組換えタンパク質は、『欠失、置換若しくは付加された』、『配列同一性○○％以上』等の表現及び当該組換えタンパク質の機能、更に必要に応じて当該組換えタンパク質をコードする遺伝子の起源や由来等を組合わせて包括的な記載をすることができる。(c)天然物から単離や精製等により取得したタンパク質は、その機能、理化学的性質、アミノ酸配列、製法等により特定して記載することができる。

　抗体については、抗体が認識する抗原、交差反応性等により特定して記載することができる。特に、モノクローナル抗体の場合は、モノクローナル抗体が認識する抗原、モノクローナル抗体を産生するハイブリドーマ、交差反応性やモノクローナル抗体のCDRのアミノ酸配列等により特定して記載することができる」

　なお、特許請求の範囲の記載を広げ過ぎたあまり、公知技術を含む又は公知技術に接近した技術にまで及んでしまうというおそれもある。このような場合には、「上位概念（最大限広い範囲）の発明に関する請求項」「中位概念の発明に関する請求項」「下位概念（自己の実施が保証される範囲）の発明に関する請求項」と段階的な複数の請求項を設けるのも得策である。

●明細書について

　発明の詳細な説明は、特許請求の範囲に記載した発明を十分に説明する記載部分である。明細書のチェックに当たっては、自己の発明が正確に説明されているかどうかをチェックする。特に実施例には具体例が記載されているので比較的チェックしやすい記載部分ではないかと思う。また、実施例は、先行技術の存在により不幸にして上位概念で記載した請求項が拒絶された場合に、発明の範囲を減縮して特許化を図る根拠となる記載部分でもあるので、十分にチェックするとよい。

　次に、請求項に記載されている発明特定事項が漏れなく記載されているかを、請求項との対応を取りながらチェックする。特許を受けようとする発明が発明の詳細な説明に記載したものである必要があるからである。

　実施可能要件に関しては、「請求項に係る発明をどのように実施するかを示す実施の形態のうち、特許出願人が最良と思うものを少なくとも一つ記載し、記載は、必要な場合には実施例を用いて行う」とされている。

　しかし、一方では、「当業者が明細書及び図面の記載並びに出願時の技術常識に基づいて、発明の詳細な説明に記載された特定の実施の形態を、請求項に係る発明に含まれる他の部分についての実施にまで拡張することができないと信ずるに足る十分な理由がある場合には、請求項に係る発明は当業者が実施できる程度に明確かつ十分に説明されていないものとする」とされている。

　したがって、一般には数多くの実施例が記載されているほうが望ましく、そのほうが安定な権利が取得できる。事前に特許事務所に多くの実施例を提供しておき、出来上がった明細書のチェックにおいては、これらが正確に記載されているかをチェックするとよい。

　例えば微生物（遺伝子工学以外の手法によるもの）について、明細書に記載する場合、審査ハンドブックでは以下のように記載できるとされている。

　「真菌や細菌等に関する発明について明確に説明するためには、例えば、真菌や細菌等の命名法による属（種）名、又はその属（種）名を付した菌株名を表示できる。また、新菌株に関する発明については、菌株の特徴及び同種内の公知の菌株との相違点（菌学的性質）を記載できる。更に、新属（種）に関する発明については、真菌や細菌等の分類学的性質を詳細に記載し、それを新属（種）として判定した理由を記載できる。すなわち、在来の類似属（種）との異同を明記し、その判定の根拠を記載できる。真菌や細菌等の分類学的性質は、『Bergey's Manual of Determinative Bacteriology』等を参照して記載できる。

　真菌や細菌等に関する発明について作れることを示すためには、スクリーニ

テーマ2－23　明細書等のドラフトのチェック（バイオ関係）

ング手段、突然変異作出手段等の製造方法を記載できる。

　動植物の細胞に関する発明について明確に説明し、かつ作れることを示すためには、細胞の由来となる生物名を、原則として動物又は植物の命名法による学名又は標準和名を用いて記載できる。そして、当該動物又は植物の細胞が有する特徴的な遺伝子や膜タンパク質、当該動物又は植物の細胞が有する特性等を組合せて記載できる。作れることを示すために、更にスクリーニング手段、突然変異作出手段等の作出方法も記載できる」

　したがって、事前に特許事務所と相談して上述のような詳細な記載を満たすべく十分なデータや資料などを提供しておき、出来上がった明細書のチェックにおいては、これらが正確に記載されているかをチェックするとよい。

　また、「寄託」は「実施可能要件」の一つである。発明に係る微生物を当業者が容易に入手することができない場合や、発明に係る動植物などを当業者が製造できるように明細書に記載することができない場合には、該当する微生物、動植物などを寄託する必要がある。寄託した場合には、受託番号を出願当初の明細書に記載しなければならない。したがって、自己の発明が寄託した微生物等に関するものである場合には、受託番号が明細書中に記載されているか、間違って記載されていないかをチェックする。

　さらに、発明の詳細な説明の最後に「配列表」の記載が必要となる場合がある。10以上のヌクレオチドからなる核酸の塩基配列又は4以上のL-アミノ酸が結合したタンパク質若しくはペプチドのアミノ酸配列を明細書中に記載する場合には、当該配列を含む配列表を、所定の方式に従ってコードデータにより作成し、明細書の最後にその一部分として記載することとなっている。

②-3 出願管理（出願後）

テーマ2-24 出願審査請求に関する留意点

●出願審査請求制度について

　我が国では出願審査請求制度を採用しており、出願から一定期間内に出願審査請求された出願についてのみ特許性に関する実体審査が行われる（特48条の2）。したがって、特許出願しただけでは審査されず、特許にならない。出願審査請求期間は出願から3年間である。出願審査請求期間内に審査請求を行わないと特許出願は取り下げられたものとみなされてしまう。よって、出願審査請求期間の期限管理には注意を要する。自分で出願する場合は、期限を忘れてしまわないよう出願から1～2年の間に出願審査請求すべきか否かを決めるように管理したほうがよいであろう。

●出願審査請求の時期

　出願人は出願審査請求期間内に、その出願が本当に必要な特許であるか、すなわち出願審査請求をする価値がある発明であるかを判断する。不必要な出願については出願審査請求をしなければ、その分、出願審査請求費用を節約できるからである。なお、出願審査の請求は、取り下げることができない。ただし、その特許出願が最初の拒絶理由通知等がある前までに取下げ等された場合は、その取下げ等から6月以内であれば手数料の返還を請求できる。

　必要かどうかは、その出願に係る発明を自社や他者が実施しているか、あるいは実施する予定があるか、ライセンス等が期待できるか、標準化技術に関係するか等、多様な視点から十分に検討する必要がある。

　出願審査請求する場合、出願人は出願審査請求期間内で自分にとって最も有利な時期を選んで出願審査請求すればよい。特に特許化を急がなければならない特許出願については出願と同時に出願審査請求されるが、それほど緊急性の高くない特許出願では、出願から1年6月経過した時点で、出願審査請求するか否かを取りあえず判断するとよいであろう。特許出願の内容は出願から1年6月経過後に公開されるが、この時点で自分が出願する前に出願された他人の全ての出願が公開されることになるので、出願時には全く気付かなかった他人の先願の内容を知った上で、自分の出願が出願審査請求する価値がある発明であるかを的確に判断することができるからである。また、自分の出願より先に出願された他人の出願内容を把握していれば、出願審査請求時に補正する際にも、自己の出願内容を的確に整備し直すこともできる。

出願公開の時期、すなわち特許出願から1年6月の時点においても、その出願が本当に必要であるか判断しかねる場合は、出願審査請求期間が満了するまでにその判断を行えばよい。審査請求される特許出願のうち、出願審査請求期間満了直前に審査請求されるものも結構存在する。

　特に特許化を急ぐ必要がない限り、出願から1年間は出願審査請求を控えるのが一般的である。なぜなら、出願から1年以内に改良技術等の関連発明をした場合、先の出願に関連発明の内容を盛り込んで一出願とする国内優先権制度を利用することになるが、この制度を利用する場合は先の出願は取り下げられたものとみなされることになるため、先の出願について出願審査請求していた場合は出願審査請求費用が無駄になってしまうからである。

　出願審査請求された出願は、原則として出願審査請求順に審査されていき、一般的に平均13.8月で査定される（2023年）。ただし、特許庁長官が、出願公開後に第三者が業として特許出願に係る発明を実施している場合であって必要と認めるときには、申請により、他の出願に優先して審査を受けることができる優先審査制度を利用することができる。また、出願した発明を既に実施している場合（実施関連出願）、外国出願をしている場合、TLO等による出願である場合、中小企業や個人による出願である場合等は、申請により、早期審査制度を活用して早期に審査を受けることもできる。この早期審査制度を活用すると、審査までにかかる期間が約3月程度で済む。

　特許出願の日から3年以内に出願審査請求がなかったときは、この特許出願は取り下げられたものとみなされる。もっとも、特許出願の日から1年6月経過後には出願公開されているので、願書に最初に添付した明細書及び図面全体に記載された発明については他社の後願を排除することができる。

　なお、出願審査請求しても、直ちに特許になるケースは少なく、ほとんどの出願は拒絶理由通知を受けるため、意見書・補正書を作成する中間処理費用が必要となる。また、拒絶理由を克服して特許査定になったとしても、特許権の設定登録料及びその維持費用が必要となるので、出願審査請求時には、出願審査請求費用のほかにこれらの費用がかかることを念頭に置いてその出願が本当に必要な特許であるか判断する必要がある。

テーマ2-25　拒絶理由通知を受けた場合の対応(特許編)

●拒絶理由通知とは

　拒絶理由通知とは、特許庁審査官が特許出願を審査した結果、拒絶理由を発見した際になされる通知である。拒絶の理由は様々であるが、進歩性なし、新規性なし、記載不備といった理由が多い。新規性なしとは、既に公開されている先行技術（特許公開公報等）と同一の発明であるという拒絶理由である。進歩性なしとは、既に公開されている先行技術（公開特許公報等）と同一ではないが、その先行技術からその技術分野に属する者なら容易に発明することができたという拒絶理由である。記載不備とは、特許請求の範囲が不明確、あるいは発明の詳細な説明の記載から発明を実施することができない等という拒絶理由である。進歩性なし、新規性なしの拒絶理由通知書には、拒絶の根拠となった先行技術文献（公開特許公報の場合には公開番号）が記載されている。また、拒絶理由通知には、最初の拒絶理由通知と最後の拒絶理由通知がある。

●拒絶理由を受けた場合の対応

　拒絶理由通知に対して出願人は反論することができる。反論は、意見書の提出によって行う。また、明細書の補正を同時に行うこともできる。ただし、意見書や補正書の提出は指定期間内に限られる。

（1）拒絶理由の検討

　　進歩性なし、新規性なしの拒絶理由の場合、その根拠となった先行技術文献の内容を検討する必要がある。そして、出願した発明の本質を捉え、出願発明と先行技術とはどこが違うのかを明確にする必要がある。

　　出願当初の請求の範囲が広過ぎる場合には、特許請求の範囲の補正を行って先行技術との差異を明確にしたり、請求の範囲を減縮したりすると拒絶理由を回避できる場合が多い。ただし、減縮し過ぎると、拒絶理由は回避できても、特許請求の範囲がカバーする技術的範囲が狭く、使い物にならない権利となってしまうことがあるので、注意が必要である。補正可能な範囲は、出願当初の明細書又は図面の範囲に限られ、補正によって新たな事項を追加することはできない（新規事項追加不可）。

　　最後の拒絶理由通知に対しては新規事項追加ができないのみならず、更に特許請求の範囲の減縮、不明瞭な記載の釈明、明らかな誤記の訂正に限られるので注意が必要である。

(2) 意見書・補正書の提出

　出願人からの依頼があれば、特許事務所は、出願人と打合せを行いながら、先行技術文献と出願発明との検討を行い、拒絶理由の回避の可能性、明細書（特許請求の範囲）の補正案、意見書案などを出願人に提示し、対応の準備を進める。例えば補正前は、競業他社を排除するに十分広い範囲であったのに、補正後は排除できなくなるような場合、その補正による限定が本当に拒絶理由を回避するために必要な限定なのかを発明者を交えて特許事務所側と打合せ等を設け、議論すべきであろう。出願人は不要な出願発明の限定にならないか等をチェックする必要があろう。

　また、複数の請求項からなる発明であって、その一部の請求項にのみ拒絶理由があり、他の請求項は特許可能な場合、拒絶理由のある請求項を削除することにより、特許化をすることが可能である。なお、記載不備の拒絶理由の場合には、請求の範囲や発明の詳細な説明の記載を明確にする補正を行う。ただし、この場合も、出願当初の明細書又は図面にない新規事項の追加とならないよう、更に最後の拒絶理由通知に対する補正の場合には、上記補正の制限を超えないように注意することが必要である。

　また、最初の拒絶理由通知を受けた後は、審査の対象を技術的特徴の異なる別発明に補正することは制限される点にも注意する必要がある。

(3) 分割出願

　意見書・補正書の提出のほか、複数の請求項からなる発明であって、その一部の請求項にのみ拒絶理由があり、他の請求項は特許可能な場合、拒絶理由のある請求項を削除して早期特許化を図る。一方、拒絶理由のある請求項のみからなる出願を分割出願として別出願とするという対応も考えられる。この場合、出願日は、分割前の元の出願日となるため、拒絶理由のない請求項を早期に特許化できるとともに、拒絶理由のある請求項については分割出願で争うことができるというメリットがある。

(4) 拒絶理由を回避できない場合

　補正によっても拒絶理由を回避できないと考えた場合には、何も応答せずに放置するか、出願の取下げ又は出願の放棄をする。どうしても特許化の余地ない場合には、費用をかけないため、このような措置を講じたほうがよい場合もあるであろう。

テーマ2-26 拒絶理由通知を受けた場合の対応(商標編)

●拒絶理由通知とは

　拒絶理由通知とは、商標登録出願の審査において、特許庁審査官が拒絶理由を発見した場合に、商標登録出願人に対してなされる通知である。

　拒絶理由には種々のものがあるが、商標の自他商品（役務）識別力なし、同一又は類似の先行商標の存在、指定商品（役務）の内容等が不明確として通知される場合が多い。

　商標の自他商品（役務）識別力なしとは、出願に係る商標が、商標を使用する商品（役務）について一般的に使用される名称である場合や、商品の品質（役務の質）等を普通に用いられる方法で表示するもののような場合である。このような商標は、自他商品（役務）を識別するための標識として機能しないと考えられることから、商標登録を受けることができないとされている。

　同一又は類似の先行商標の存在とは、出願に係る商標が既に出願又は登録されている他人の先行商標と同一又は類似するものであって、かつ、その指定商品（役務）が同一又は類似するもののような場合である。このような商標の使用を認めると、他人の先行商標が使用される商品との関係において、出所の混同が生ずるおそれがあると考えられるため、これを防止する観点から、商標登録を受けることができないとされている。この拒絶理由通知には、拒絶の根拠となる先行商標の出願番号又は登録番号等が列記されている。

　指定商品の内容が不明確とは、指定商品の表示方法が不明確なために、出願の審査対象、登録された場合の権利範囲を特定することができないという拒絶理由である。

　なお、商標法では、特許法と異なり、最初の拒絶理由通知、最後の拒絶理由通知といった区別はない。

●拒絶理由を受けた場合の対応

　出願人は、拒絶理由通知に対して反論することができる。反論は、意見書の提出によって行う。ただし、意見書の提出は、指定期間内に限られる。この指定期間は、通常、拒絶理由通知の発送日から40日である（延長可能）。40日目が土日祝日の場合、その翌日が提出期限となる。また、出願人は、出願に係る指定商品（役務）の内容を補正することによって拒絶理由を解消することもできる。出願に係る指定商品（役務）の補正は、特許法と異なり、前記意見書の提出の指定期間経過後であっても行うことができるが、一旦、拒絶査定がされ

てしまうと拒絶査定不服審判を請求しない限り補正手続を行うことができないので、手遅れにならないよう前記指定期間内に手続補正書を提出することが望ましい。

(1) 拒絶理由の検討

商標の自他商品（役務）識別力なしが理由とされている場合は、出願に係る商標を構成する文字等が品質等を表示するものとして一般的に用いられているものなのか等を検討する。また、本来的には商標の自他商品（役務）識別力を有しないものであっても、使用された結果、自他商品（役務）識別力を有するに至っている（使用による識別性；商3条2項）とはいえないかを検討する。ただし、使用による識別性が認められるためには、長期間の使用、広告宣伝活動等によりその商標がいわゆる周知・著名になっていることが必要である。

同一又は類似の先行商標の存在を拒絶理由とする場合は、その根拠となる先行商標の内容を商標公報、商標登録原簿等により確認し、そして、出願に係る商標は有効に存続しているか、出願に係る商標と引用された商標とが同一又は類似するか、出願に係る指定商品（役務）と引用商標に係る指定商品（役務）とが同一又は類似するかなどを検討する。

(2) 意見書・補正書の提出

通常、特許事務所側で拒絶理由の内容の検討を行い、拒絶理由の回避の可能性、考え得る対処方法について出願人に対してコメントすることが多い。出願人にとっては、意見書の提出のみで拒絶理由を回避できるのが最も望ましいと思われるが、意見書の提出のみによる場合は、拒絶理由の回避の可能性が余り高くないこともあるので、複数の対処方法から選択可能なときは、その見込み等についてもアドバイスを求めたほうがよいと思われる。

補正を行う場合、商標態様を補正することは原則として認められないが、指定商品（役務）を補正することは可能である。例えば出願に係る指定商品（役務）中の一部の指定商品（役務）のみについて拒絶理由があり、他の指定商品（役務）に拒絶理由がない場合は、拒絶理由のある指定商品（役務）を削除することによって拒絶理由を回避することができる。ただし、補正可能な範囲は、願書に記載された指定商品（役務）の範囲に限られ、指定商品（役務）の範囲を拡大することはできない。

また、既に指定商品（役務）の補正を行っている場合には、補正後の指定商品（役務）に限られる。拒絶理由を回避し得る補正案については、通常、特許事務所側から提示されるので、出願人側としては、商標の使用を希望する商品（役務）がその補正案に含まれているかを確認すべきである。出願人にとって、最低限必要な商品（役務）が補正後の指定商品（役務）に残存していなければ、拒絶理由は回避できても、権利範囲が限定され、結果として使い物にならない権利となってしまうからである。
　指定商品（役務）の内容が不明確との拒絶理由の場合には、指定商品（役務）の内容をより具体的な表示に訂正する補正を行ったり、商品の内容を示す資料（商品カタログ等）を添付したりして商品の内容を説明する意見書の提出を行う。

(3) 分割出願

　拒絶理由の内容によっては、分割出願を検討する。分割出願とは、商標登録出願に複数の指定商品（役務）が含まれる場合に、その一部の指定商品（役務）を抜き出して、別出願にするという対応である。商標登録出願に係る指定商品（役務）の一部のみについて拒絶理由があり、他の指定商品（役務）には拒絶理由がない場合、拒絶理由のある指定商品（役務）を削除することによって、その指定商品（役務）については早期権利化を図ることができ、一方、拒絶理由のある指定商品（役務）については分割出願で争うことができる。

(4) 不使用取消審判の請求等

　商標法では、登録商標が3年間継続して使用されていない場合、そのことを理由として、その商標登録の取消しを求める審判を請求することができる。したがって、同一又は類似する先行商標が引用されたとしても、その引用商標が現実に使用されていなければ、不使用取消審判により商標登録を取り消すことによって拒絶理由を回避することができる。この審判の請求に際しては、事前に商標の使用調査を行い、引用商標の使用の有無を確認するのが一般的である。
　また、引用商標が使用されていないような場合には、取消審判によるのではなく、引用商標に係る商標権の譲受けによっても、拒絶理由を解消することができる。

(5) 拒絶理由を回避できない場合

　前記方法等によっても、拒絶理由を回避することが困難であり、商標登録を断念せざるを得ないと判断した場合は、何も応答せずに放置する（出願の取下げ又は出願の放棄という方法もあるが、これらは余り行われていない。）。拒絶理由を回避する余地が全くないような場合には、無駄な費用をかけないよう、このような措置を講じたほうがよい場合もあるであろう。

●アドバイス

　拒絶理由通知書は、商標登録出願の手続を特許事務所に依頼している場合、その特許事務所経由で出願人へ送付されることになる。その際、特許事務所側では、拒絶理由の対処方法についてのコメントを添えるのが一般的と思われる。なお、先行商標の存在を理由とするものにあっては、通常、引用商標の商標公報等が添付される。

　拒絶理由通知書の送付を受けた場合は、前記の基礎知識を前提に、特許事務所側とよく話し合って対応を検討すべきであろう。

②-4　出願管理（権利化後）

テーマ2-27　特許査定の謄本の送付を受けた場合の留意点

●特許査定とは

「特許査定」とは、特許庁審査官が特許出願を審査し、拒絶理由を見つけることができなかったときにする処分である。言い換えると、「特許査定」は特許庁での実体的な審査が終わって、特許になることを意味する処分である。この「特許査定」が出れば、後は特許料を特許庁に納付することで、特許権を取得することができる。

一方、「特許査定」に対して「拒絶査定」という処分もある。これは、審査で拒絶理由が発見されたときになされる処分であり、特許は認められないことを意味するものである。

「特許査定」の謄本が特許事務所から送付されてきたら、発明の価値判断、自社製品との関係等を考慮した上で、特許料の納付の要否を判断することになる。以下に詳しく説明する。

●考慮すべき事項

（1）発明の価値判断

「特許査定」の謄本の送付を受けたら、まずその特許出願に係る発明の価値を判断する必要がある。ここで、発明の価値とは、その発明が技術的に優れているか、その発明を自社製品に使用しているか、また、同業他社も必ず使いたい発明であるか、といった観点で判断する。なぜこのような判断をするかというと、特許出願をしてから、特許権を取得するまでには最低1年程度、場合によっては数年かかる例も珍しくない。このため、特許査定が出たときには既に古い技術になってしまった、ということもあるからである。現在又は将来にわたって自社・他社ともに全く利用される可能性がない発明について特許権を取得しても何の役にも立たない。かえって、特許料を支払うだけ損になってしまう。このような理由から、発明の価値を判断することが必要になる。

（2）自社製品や他社製品との関係

既に発明に関係すると思われる製品を製造している場合には、その自社製品が発明の技術的範囲（以下、「権利範囲」という。）に属しているかどうかを判断する必要がある。

なぜなら、自社製品が権利範囲に属していなければ、特許権で保護されないからである。

具体的に説明すると、発明の権利範囲は、特許出願をしたときに提出した「特許請求の範囲」に文書として記載されている。一方、実際の製品というのは、具体的な物として存在している。このため、文書で概念として書かれた権利範囲と現実に存在する自社製品とが必ずしも一致しているとは限らないからである。また、特許出願をした後に、自社製品の設計変更をするような場合がある。このような場合も、自社製品が権利範囲から外れてしまう可能性がある。さらには、審査の過程で、似たような発明が発見されたときに、拒絶されるのを回避するために権利範囲を狭くするように「特許請求の範囲」の補正をしている場合もあるからである。

自社製品が発明の権利範囲に含まれていない場合には、他人による自社製品の模倣を抑止することができない。このため、発明の権利範囲と自社製品との関係は、しっかりと確認する必要がある。

ただし、特許権は特許出願をしてから20年間保持することができる権利である。特許料を納付し続けることで、このように長期間にわたって権利を保持できるので、長期的な視野に立ち、自社の製品計画との関係を考慮する必要がある。すなわち、現時点では直接発明が自社製品に反映される可能性がないとしても、将来的に発明が利用される可能性がある場合には、特許権を取得しておくメリットはある。

なお、特許査定の謄本送達日から30日以内であれば、分割出願が可能であるので、必要に応じて検討する。

また、自社製品に直接発明を利用しない場合でも発明の価値が高く、他社が実施しているような場合には、他社にライセンスをしたり、特許権自体を他社に売却したりすることもできる。

(3) 特許料の納付

特許庁により「特許査定」が出されても、特許印紙により特許料を支払わなければ実際には特許権は発生しない。納付期限までに特許料を納付しないと、特許出願が取下げになり、以後その発明について特許を取得することはできなくなる。特許料は出願人本人が自ら納付することができる。特許料の納付を特許事務所に依頼する場合には、手数料が必要になる。

テーマ2-28　特許権を共有している場合の制限

　特許権の共有とは、1つの特許権を2人以上で共同して所有することである。最近の産業技術の複雑化に伴い、複数の者が共同で発明を完成する場合が増えている。このような場合に共同発明者がそのまま特許権の共有者となり得る。また、発明者が自己の属する企業などに特許を受ける権利を譲渡した結果、複数の企業が特許権の共有者となる場合もある。さらには、特許権の設定登録後に特許権者が他の者に特許権の一部を譲渡した場合や特許権の共同相続の場合にも特許権が共有になる。

　特許権が共有に係る場合には、各共有者は1つの特許権の上に一定の割合の持分権を有する。各共有者の持分は契約で定めることができるが、契約で定めない場合には、持分は平等であると推定される。持分の割合は、特許料納付等の負担発生時の負担割合、実施権設定時の実施料等の利益発生時の利益分配に影響する。

　特許権の共有については、特許権も一種の財産権であるため、民法の所有権の共有についての規定が準用される。

　しかし、特許権の共有の場合には、特許権の客体が技術思想という形のないものを対象としているため事実上の占有が不可能であり、共有者の1人が特許発明を実施している場合に他の共有者も特許発明を実施できる、という特殊性がある。そのため、民法の所有権の共有をそのまま適用するのが妥当でない場合もあり、特許法では多くの制限規定を設けている。したがって、特許権の共有者は、以下の制限規定に十分留意する必要がある。

●特許発明の実施の自由

　「特許権が共有に係るときは、各共有者は、契約で別段の定をした場合を除き、他の共有者の同意を得ないでその特許発明の実施をすることができる」（特73条2項）

　特許権の共有者にとって、自己の実施が制限されるか否かは最も興味のある問題である。有体物の所有権の場合には、共有者は共有物の全部に対して持分に応じた使用ができるにすぎないが、特許権の場合には、共有者の1人の実施によって他の共有者の実施が制限されることがなく、持分に応じた実施ということが想定しにくい。

　また、特許権の共有者の資本力・技術力等は当初から他の共有者の知るところであるため、特許発明の全部を自由に実施できることとしても他の共有者に

予測できないような不利益が及ぶとは想定できない。そのため、特許発明の有効利用を意図して、特許権の共有者の特許発明の自由な実施が保証されている。

① 原則として、自己の持分の多少にかかわらず、特許発明の全部（全範囲・全期間・全地域）を自由に実施することができる。
② ただし、共有者間の契約により特許発明の自由な実施を制限することもできる。

　　例えば「共有者Aは特許発明の装置に使用される重要部品を製造し、装置自体は製造しない。共有者Bは部品を製造せず共有者Aから提供を受け、装置を製造販売する」等の契約を結ぶことができ、また、相談して契約内容の変更をすることもできる。特許権の共有者は、契約を結ぶに当たって契約内容を十分に吟味し、契約後には契約内容を遂行するよう十分注意する必要がある。共有者の１人が契約に違反して実施した場合には、他の共有者から契約不履行に基づく損害賠償が請求されることもあり得る。

③ 「利用発明」とは先願に係る他人の特許発明を実施しなければ実施することができない発明をいうが、利用発明の特許権者は、先願権利者の許諾を受け、あるいは特許庁長官の裁定によらなければ、利用発明を実施することができない。それでは、先願特許権が共有に係る場合の共有者の１人が単独で利用発明の特許権を得た場合に、その共有者は利用発明を実施するに当たって、先願権利者である他の共有者の同意を得る必要があるのであろうか。別段の定めがない限り、他の共有者の同意を得る必要はないと考えられる。特許権の共有者は、他の共有者の同意を得ないで特許発明の全部を自由に実施することができるからである。

●持分譲渡、質権設定の制限

「特許権が共有に係るときは、各共有者は、他の共有者の同意を得なければ、その持分を譲渡し、又はその持分を目的として質権を設定することができない」（特73条1項）

　特許権も一種の財産権であるため、譲渡や質権の設定が可能である。有体物の所有権の共有者は共有物の全部に対して持分に応じた使用ができるため、共有者が代わっても自己の持分の価値はほとんど変わらないのに対し、特許発明の場合には、共有者の１人が特許発明を実施しても他の共有者の実施が制限されるというものではないため、新しく共有者となる者の資本力・技術力・実施規模等によっては、他の共有者の持分の価値が大きく影響を受けることが懸念される。

質権設定の場合には質権者が直ちに特許発明の実施をすることはできないものの、質権が実行されれば、やはり他の共有者の持分の価値が大きく影響を受ける。そこで、共有者の自由な変更が禁じられている。

① 持分の譲渡、質権の設定の際には、他の共有者の同意を得るようにする必要がある。同意を得ないで持分を譲渡した場合は、同意を得ない譲渡は無効であると考えられ、他の共有者により損害賠償が請求されることもあり得る。

② 相続その他の一般承継については、承継人が当初から明確であり、他の共有者に予測できないような不利益が及ぶとは想定できないため、他の共有者の同意を要しない。

●実施権設定の制限

「特許権が共有に係るときは、各共有者は、他の共有者の同意を得なければ、その特許権について専用実施権を設定し、又は他人に通常実施権を許諾することができない」(特73条3項)

特許権者自身の実施が困難であっても、専用実施権の設定や通常実施権の許諾により、財産権としての特許権を有効利用することができる。しかし、専用実施権を設定すれば、専用実施権を設定した共有者以外の他の共有者も特許発明を実施することができなくなる。また、通常実施権を許諾する場合にも、許諾を受けた者の資本力・技術力・実施規模等によって、他の共有者は大きな影響を受ける。そこで、他の共有者に予測できないような不利益が及ぶのを回避するため、他の共有者の同意を必要としたものである。

いわゆる「下請」企業による特許発明の実施の場合でも原則として他の共有者の同意を要するので注意する。

ただし、「下請」企業が権利者の一機関(手足)にすぎず、事実上権利者の実施と見ることができるような場合には、他の共有者の同意を要しないことがある。判決〈大判昭和13.12.22 昭13(オ)1145〉によると、① 権利者との間に工賃を払って製作せしめる契約の存在、② 製作について原料の購入、製品の販売、品質についての権利者の指揮監督、③ 製品を全部権利者に引渡し、他へ売り渡していないこと、が確認できるような場合には、一機関(手足)による実施とされる。

したがって、「下請」企業に仕事を依頼するに当たっては一機関の要件を満たしているかを十分に検討し、満たしていない場合には、やはり他の共有者の同意を得る必要がある。

●存続期間の延長登録出願における制限

「特許権が共有に係るときは、各共有者は、他の共有者と共同でなければ、特許権の存続期間の延長登録の出願をすることができない」(特67条の2第4項)

農薬取締法における登録、薬機法における承認が必要であったため、特許権の設定登録後に特許発明の実施が不可能であった期間があったときは、存続期間の延長登録の出願をすることができる。

しかし、他の共有者と共同で出願しなければならず、これに違反すると拒絶の理由とされ、延長登録の無効の理由とされるため、注意を要する。

●審判請求等の制限

(1) 審判請求の制限

① 特許権が共有の場合に訂正審判を請求する場合は、共同で請求しなければならない(特132条3項)。

② 特許権が共有の場合にその特許権について無効審判請求をする場合は、全員を相手方(正確には「被請求人」)として請求しなければならない。訂正審判及び無効審判の審決は権利内容の変更及び権利の処分に相当し、特許権を合一に確定する必要性が高いと考えられるからである。

(2) 審決等取消訴訟の制限

共有に係る特許権の審決に対する取消しの訴えは、共有者の全員が共同して提起することを要するのが原則である(ただし、権利を無効・取消しにする審決・決定に対しては、権利者の1人が単独で審決等取消訴訟を提起できるという趣旨の判例〈最判平成14.03.25 平13(行ヒ)154〉がある。)。

●侵害訴訟における制限

共有に係る特許権について侵害が発生した場合に、特許権の共有者は、持分権に基づき単独で侵害行為の差止請求訴訟を提起し得ると考えられる。また、特許権の共有者は単独で、自己の持分に応じた損害賠償の請求、又は不当利得返還の請求をなし得ると解されている。

③-1　事業管理（企画段階）

テーマ2-29　ウェブサイト上でのビジネスにおける留意点

● ウェブサイト上の知財リスク

　インターネット上に自社のウェブサイトを開設することは、ビジネスを行う上では自社の広報媒体にもなり、ビジネスの場にもなるという有用なものであるが、知財リスクが多数潜在していることに留意しなくてはならない。

　ウェブサイトはデジタルデータで作成されているために作成もコピーも容易である上、不特定多数の人がアクセス可能な媒体であるので、知的財産に関して思いもよらぬ損害を受けてしまう可能性があるからである。

　自社のウェブサイトに情報を掲載することや、ウェブサイト上で行うビジネスの仕組みなどが、他社の権利を知らず知らずのうちに侵害している場合もあれば、自社の権利が第三者から容易に侵害されてしまうという場合もある。

　例えばウェブサイト上のサービスにサービス名を付して使用するような場合には商標が関係してくるし、ウェブサイトを開設するために必要なドメイン名の使用が不正な使用にならないとも限らない。ウェブサイト上で行うビジネスの仕組みも、特許の対象となる場合もある。また、ウェブサイトに用いる画像や掲載する文章などは著作物であるし、画像、映像、音楽、ソフトウエアといったコンテンツの配信を行う場合には、商品が著作物であり、著作権については特に意識しておかなければならなくなる。

　しかしながら、インターネットに関する法律の適用については難しい問題が多く、ここでは、ウェブサイト上でビジネスを開始する際の知財リスクについて列挙するにとどめる。

● 他人の権利を侵害しないこと

　知財リスクを回避するためには、まず自社のウェブサイト上のビジネスが、他人の権利を侵害しないように留意しなくてはならない。

　端的にやってはいけないこと、それは他人の著作物の無断利用である。無断複製したコンテンツを掲載したりダウンロードさせたりすることは、著作物の無断利用の典型である。特にコンテンツのダウンロードについては、ダウンロード可能な状態としてサーバーにアップロードすれば、そのコンテンツをダウンロード、つまりデータが複写された実績がなくても「送信可能化権」という著作権を侵害することになる。

これに限らず、他人の著作物を模倣して作成したコンテンツも著作権侵害となる。著作物としては、画像や音楽などのいわゆるコンテンツだけではなく、Webグループウエアのユーザーインターフェースを対象として、著作権侵害が争われた例もある。

したがって、他社のウェブサイトが便利な構成になっているからといって、うかつにまねできないのである。

また、他のウェブサイトにリンクを張る場合については、原則的には著作権侵害にはならないが、一部、気を付けなくてはならないことがある。例えばリンク先のウェブサイトのコンテンツを自己のウェブサイトのコンテンツのように表示することが可能なフレーム機能を使用すると、リンク先のコンテンツについて氏名表示権や同一性保持権等を侵害するおそれがある。

バナーを無断で張ることも、バナー画像のコピーという著作権問題もあるのであるが、そのほかにも、他社の商標の無断使用に当たる場合もあるので注意が必要である。バナーによって、あたかも自社のウェブサイトがバナー先の企業と資本関係や提携など、何らかの関係があるように思わせることは、商標権の侵害や不正競争になる場合もあるからである。

このように、リンクやバナーによって他社の著名性を無断で利用する、いわゆるただ乗りでビジネスを有利に行おうとすることは、商標登録されているものであれば商標権侵害になり得るし、ウェブサイトを見た人が勘違いするような状態を作り出した場合には不正競争防止法の適用もあり得る。

さらに、ウェブサイト上でのビジネスの方法自体に特許が成立している場合もある（▶「テーマ2-10」を参照）。特許や商標は、登録されて権利として成立しているものについては、知っていたか否かにかかわらず権利侵害が成立するので、あらかじめ他社が有する権利について調査しておくことが望ましい。

ウェブサイトに表示した地図上に店舗の広告を表示させるものや、オークションに関するもの、電子商取引に関するものといった、ウェブサイト上のサービスに深く関わりのある特許が成立している。しかしながら、自社のサービスが特許の権利範囲に入るとは限らないので、関連があると思われる特許を発見した場合には、自社のビジネスにどのような影響があるかを弁理士などの専門家に相談すべきである。

そのほか、必ずしも知財リスクには当たらないが、個人情報の保護、セキュリティ、わいせつ画像といった扱いについても、他人の権利を侵害してしまう可能性があるということを念頭に置いておくほうがよい。これらの扱いに留意して、ウェブサイトで提供するサービスに関する規約を作成して公開しておく

ことが一般的に行われている。必要に応じて、規約に同意しなければサービスを提供できないようにしておくのもよい。

●自社の権利を守るためには

　知財リスクは、自社の権利についてみてみると、侵害されやすいという側面もあるので、自社の権利は守れるように対策を練っておきたい。

　まず、ウェブサイトで行うビジネスに用いる名称やマークについては、商標出願をしておくことが望ましい。ウェブサイト上のビジネスに適した指定役務も追加され、ますます知的財産の保護が強化されてきている。そして、商標の出願後はTMマークを、登録後はⓇマークを付しておくのが望ましい。また、ほかにも「製品名○○は株式会社△△の登録商標です」と表示することもあり、これらは慣用的に用いられている。法的には、「登録商標1234567」と表示しなければならないのであるが、表示の差異による影響はほとんどないと考えてよいと思われる。これは、自社の商標として使用していることを告知する効果を有する（▶「テーマ2-11」を参照）。

　また、ウェブサイト上で行うビジネスの方法について新規に考えたものであれば、特許になる可能性もあるので、特許出願も検討するとよい。その際には、くれぐれもウェブサイトをサーバーにアップする前に特許出願を完了しておくことが重要である。誰もがアクセスできる状態にすれば、新規性を失ってしまうからである。なお、新規性など、特許の要件については、▶「テーマ1-2/2-12」を参照されたい。

　ところで、商標と特許には出願制度があり、登録になった場合には権利の内容が公開されるのであるが、著作権については、このような出願制度がない。先にも説明したように、ウェブサイトは著作物の集まりであるので、これらの著作権を侵害されないために、ⓒマークや、「著作権は当社に帰属します」といった著作権表示をしているウェブサイトが多い。著作権表示は「ⓒ、第一発行年、権利者名」とするのが一般的である。

　著作権表示の有無にかかわらず、オリジナルを見てコピーした、あるいはそっくりまねしたものは、著作権侵害になるのであるが、著作権表示はそのような行為を行うことを抑止する効果が期待できる。

　商標や特許の出願や著作権表示といった対策は、飽くまでも第三者に対して自社のウェブサイトに関する知的財産権を侵害しないよう注意喚起するものであって、実際に第三者による権利侵害を発見した場合には、権利主張を行わなくてはならない。

●インターネットのボーダーレス性

　ところで、インターネットのもう一つの特徴として、国境がないということがある。日本で作成したウェブサイトは、世界各地から閲覧することが可能である。この特徴も、知的財産権を考える際に厄介な問題をはらんでいる。

　知的財産の保護については、様々な条約で国際的な調和が図られているが、飽くまでも各国でそれぞれ独立した法制度を有している。したがって、ウェブサイトに関係してくる様々な法律も、各国でそれぞれ適用されるのである。

　つまり、他人の権利を侵害してしまう可能性や、他人から権利侵害されてしまう可能性が、世界中で存在してしまうのである。実際に侵害であると思われる事実が発生すると、侵害はどこで起こったといえるのか、どこの国の法律が適用されるのか、といった難しい問題が発生してくる。

　模倣が容易で営業者の実態をつかみにくく、ボーダーレスなインターネット上のビジネスは、知的財産権の観点からは、なかなか大変なビジネスだといえそうである。

　このように、ウェブサイト上には知財リスクがたくさんあり、少しでもトラブルを回避するために留意しておくべき点を列挙したが、実際にビジネスを開始する前には、自社のビジネスについて重大な問題がないかどうか、専門家に相談しておくことが望ましい。

テーマ2-30　他社の知的財産権の侵害を防ぐための調査

●他社の知的財産権を侵害するとどうなるか

　他社の知的財産権の侵害のリスクヘッジとして、他社の特許や商標などを調査することは、特許に関して適切な管理を行っている企業の知的財産部にとってみれば通常業務の一部である。

　それは、他社の特許や商標などの知的財産権を侵害してしまうと、後になって多額の損害賠償を請求されることになってしまう可能性があるからである。また、権利者に対価を払って使用できればよいが、許諾が得られなければその事業から撤退することにもなりかねない。

●侵害しないための調査とは

　自社の実施予定の事業内容について他社の知的財産権が存在していないかを調査する。調査方法自体は、その企画製品などの正確な特徴をキーワードとして検索式を作成し、対象特許を絞り込んでいく方法で、基本的な方法であれば▶「テーマ1-21」を参照いただくか、更に高度な調査を行うなら専門書を参照されたい。

　しかし、自社で特許調査に関する書籍を参考にしながら行うことは十分可能であるが、それなりの労力・時間もかかるので状況によっては外部の弁理士や専門の調査会社に任せてできるだけ漏れのない調査をすることも必要となろう。

●調査時期

　調査を行う時期にも注意が必要である。理想として以下に示すような場面において行うことが望ましい。

　① 研究・開発計画策定時における調査

　　　この段階での調査は、開発段階での調査であり、研究方針の変更や他社との重複研究を回避するために必要な調査となる。

　② 完成後及び販売前段階における調査

　　　これは、製品を市場に出す前に行う調査である。研究・開発計画策定時での企画と実際に完成した製品では、完成までにかなりの時間がかかるのが一般的であり、その間に少しずつ仕様が変わっていることが多い。したがって、最終製品について改めて調査する必要がある。

③ 正式受注前における調査

その製品を正式受注する前に改めて行う調査である。つまり、製品出荷後に、侵害していたとなるとその顧客にも多大な迷惑がかかる一方、自社の信用を失ってしまうことになりかねない。また、発注先の要求仕様に応じた結果として侵害してしまう可能性もあるので、十分な注意を払う必要がある。

④ 技術提携などの事前調査

他社との技術提携などを行う前の調査である。自社に必要な技術を導入する際、その技術が提携先以外の他社の権利を侵害していることがないかを確認するために必要な調査である。

●調査の後には

他社特許調査の結果、関連する出願を見つけたら、その出願の現況を確認する。すなわち、その出願が既に特許として成立しているのか、単に出願公開されているだけなのかである。権利者が、侵害先に差止請求権や損害賠償請求権を行使するためには、基となる出願が特許として成立していることが必要条件であるため、その関連出願が特許成立しているか否かにより、その対策及び緊急度も大きく異なる。

まず、関連する出願が特許として成立しているのであれば、自社製品やサービスがその権利を抵触しているのか、早急に弁理士に判断（鑑定）を委ねるべきである。その弁理士の判断の結果「抵触している」ということであれば、至急回避方法を模索するなどの対策を検討する必要がある。

逆にその出願がまだ特許として成立していないのであれば、抵触していたとしてもすぐに差止請求権や損害賠償請求権を行使される心配はないが、特許として成立する可能性を含めて将来どの程度問題となり得る特許か、弁理士に判断してもらうとよいであろう。

これら一連の判断を行う上で注意していただきたいのは、その技術分野を得意としている弁理士に依頼する（専門技術分野が異なると正確な鑑定ができない可能性がある。）ことである。

また、判断が微妙なものは複数の弁理士の鑑定を別個に取ることが効果的である。抵触関係が明確になれば、次に対応策を検討する。その対応策については、▶「テーマ2−35」を参照されたい。

テーマ2-31　他社に新しい製品・サービスを提案する場合の留意点

●パテントファースト

　他社に新しい製品・サービスを提案する場合とは、例えば自社単独ではできない事業について必要な材料や販路を持っている他社へ提携や協業を提案しにいく場合や、ベンチャーキャピタルに出資を請うためのプレゼンテーションなどの場合が考えられる。

　ここで、パテントファーストとは、とにかく特許の出願を全てに先行させるという意味である。多くの特許に関する先進的企業において用いられているスローガンである。すなわち、ここでは、他社に提示する前に特許の出願を済ませておくべきである、ということを意味する。

　なぜ、このような必要があるかといえば、第一に特許というものは、出願前に「公然知られた」場合には新規性という要件を欠き、登録が認められなくなってしまうからである。「公然知られた」とは秘密保持義務を負わない人に知られたことを意味し、その時点で新規性を失うことになる。

　また、第二に特許出願をしていないとアイデアをその提案した企業に取られてしまう可能性があるからである。

　特にスタートアップ企業が大企業に提案しにいく場合、この点に留意が必要である。大企業であるから安心と思って特許出願することなく、提案してしまうスタートアップが後を絶たないが、「大企業に提案したらアイデアを取られた」という話は何度となく聞く話であるので注意すべきである。つまり、パテントファーストを心掛け、必要な特許出願等を済ませてから他社に提示すべきである。なお、新規性の判断は、出願時を基準になされるので、出願後に出願内容を公開しても新規性を喪失したことにはならない。

●秘密保持契約書の提示

　新しい製品やサービスに関して必要な出願が済んでいない場合でも提案しなければならないケースも考えられる。このような場合には、秘密保持の契約書を2通用意し、自社の分の捺印は2通とも済ませ、提案する場に持参すべきである。

　ただ、いきなりその場で秘密保持の契約書を出しても締結してくれるとは限らないので、事前にその旨を伝え、あらかじめ先方の責任者の捺印がもらえる体制にしておくとよい。

初めて会うようなケースでいきなり秘密保持の契約書を提示することが相手方に失礼と考えて、このような契約書を準備することを躊躇される方も多いのであるが、可能な限り締結を求めるべきである。

なお、この秘密保持契約書は、先に述べた特許出願をしている場合でも、できれば組み合わせて締結したほうがよい。なぜなら、提案した技術等に関して更なる改良発明があり得る場合、すなわち、国内優先権主張出願を予定している場合に不利益となる可能性があるからである。具体的には、先の出願でAを出願していて後に改良のA'を出願する場合に国内優先権主張を行うとAについて先の出願時で新規性を判断してくれる。しかし、出願後であってもAについて秘密保持義務のない者に提示してしまうと、A自体はその時点で公開された技術となり、A'はAと比較して進歩性のない発明であるという理由で拒絶される可能性が出てくるからである。

また、出願公開されるまで（出願から1年6月）は少なくとも自社が自発的に開示しない限り、秘密が保たれた状態となっているので、その意味でも秘密保持契約を締結する意味がある。

テーマ2-32　他人の著作物を利用したい場合の対応

●他人の著作物を自由利用できる場合とできない場合とに分けて考える

　他人の著作物を利用しようとする場合には、まず次のことを確認する。

　第一に、我が国で保護を受ける著作物かどうか、すなわち、日本国民の著作物、最初に国内において発行された著作物、条約により我が国が保護の義務を負う著作物に該当するか否かである。第二に、著作権の保護期間内のものかどうかである（▶「テーマ1-11」を参照）。第三に、自由に利用できる場合に該当するか、すなわち、文化の発展という著作権制度の趣旨より、著作権者の権利が法律上制限されている種々の場合に該当するか否かである。かかる場合には、他人の著作物でも自由利用できることになる（もっとも、ビジネス的に利用する場合には法律上制限されている場合に該当するケースは考えにくい。）。

　一方、以上のことを調べて著作権者の了解を得る必要がある場合には、まず現在著作権を持っている者は誰かを確認する。通常は著作者であるが、著作権が譲渡されたり、著作者が死亡して相続されたりしている場合もあるからである。著作権者が分かれば、その者と著作物の利用について交渉をする。

　その方法としては、第一に、著作権者から著作物利用について許諾を受ける、第二に、出版権の設定を受ける、第三に、著作権を譲り受ける方法がある。いずれの方法を選ぶにしても、その後のトラブルを避けるために、契約は文書ですることが望ましい。なお、相当な努力を払っても著作権者が分からない等の場合には、文化庁長官の裁定を受け、所定の補償金を供託して著作物を利用することができる。

(1) キャラクターの場合－商品化権とは何か－

　商品化権は、そもそも契約において登場した権利であるが、次第に著作権法、不正競争防止法などに根拠を置くものであるとの位置付けが判例によって明らかになってきた。例えば人気漫画のキャラクターは、一般にテレビアニメーションの連続番組や、アニメ映画などで有名になった主人公などが基になっており、この「キャラクター」とは、「漫画の具体的表現から昇華した登場人物の人格ともいうべき抽象的概念」である〈最判平成09.07.17 平4(オ)1443〉。

　判例は、このような漫画キャラクター自体の著作物を否定しているが、キャラクターが漫画の著作物として著作権法の保護を受けることは認めている。前記最高裁判決で争われたポパイの絵の著作権侵害においては、キャ

ラクターについて、漫画の著作権を通じて、著作権法による保護があることを認めている。

このような人気アニメのキャラクターを利用した、縫いぐるみ、人形等の玩具、文房具、衣類等が製造販売され、1つの経済的市場が形成されている。そのような商品にキャラクターを利用することに係る一種の財産権な権利のことを「商品化権」と呼ぶ。

したがって、本ケースでは、著作権者から当該人気漫画のキャラクターについて、「商品化権」の許諾を得る必要があることになる。

(2) 音楽の場合

他人の音楽著作物を利用する場合には、一般社団法人日本音楽著作権協会（JASRAC）に申し込めば、日本の曲でも外国の曲でもほとんどのものの利用許諾を得ることができる。

もっとも、最近では著作権等管理事業法の制定により、音楽の著作物の管理であってもJASRACのみとは限らなくなっているので注意が必要である。

(3) 文章の場合

他人の文章などを引用する際にも、出所の明示が必要であること、引用する必然性があること、引用されていることが明確であること、引用部が十分短いこと、引用部が周りの文章に対して従の関係にあることを遵守しなければならない。また、報道、批評、研究その他の引用の目的上、正当な範囲内で行われるものでなければならない（著32条）。

表記方法としては、例えば引用部分を「」（鍵括弧）でくくるなど、本文と引用部分が明確に区別できるようにすることが必要である。また、引用に際しては、原文のまま取り込むことが必要であり、書き換えたり、削ったりする行為は同一性保持権を侵害する可能性がある点にも注意が必要である。

③-2 事業管理（設計・試作・改良段階）

テーマ2-33　コンピュータソフトウエアの開発委託・受託

●アウトソーシングする際の注意点

　例えば自社システムを構築しようとする場合、その開発をアウトソーシングする企業も多いことと思う。この際にも知的財産権の取扱いが問題となることがある。

　システム開発をアウトソーシングする際の主な注意点を以下に列挙する。

　ただし、本章では知的財産権の問題を中心に説明しているので、契約一般の話としてはこのほかにも重要な点が多くあることを御注意いただきたい。

①　知的財産権の帰属。ソフトウエアのアウトソーシングにおいては著作権又は特許権の発生の可能性がある。大雑把な説明であるが、表現としてのソースコードやプログラムは著作権法で保護され、アルゴリズム等の処理手順（アイデアの部分）は特許法で保護されることになる。

②　①に関係するが納入されたソフトウエアの利用（バックアップやバージョンアップ等）に問題はないか。

③　委任契約とするか、請負契約とするか。

④　秘密保持義務の有無と範囲

⑤　瑕疵担保責任の有無と期間。システムにバグがあった場合の保証。立場により異なるが、受託者側とすればなるべく短い期間を設定したい。

⑥　賠償限度額。通常は契約金額を上限とすることが多い。

⑦　下請の利用の可否。受託者側としては、更に下請を使う場合もあるであろう。受注内容と受託者の能力から下請が必要な場合には、考慮が必要である。

　①～③について以下で更に詳しく説明する。

●プログラムに関する権利とその帰属

　プログラム又はそのソースコードは表現であり、著作物である。そして、著作権は基本的に創作した者に著作権が帰属する。例えば個人プログラマーであれば、その個人が著作者となり権利を保有する。

　一方、企業で開発を行う場合は、企業の発意に基づき、従業員が職務上作成したプログラムであれば、企業名義で公表しなくとも企業が著作権を持つとされている（法人著作）。

また、プログラム自体は著作権により保護されるが、そのアイデアの部分、つまりアルゴリズム（処理手順）については特許権で保護される。法人著作が認められる著作権と違い特許権の場合は、移転を定めない限り、企業に権利が移転しない。また、予約取得を定める場合も職務発明の範囲に限られる（▶「テーマ1-17」を参照）。

●知的財産権の取扱いについて

　通常は契約の中で知的財産権の帰属について取決めをしておく。
　このような契約がなければ原則として受託者（開発者）が知的財産権を取得することとなるので、委託側とすれば、アウトソーシングの際には、知的財産権の帰属を定めておくことが大切である。
　もちろん、権利を持たなければ、委託者はプログラムの改変や販売を権利者（受託者）の承諾なしに勝手に行えないので注意が必要である。

(1) プログラムの著作権

　　委託者としては費用を負担する以上、自分に権利を帰属させたい。また、受託者もソフトウエアの開発を行う際には、自社のノウハウ的なものをつぎ込んで開発することとなるであろうから、その点を両者とも担保する必要がある。
　　このような際には例えば以下のような内容の契約を設けておく。
① 受託者（開発者）が従前から有していたプログラムの著作権及び業務遂行中に新たに作成したプログラムの著作権は受託者に留保すること
② 委託者はプログラムの著作物の複製物を複製・翻案することができること
③ 二次的著作物（原著作物をベースに新たな創作行為を加えて作成された著作物をいい、コンピュータプログラムにおいてはバージョンアップ等がこれに当たる）の利用に関する原著作者の権利を委託者に譲渡すること

　　特に②、③は、著作権法によって明記することが要求されており、「全ての著作権を譲渡する」という包括的文言では足りないとされるので注意が要る。このように契約しておけば、受託者側は同様のプログラムを違う企業にも提供することができ、委託者側も後で必要に応じてプログラムのバックアップコピーやバージョンアップ等が自由にできるようになる。

また、システム開発の際に整備されるドキュメントについてもほぼ同様であるが、業務遂行中に共同で著作したドキュメントの著作権は共有とすることが多い。
　一方、システムの開発においては、複数の業者が分担して作業を請け負う場合もある。この場合は、共同してプログラムの著作権を有することとなり（共同著作物）、持分の譲渡や権利行使の際には著作者全員の同意が必要となるので注意が必要である。著作権を譲渡し、権利者を一社に定める等の対応を検討する。
　ただし、以上のように著作権の帰属については定めたとしても著作者人格権は、一身専属的であるため、譲渡することができず、著作者たる個人又は法人が持つ。このような場合、著作者人格権（同一性保持権等）については、行使しない旨の特約を結ぶ等の対応が必要となるが、その契約の有効性については議論があるところである。

(2) ソフトウエア関連発明

　特許権についても著作権の帰属とほぼ同様の考え方で、原則としていずれか一方のみによって発明が行われた場合は、当該発明を行った当事者に帰属し、共同で行われた場合には共有とする。
　また、受託者が以前より持っていた特許権等をシステムに利用する際には、委託者が自己利用するために必要な範囲で、当該特許権等を実施又は利用することができるよう定めておく。
　ただし、ソフトウエア関連発明の出願に当たっては、プログラムの完成までは必要とされない。当業者から見て実現ができる程度に内容が固まっていれば出願は可能であるので、委託者が委託前に事前に特許出願しておくべきである。
　いずれにせよ、知的財産権の帰属について事前に契約の中で取り決めておくことが必要である。

●契約方式

　知的財産から離れ、契約一般の話となるが、システムのアウトソーシングの際には「委託」という言葉が用いられることが多い。
　ただし、これは法律用語ではなく、民法上は、「委任」か「請負」という契約に相当する。委託契約となっている場合は、契約内容において委任か請負かを判断する。

委任と請負の違いは、以下のとおりである。
① 委任＝システムを開発するために労力等の提供の対価として、開発費等を受ける。
② 請負＝システムの完成の対価として、開発費等を受ける。プログラムを完成して納品して初めて対価を受けることができる。

以上より、請負は完成しない限り対価を受け取ることができず、委任に比して開発側の負担が大きいことが分かる。

立場により、異なる結論となるが、受託（開発）側としては、未完成であってもそれまでの対価について受け取ることができるよう、なるべく委任契約の内容とすべきである。実際は、開発の内容（システムの大小等）により、委任契約と請負契約を使い分けている。

テーマ2-34 商品のデザインについて権利を取得したい場合の留意点（意匠）

商品のデザインについて権利を取得したい場合、意匠権の取得がまず考えられる。意匠権を取得するためには、所定の事項を記載した願書等を作成し、特許庁へ出願する必要があるが、出願前に留意すべき点を以下に説明する。

なお、意匠法全般に関しては▶「テーマ1-6」を、意匠登録出願手続の詳細に関しては▶「テーマ1-7」を参照されたい。

●創作者

まず、そのデザインの創作者が誰であるかを特定する必要がある。意匠登録出願をすることができる権利（意匠登録を受ける権利）は、原始的にその意匠の創作者に帰属するからである。創作者たり得るのは自然人のみで、法人等は認められない。

●出願人

意匠登録出願の出願人が、その意匠の創作者と同じであれば問題ないが、異なる場合、例えばその創作者の勤務する企業名等で出願する場合、創作者からその意匠についての意匠登録を受ける権利の譲渡を受ける必要がある。

●出願の種類

次に、意匠登録出願する際、どのように権利化を図るかを検討すべきである。意匠法は、その保護対象である意匠、すなわち物品の形状等についての創作である点に鑑みて、特許法と異なり特有の制度が設けられている。これをうまく活用すべく、その商品のデザインの特質に合わせて、どの制度を利用できるかを検討すべきであろう。

(1) 一物品、物品の部分、組物

まず、その商品のデザインの特徴たる創作部分がどの点にあるか、第三者に模倣されたくないのはどの部分かを検討する。

① その特徴が商品のデザイン全体として特徴を有する創作にあると考えられる場合は、その商品を一物品として出願可能であれば、その商品全体として出願すべきである。

② その特徴が商品のデザインの一部の創作にあると考えられる場合は、

その一部分について物品の部分に係る意匠の出願とすべきである。
③ また、その商品が同時に使用される2つ以上の物品等であって経済産業省令で定めるもの（以下、「組物」という。）を構成する物品等に係る意匠であって、組物全体として統一があるときは組物の意匠としても出願を検討すべきである。

(2) 関連意匠

その商品のデザインについて、同時に複数の類似するデザインが創作されているような場合、それら一連の複数の意匠に関して、関連意匠の出願を検討すべきである。

(3) 秘密意匠

その商品の実際の販売がまだ先であり、その内容を秘密にしておきたいような場合は、秘密意匠制度を利用して、その出願内容を秘密にしておくことが可能である。

●その他の留意点

既に創作者又はその創作者から先に述べた意匠登録を受ける権利を譲り受けた者が、既にその商品を販売等している場合は、その行為から1年以内であれば、新規性喪失の例外規定の適用が受けられる。

また、その商品を外国へ輸出、あるいは外国で生産し、輸入することを検討している場合には、そのことを考慮して日本特許庁への出願後に、更に外国への出願も検討すべきである。ただし、我が国への出願を利用して有利に取り扱われる期間（パリ条約の優先権制度）は特許と異なり6月であるので注意を要する。

●アドバイス

他人が自己の商品の形態をデッドコピーしている場合には、意匠権を取得していなくとも不正競争防止法による保護を受けることができる場合がある。

特許出願するつもりのものでも、保護の側面は異なるもののデザインとして意匠法による保護を受けられる可能性がある（例えばタイヤの凹凸がタイヤの磨耗を減少させる点で特許出願の対象となるものを凹凸の美感、すなわち意匠としても捉えることができる場合である。）。

③-3　事業管理（事業段階）

テーマ2-35　自社の実施技術に近い技術について同業他社が出願している場合の対応

●同業他社の出願及び特許の調査について

　同業他社が出願をしているか否かという事実を正確に調査することは実は容易ではない。これは、特許出願は出願をした後一定期間（原則として1年6月）は特許庁により公開されないので、少なくとも同業他社が出願をしていると聞いた日時から一定期間は、調査をし続けなくてはならないからである。

　なお、同業他社の出願が既に出願公開されていれば、出願公開公報により同業他社が出願した技術の内容を調べることができ、自社の実施技術に近いものがあるか否かを判断することができる。他方、同業他社が特許権を取得しているか否かは、特許公報を調べることで容易に調査することができる。特許権が付与されると特許庁は必ず特許公報を発行するからである。

　したがって、出願を調査する場合と同様にJ-PlatPatなどを使用して同業他社の特許権が付与された技術内容を調べることができ、自社の技術に近いものがあるか否かを判断することができる。

　なお、自社内で同業他社の技術を調査する場合は、J-PlatPatの利用をお勧めする。ここでは、公開された出願や特許公報が発行された特許を無料で調査することができる。実際の調査の方法については、▶「テーマ1-21」を参照されたい。

●同業他社の技術が自社の実施技術に近いものか否かについて

　同業他社の出願した技術又は特許を取得した技術が、自社の実施技術に近いものか否かについての判断は、同業他社の技術が特許請求の範囲に記載された発明と、自社の実施技術に用いられる発明を対比する。

　しかし、この判断は非常に難しく、経験が必要であるために専門的な知識を有する弁理士に相談すべきであると思われる。

　同業他社の技術（発明）の技術的範囲に自社の実施技術が属する場合は、更に対処方法を検討する必要がある。一方、同業他社の技術（発明）の技術的範囲に自社の実施技術が属さない場合は、実施を継続しても特に問題はない。

　ただし、補正により特許請求の範囲の記載が変わることがあるので注意が必要である。

●同業他社の出願又は特許の出願日と自社の実施技術の実施日との前後について

　同業他社の特許発明の技術的範囲に自社の実施技術が属する場合は、同業他社が出願した技術又は特許を取得した技術の出願日を確認する。具体的には、同業他社の技術が掲載されている出願公開公報、特許公報を調査することで、出願日を調べることができる。次に自社の実施技術をいつから実施しているのか（実施日）を確認する。

　例えば設計図等の図面や納品書等の伝票、現物等の発明を実施した（又はその準備をした）といえる程度の証拠となり得る文書を見つけてみることである。これは、出願日と実施日が前後することで、対処方法が変わるためである。

　自社の実施日が同業他社の出願の出願日よりも前で、かつ、その証明が容易にできるような場合は、基本的には実施を継続しても問題はない。この理由は、自社が同業他社の出願の出願日よりも先に実施している場合は、たとえ同業他社が特許権を取得していても自社は実施技術を自由に実施できる先使用権という権利が認められるためである。また、自社の技術が実施日から公知（公に知られていたこと）である場合は、同業他社の出願の拒絶理由又は特許権の無効理由となる。

　他方、自社の実施日が同業他社の出願日よりも後である場合は、自社が実施を継続することは、同業他社が将来的又は現実に取得している特許権の侵害となり、差止請求や損害賠償請求などが行われるおそれがあるため自社は実施を中止する必要が出てくる。対策としては、以下のような手段が考えられる。

　まず、その特許が出願中の段階であれば、特許庁に対して情報提供を行い、特許成立を阻止する。

　次に、特許になっている場合は、例えば以下のとおり幾つかの手段がある。
① 無効審判の請求により特許を無効とする。
② 実施している内容を技術的範囲に属さない形に変更する。
③ 自社の保有特許とその企業の特許でクロスライセンスする。
④ ライセンスを受ける、又は障害となっている特許そのものを買収する。

　いずれにせよ、弁理士とよく相談した上で検討いただきたい（▶「テーマ2－39」を参照）。ここで、自社がそのまま実施を継続したい場合は、同業他社の特許権を譲り受けるか、実施をする権利（専用実施権、通常実施権）を取得する必要がある。

第2部　実践編　知的財産管理

テーマ2-36　他社製品を販売目的で仕入れる際の留意点

　他社製品を販売目的で仕入れる際に注意すべきことはいろいろなことがあると考えられる。ここでは、特に知的財産権のうち、特許権等の産業財産権について、まず具体例を挙げてそのリスクを説明した上で、一般的にどのような点に留意すべきかについて述べる。

●具体例

　A社からB社が仕入れた製品が、X社の特許権を侵害するものである場合に、B社としてはどのような点に注意すべきか。

　仕入れた他社製品について、その仕入先（又は製造元等）が、その製品についての特許権や意匠権について、正当な権原を有する者（例えば権利者自身又は権利者からライセンスを受けている等）であれば、その製品についての特許権等の効力は既に用い尽くされたものと考えられ、その製品について更にライセンス等を受ける必要はない。

　具体例について説明すれば、B社が仕入れたA社の製品が、X社の特許権を侵害するものである場合、A社がX社からその特許権についてライセンス（通常実施権等）を受けていれば、B社はA社から仕入れた製品を、X社の特許権にかかわらず自由に販売等を行うことが可能である。

　しかし、たとえ他人から仕入れた他社製品であっても、その製品が他者の特許権や意匠権などの権利を侵害しているものである場合、その仕入れた製品を更に他人に販売等する行為は、基本的にその権利の侵害とされる。

　具体例で言えば、A社がX社からその製品に係る特許権について何らライセンス（通常実施権等）等の正当権原を有しない場合、たとえB社はA社からその製品を仕入れただけで、そのような事情を知らなかったとしても、B社がその製品をC社に販売すれば、X社の特許権を侵害することとなる。

●一般的な注意点

　以上の問題点を踏まえて、このようなリスクを避けるために一般的にこのような場合にどのような点に注意すべきかを以下に述べる。

　まず、仕入れに際しては、その製品が他者の特許権、意匠権などを侵害するものでないことをその仕入先に確認する必要がある。そのような事実がある場合、仕入先に対してライセンスを権利者から得る等、正当権原を得るように指示すべきである。

それができない場合、直接権利者にライセンス等を求めるか、あるいはその製品の仕入れはやめるべきであろう。

さらに、このような問題を回避するために必要であれば、仕入先に他者の権利を侵害していないことを保証させ、仕入先との契約において、もしその製品の販売等が他者の権利を侵害するような事態になり、権利者から損害賠償請求訴訟等が提起された場合に、その賠償金と費用の補償を行うことを約束させる点を契約で明確にすることが適切であろう。このような特約を「特許保証」あるいは「保証・補償条項」などという場合がある。特許保証の内容は様々であるが、基本的には、買主が当該製品について他社から特許権の侵害訴訟を提起された場合にその対応に協力し、損害賠償金及び費用を仕入先（売主）が負担する。例外として、買主の仕様に従って侵害事実が発生した場合には負担しない、というものが多い。

また、弁理士などの専門家に、その製品に関して特許等の問題がないかの調査を依頼することも考えられる。

しかし、例えばコンピュータ機器のように複雑な製品は、このような調査は非常に困難であり、時間もかかることが予想されるので、現実的には前述の契約による保証をとることが最も効果的であると考えられる。

第2部　実践編　知的財産管理

テーマ2-37　真正品の並行輸入

　ここで説明する「真正品の並行輸入」とは、外国においてその国の特許又は商標の権利者（又は実施権者）が外国において適法に譲渡した特許製品、商標を付した商品等を、内国における権利者（又は実施権者）の許諾を得ることなく輸入することをいう。

　法律では、権原のない者が特許製品や商標権のある商標を付した商品を「輸入」する行為も権利の侵害行為であるとされている。そのため、並行輸入という行為は日本の特許権や商標権の侵害に当たるのではないか、という懸念が生ずる。並行輸入品が権利侵害に当たるか否かについては、特許権及び商標権に関してそれぞれ重要な判決が出されている（税関の取締りについては▶「テーマ3-29」を参照）。

　そこで、まず判決の内容を簡単に紹介し、並行輸入をする場合の注意点に触れたい。

●商標権に係る並行輸入

(1) 判決内容

　　商標権に係る並行輸入における重要判決は、「PARKER事件」〈大阪地判昭和45.02.27 昭43(ワ)7003〉に関する判決である。本件は著名万年筆のパーカーを輸入する並行輸入業者が、自己の輸入及び国内での販売に対し、日本における専用使用権者に対して差止請求権が存在しないことの確認を求めた事件である。

　　判決では、商標法が、商標が使用されて出所表示、品質保証、広告宣伝機能等の諸機能を発揮することにより、その商標に化体する業務上の信用を保護することによって健全な取引秩序を維持し、もって産業の発達及び需要者利益の保護を図ることを目的とする点に着目し、商標権が他の産業財産権と比べ極めて社会性・公益性の強い権利であるため、権利者が商標権侵害を理由に第三者の行為を差し止めるためには、その行為が形式的に無権利者の行為であることのほか、実質的にも違法な行為であることが必要であり、「PARKER事件」では、商標の有する出所表示機能及び品質・質保証機能が害されておらず、商標を保護することにより商標使用者の業務上の信用及び需要者の利益を保護するという商標法の目的にも沿うから、実質的に違法な行為がないとし、専用使用権者の差止請求権の不存在を確認した。

さらに、最判平成15.02.27 平14(受)1100では「商標権者以外の者が、我が国における商標権の指定商品と同一の商品につき、その登録商標と同一の商標を付したものを輸入する行為は、(1)当該商標が外国における商標権者又は当該商標権者から使用許諾を受けた者により適法に付されたものであり、(2)当該外国における商標権者と我が国の商標権者とが同一人であるか又は法律的若しくは経済的に同一人と同視し得るような関係があることにより、当該商標が我が国の登録商標と同一の出所を表示するものであって、(3)我が国の商標権者が直接的に又は間接的に当該商品の品質管理を行い得る立場にあることから、当該商品と我が国の商標権者が登録商標を付した商品とが当該登録商標の保証する品質において実質的に差異がないと評価される場合には、いわゆる真正商品の並行輸入として、商標権侵害としての実質的違法性を欠く」と判示された。

(2) 注意点

① まず、並行輸入時における日本の商標権の商標権者、専用使用権者、存続期間等を登録原簿等で確認するとよい。外国商標権者と我が国の商標権者が全く異なる場合には、権利侵害であるとされる。

② 外国商標権者と我が国の商標権者（専用使用権者）との関係が、同一企業体と同視されるような関係にあるか否かを確認する必要がある。例えば国内の商標権者が登録商標の広告宣伝等によって商標について独自の信用を形成している場合には、一体不可分な業務上の信用が存在せず、この商標と国外で付された商標とでは出所機能が異なると考えられるため、この場合の並行輸入は権利侵害となると考えられる。反対に日本における商標管理が悪く、商標が日本での出所表示機能を失っている場合には、権利侵害とされないこともあると考えられる。

③ 並行輸入商品と国内で販売されている商品との同一性を保つ必要がある。例えば「ゴルフクラブヘッド事件」〈東京地判平成10.12.25 平6(ワ)5563〉は並行輸入品を日本で加工・改変した事件であるが、この場合は、出所表示機能、品質・質保証機能を害するため、権利侵害となるとされている。

④ ブランド品の不正コピーなどが後を絶たない。輸入品が真正品ではなく偽造品であった場合には、並行輸入業者として通常要求される注意義務を尽くしていないとして損害賠償請求が認められている。輸入する場合には、真正品と比較するなどして十分注意する必要がある。

●特許権に係る並行輸入
(1) 判決内容
　　特許権に係る並行輸入に関する重要判決は、「BBS事件」〈最判平成09.07.01 平7(オ)1988〉である。ドイツの自動車ホイールメーカーであるBBS社がドイツと日本でホイールに関する同一発明について特許権を有しており、ドイツ国内で製造販売された製品の輸入業者と国内での販売業者に対し、BBS社が日本の特許権に基づいて差止め及び損害賠償を請求した事件である。

　　判決では、現代の国際取引社会では外国で販売した製品が国内に流通することが当然に予測されることを理由に、日本の特許権者又はこれと同視し得る者が国外で特許製品を譲渡した場合には、日本への並行輸入を禁止する旨を特許製品に明確に表示した場合を除いて、「特許権の制限を受けないで当該製品を支配する権利を黙示的に授与」したと考えられ、当該製品について日本で特許権を行使することは許されないと判示した。

(2) 注意点
① まず、並行輸入時における日本の特許権の特許権者、存続期間等を特許原簿等で確認するとよい。例えば特許権の設定登録当初は外国と日本の特許権者が同一であっても、その後に特許権が譲渡され、外国における特許製品の製造販売者と日本における特許権者が全く異なっていることもあり得る。このような場合、並行輸入品は権利侵害であるとされると思われる。また、存続期間の満了日が迫っている場合には、期間の満了を待つということも考えられる。
② 一方、並行輸入される製品が製造・販売された外国において特許権が存在するか否かは関係がない。
③ 外国における特許製品の製造販売が誰によってなされているのかを確認する必要がある。判決文によると、「特許権者が特許権の制限を受けないで当該製品を支配する権利を黙示的に授与」した場合に並行輸入品は権利侵害とされない。外国における特許製品の製造販売者が特許権者である場合、子会社又は関連会社である場合には疑義が生ずることはないが、どの範囲が「特許権者と同視し得る者」と考えられるかが気になるところである。今後の判例の積み重ねによるところも大きいが、「特許権者が製品について販売先や使用地域から我が国を除外することなく譲渡することを黙示的に受諾していたと判断できるか？」

という点に着目することになると思われる。

④ 譲渡の際に、特許権者又はこれと同視し得る者と譲受人との間で、特許製品の販売先ないし使用地域から我が国を除外する旨の合意が成立していることが製品に明確に表示されているか否かを、注意深く確認する必要がある。製品のデザインにより製品自体に表示することは不可能であっても、包装や取扱説明書等の添付書類に表示されていることもあり得る。譲渡当初は「明確な表示」がなされていても流通過程で抹消された場合には、抹消の経緯等も考慮して判断されると思われる。

⑤ なお、実用新案権及び意匠権に係る並行輸入についても、特許権の場合と基本的には同様の考え方によるものと思料される。

（2）紛争管理

テーマ2-38　他社の特許権を侵害している場合の対応

●特許権の侵害とは

特許権は、財産権の一種であり、特許権者は、自己の特許発明を独占排他的に実施することができる（特 68 条）。また、特許権の侵害とは、他人の特許発明を権原なく業として実施すること、及び間接侵害（特 101 条 1 項各号）に該当する行為をすることである。

●侵害か否かの判断の方法

基本的な侵害判断の手法について、注意事項を含めて説明する。

（1）侵害か否か（権利範囲）は、「特許請求の範囲」によって定まる

特許発明の技術的範囲は、願書に添付した特許請求の範囲の記載に基づいて定めなければならない（特 70 条 1 項）。したがって、「発明の名称」自体が、権利範囲となるわけではなく、また、「発明の詳細な説明」にのみ書かれている内容も権利範囲には入らない（特 70 条 1 項～3 項）。

（2）特許請求の範囲の構成要素を全て具備すれば侵害

特許請求の範囲は、通常は構成要素の集合によってできている。特許権（甲社が保有）の成立している特許の特許請求の範囲に記載された構成要素を全て具備する技術を、権原なき第三者（乙社）が実施していれば特許権侵害であり、構成要件の全てを具備しなければ非侵害であるのが原則である。

例えば甲社の特許の特許請求の範囲が「A、B、C、Dを有する装置」と記載されていたとする。これら「A」「B」「C」「D」「装置」がそれぞれ構成要素である。注意すべきは、一部が重なっているだけでは侵害にならない点である。例えば乙社が、「A、B、Cを有する装置」を生産しており、Dという構成要素を含んでいない技術であったとすれば、侵害とはならない。

もっとも、乙社が「A、B、C、D、Eを有する装置」を生産していたとしたら、それは甲社の「A、B、C、Dを有する装置」にEという構成要素を付加して実施している場合であり、特許請求の範囲の構成要素（A、B、C及びD）を全て具備している以上は侵害となる。

以上は、簡単な侵害判断の例であるが、実際には、特許請求の範囲の構成要素は、権利範囲を広くするために抽象的表現で書かれていることが多い。例えば「A」が「弾性体」であれば、原則としてバネやゴムを含むので、乙社が実施している内容がバネやゴムであればAに含まれると考えてよい。他方、「A」が「ゴム」であれば、乙社が実施している内容がバネである限り、原則として権利侵害とはならない（均等論という考え方があるがここでは説明を省略する。）。

以上のように権利侵害を判断するのが基本であるが、それ以外に権利範囲を狭く判断したり、逆に広く判断したりする様々な理論や過去の判例が存在するので、それらについてはそれらに習熟している外部の弁理士等の判断を求めるべきである。

●事前調査
(1) 特許が有効に存在しているか否かの確認

まず自社の社員などが自社製品に関係しそうな他社特許を発見した場合は、特許番号、公開番号などから特許公報全文をJ-PlatPat等を利用して入手する必要がある。

また、特許庁の登録原簿から現在の特許権者や特許料の支払状況、審査経過、補正・訂正の有無、審判の有無などを確認しておく。特許料未納で既に特許権が消滅している場合には、もはや法律上の権原はないため基本的に気にする必要はなくなる（ただし、納入期限経過後6月間は追納が可能なので、確実に消滅するのはこの期間経過後である。また、消滅前の過去の侵害分については別論である）。

一方、補正・訂正がある場合は、補正・訂正後の最新の請求項が特許権の範囲を確定することとなる点に注意しておく（特128条等）。

他社の特許出願が公開されたのみでまだ権利化されていない場合には、その特許出願の将来特許になる可能性などを判断することが必要となる。特許出願が公開されたのみでは、その特許出願を保有する他社から直ちに権利行使されることはないが、将来有効な特許権が成立した場合には、権利行使されるおそれがあるからである。

(2) 関連自社製品の確認

特許公報の特許請求の範囲の記載と関連する自社製品を特定する。関連する自社製品は1種類の場合もあるが、多種類に及ぶ場合もあり得る。

その製品がOEM製品等の製造委託した製品である場合は、OEM元企業や製造の委託先企業との委託契約書の特許保証の条項を確認する必要がある。もしOEM製品や製造委託した製品で委託先企業に特許権の保証責任がある場合は、その製造などを委託した先の企業に速やかに連絡し、対応の検討を依頼することが必要となる。

また、検討の結果、関連製品が自社で設計・製造している製品であると判明した場合は、過去の出荷台数、販売額や将来の出荷予想台数や販売プランなども調査しておく必要がある。

(3) 正当な権原の確認

当該特許を保有する他社と自社との間に有効な特許ライセンス契約がないかを確認することも必要である。他社と有効なライセンス契約により自社（又は委託先）に通常実施権又は専用実施権があれば、他社特許を侵害していても問題とはならないからである。

なお、仮に製品・サービスが特許請求の範囲に記載されている構成要件の全てを備えていても、侵害とならない場合もある。特許出願の前から、問題とされている製品も既に製造・販売し、あるいはサービスが提供し、又はその準備をしていた場合は、「先使用権」という権利が認められ、特許権の成立後も無償で製品・サービスの製造・提供等を継続できる。

(4) 技術的範囲に属するか否かの確認

もし前述の調査で特許権が有効であり、かつ、自社に正当な権原がないと分かった場合には、対象自社製品が当該特許権の技術的範囲に属するか否かの詳細な判断が必要となる。自社製品が他社の特許権の技術的範囲に属しなければ侵害を構成しないからである。

(5) 特許の先行技術調査

他社特許が有効に存続し、かつ、自社製品が侵害している可能性が高いと判断された場合には、当該他社特許に対する先行技術調査の必要が出てくる。もし自社の先行技術調査で、当該特許の出願日以前の類似の先行技術が発見できれば、当該特許について無効審判や侵害訴訟等において特許の無効を主張できる可能性がある（特許調査については▶「テーマ1－21」を参照）。

●自社の対応
(1) 他社特許を侵害しており、有効な先行技術もないと判断された場合

もし上記事前準備において、自社製品が他社特許を侵害しており、有効な先行技術も発見できず、かつ、自社に権原もないと判断された場合には、以下のような対応が考えられる。

① 今後も当該自社製品を販売する場合

今後も当該自社製品を長期的に販売していく場合には、当該他社とライセンス交渉を行い、特許ライセンスを正式に得ることを検討すべきである。また、自分からライセンス許諾を申し入れた場合には、警告状を受けてからライセンス許諾を受ける場合よりも、ロイヤルティ（実施料）が低額になる可能性もある。

② 今後は当該自社製品を販売しない、又は設計変更可能な場合

当該自社製品をいまだ販売していない場合で、設計変更により他社特許の侵害を回避できる場合には、設計変更も有効な手段である。しかし、設計変更に伴うコストとライセンス許諾を受けた場合に予想されるロイヤルティを比較することは重要である。設計変更に莫大なコストがかかる場合には、設計変更するよりもライセンス許諾を受けたほうが得策の場合もあり得るからである。

(2) 他社特許を侵害しているが、有効な先行技術があると判断された場合

もし先行技術調査で他社特許を無効にできるような有効な先行技術が発見された場合は、当該他社から警告状などを受け取った場合には、当該先行技術で対応するということも考えられる。

しかし、その先行技術により、他社特許を無効にできるかどうかは必ずしも確実ではないので、弁理士等の専門家の判断を求める等の慎重な対応が求められる。

テーマ2-39　特許権侵害であると警告を受けた場合の対応

●特許権の内容の確認

　まずは、警告を受けた特許の登録原簿を確認する必要がある。登録原簿には、特許番号、特許料納付の状況、権利者、専用実施権の設定等が記載されており、この記載から現在の権利の状況を把握することができる。登録原簿は、特許庁から入手することができる。

　もし登録原簿の記載から特許権が既に消滅していたり、警告者が特許権者や専用実施権の設定を受けていないことが判明したりした場合は、警告者はそもそも特許権を行使できる立場にないから、その旨を回答すれば足りる。登録原簿上は権利者として記載されていない者から警告を受けた場合は、相手方に対して特許権者とどのような権利関係にあるのか説明を求める必要がある。

●登録前の特許出願に基づく警告の場合

　特許権に基づいて製造・販売の差止めや損害賠償などを請求できるのは特許が成立してからである。しかし、出願公開（原則として出願から1年6月後）から特許成立までの間は、出願中の発明の内容を記載した書面を提示して警告をすることで、その発明を実施している者に対して、特許権取得後にロイヤルティ相当額の金銭（これを「補償金」という。）の支払を請求することができる（この権利を「補償金請求権」という。）。警告を受けた特許がまだ出願中であった場合は、この補償金請求権の要件を満たすことを目的としていると考えてよいであろう。

●警告の請求内容の確認

　次に、相手方が何を求めているのかを検討する。

　特許が機械や化学物質など「物の発明」の場合は、特許権者は、製品名等を特定してその製造・販売等の中止を請求してくるかもしれないし、製造・販売等は容認するものの、ロイヤルティ料の支払を求めることもできる。

　警告書の中に何を求めているかが明記されている場合も多いが、単に「……の製品は、当社の特許〇〇〇を侵害していると思われるので、話合いをしたい」といった抽象的な内容にとどまっている場合も多い。このような場合には、相手方の出方をいろいろ状況から推測するしかない。相手方が要求している内容によって、こちらのビジネスの受ける影響も大きく異なる。

ロイヤルティ料の支払を求められているだけの場合は、コストアップ要因にはなっても、製品の製造・販売やサービスの提供自体は継続できる。しかし、特許権者の狙いが製品の製造・販売やサービスの提供の停止にある場合には、最悪の場合、その製品・サービスの提供を中止せざるを得なくなるため、少なからぬ影響が生ずる。

特許権者が何をどこまで意図しているのかを見極めることは、こちら側の交渉方針を立案する上で重要なポイントになる。

●侵害の成否の検討

次に、特許の明細書等の書類を見て、警告を受けた製品なりサービスが本当にその特許を侵害しているか否かを検討する。これが最も重要で、かつ難しい作業となる。この点についての基本的考え方は▶「テーマ2-35」を参照されたい。

書類の中で最も重要なのは、特許請求の範囲の記載である。基本的には、製品・サービス等がここに記載されている構成要件の全てを備えている場合は侵害していることになり、その一つでも欠けていれば非侵害になる。

●特許権者に対する対応

以上の検討の結果、特許を侵害していないと判断される場合や、特許を無効にすることが可能だと判断される場合は、特許権者の警告や要求を拒否し、必要に応じて無効審判を請求すればよい。また、特許の有効性を否定する（し得る）材料があれば、前述した無効審判を請求することなく、交渉過程でその材料を権利者に見せることで、権利者が権利行使を断念する、又は無償の実施権を得ることができる場合もあるので、そうした方策も検討すべきである。

しかし、特許権侵害を否定し難く、特許の有効性を否定できる見通しもない場合は、設計変更等により現在の製品・サービス等の特許権を侵害しないように変更することも一方策である。

もう一つの方策は、ライセンスの供与を特許権者に申し入れることである。独占的実施権とするのか非独占的実施権でよいのか、サブライセンスを可能とするか、ロイヤルティ料、契約期間、ライセンス対象地域（例えば国内だけでよいのか、中国等の外国も含める必要があるのか）等の各種の条件を交渉の中で詰めていき、最終的に契約書を作成することになる。

テーマ2-40 著作権侵害であると警告を受けた場合の対応

●著作権侵害とは

(1) 著作権侵害とその紛争の特色

　著作権侵害とは、著作権法によって認められている権利を、第三者が法的根拠なく侵害する行為である。例えば他社が著作権を有する写真や画像等を無断で自社のウェブサイトに利用・掲載する行為は、著作権侵害に当たることとなる。

　著作権の場合、自己が独自に創作した表現物であれば、それがたまたま既存の著作物に酷似していたとしても著作権侵害とはならない。すなわち、既存の著作物との同一性が認められたとしても、それに依拠していなければ侵害には当たらない。したがって、既存の著作物の存在を知らずに、その著作権を侵害するという事態は考えられない。この点は、特許権、商標権等において、第三者が権利の存在を知らずにこれを侵害する可能性があるのと異なっている。

　また、既存の原著作物と当該著作物との間の類似性・同一性が問題になるというよりも、原著作物の著作権者からの利用許諾の有無や範囲等が問題になるケースや、そもそも著作権法により保護される著作物に当たるか否かが問題になるケースも多い。以上が著作権侵害紛争の特色といえる。

(2) 著作権侵害の法的効果

　著作者、著作権者、著作隣接権者等は、著作権等を侵害する者又は侵害するおそれがある者に対し、差止請求、すなわち侵害の停止・予防を請求すること等が認められている。また、損害賠償や不当利得の返還を請求することも認められている。

●警告書への対応

　警告書は通常、内容証明郵便で回答期限を付して送付されてくる。このような記載がなされていても、これに対して回答を行う法的な義務があるわけではないが、警告書の内容に基づき、事実関係をしっかり調べることは重要である。その上で、警告書に対して反論・質問等の回答をし、場合によっては相手方と交渉を開始するという対応と、無視・黙殺するという対応があり得る。

　いずれの対応を採るべきかについては、一般論としては、無用な紛争の回避

と、訴訟に備えた証拠化といういずれの点からも、相手方に対して何らかの回答を返すことが通常と考えられる。その際には、次のような点に留意すべきである。

(1) 相手方の著作物等にアクセスしていない場合

相手方の著作物に依拠していなければ著作権侵害の問題とはならない。この場合、例えば依拠していないという点を相手方に理解させるべくその旨を回答していくとともに、自社における当該著作物の作成経緯等を確認する必要があると考えられる。

(2) 契約関係の不明確さ等が紛争の原因である場合

著作権侵害紛争の典型例の一つは、著作権者等からの利用許諾の有無や範囲について、両者の見解が一致しないことに起因するケースであり、書面による明確な合意がなかったり、合意書の記載が万全でなく、その解釈が問題となったりする事案である。

このような事案は、後に訴訟にまで発展した場合、双方が紛争以前の段階でどのような主張をしていたかという事情が結論に影響を与える可能性が相対的に高いと考えられる。

例えば重要な事実関係についての主張が訴訟以前で二転三転していれば、訴訟において裁判官が不利な心証を形成する可能性が高くなってしまうであろう。逆に訴訟以前から一貫した主張をしていれば、有利な判断を得られる可能性が高まると考えられる。

(3) 差出人は相手方本人（企業自体）か、代理人である弁護士か

相手方が、既に弁護士を代理人としている場合、当該警告書は、訴訟や仮処分等の法的手続に備えた証拠作りとしての側面を多分に有している。

したがって、反論をせずに警告書を無視した場合には、訴訟や仮処分という法的手続に持ち込まれる可能性が高いため、当方にこれらの法的手続に持ち込まれたくない事情がある場合には、回答をするとともに相手方との交渉を開始するのが望ましい。

テーマ2-41 侵害であるとして訴訟を提起された場合の対応

●訴訟とは

　特許権や著作権等の侵害訴訟において侵害を主張する者の主張内容は、基本的には、① 侵害の停止又は予防の請求、② 侵害行為を構成した物、侵害行為によって生じた物、専ら侵害行為に利用された機械等の廃棄など、侵害の停止・予防に必要な措置の請求、③ 損害賠償請求、④ 業務上の信用や名誉等を回復する措置の請求等である。

　このうち、①の差止請求権については、回復困難な損害が生ずる前に暫定的であっても迅速な判断を得る必要がある場合には、通常の訴訟手続ではなく、仮処分手続が選択されることも少なくない。

●通常訴訟手続の特徴

(1) 管轄

　原則として、特許権及びプログラムの著作物の訴訟については、東日本（名古屋高裁管内以東）においては東京地裁、西日本（大阪高裁管内以西）においては大阪地裁の管轄に専属し、控訴審は東京高裁（知的財産高等裁判所）の管轄に専属する。また、その他の著作権、商標権、意匠権、不正競争防止法に関する訴訟については、被告住所地等の通常の管轄に加え、東日本では東京地裁、西日本では大阪地裁の管轄も認められている。

(2) 審理体制、争点・証拠の整理

　知的財産関係訴訟は、東京地裁では、全件合議制（3人の裁判官による合議）で行われている模様である。

　訴訟においては、まず、原告・被告間で何が争点となっているかを整理することが必要となる。口頭弁論期日、弁論準備期日等と呼ばれる裁判期日において、原告・被告双方が、法律上・事実上の主張をぶつけ合い、証拠を提出していく。

　知的財産に関連する訴訟、特に特許権侵害に関する訴訟の場合には、訴訟手続に習熟した弁護士と当該技術分野の特許に詳しい弁理士とが共同で訴訟活動を行うのが一般的である。

　また、技術内容についての理解を深めるため、技術説明会が多用されている。

(3) 証拠調べ

整理された争点について、証拠調べ（立証）が行われる。知的財産関連訴訟においては、一般の民事訴訟に比べ、出願明細書（特許公報）をはじめ、出願の経緯を示す書類や先行技術・周辺技術等を立証するための特許公報や文献など、書証による立証が多くを占める。

特許権や著作権の侵害訴訟においては、侵害行為や損害額について、被侵害者である原告側が立証責任を負う（立証できなければ、不利な認定を受ける。）。しかし、特許権者や著作権者にとって、侵害者による侵害行為や損害額の立証には困難を伴うことが多く、従来、特に損害賠償については、その認容額が低額にとどまっていた。

そこで、特許法・著作権法は、近時、種々の改正によって被侵害者の立証負担を軽減している（特102条、著114条等）。

(4) 判決、訴訟上の和解

訴訟の原則的な終了形態は、判決である。控訴等の不服申立てがなされずに確定した判決には、既判力や執行力がある。既判力とは、当該当事者間ではその結論を争えなくなるという効力であり、執行力とは、その判決に基づいて強制執行を行うことができるという効力である。

判決によらず、双方当事者が互いに譲歩し、訴訟上の和解によって訴訟が終了することもある。この場合、裁判所により作成される和解調書は、上記の確定判決と同一の効力を有する。

●民事保全手続の利用

侵害の差止請求については、上記のような通常訴訟手続ではなく、それを前提とする仮処分手続が利用されることが少なくない。

仮処分手続は、通常訴訟手続を本案として、その存在を前提に行われる手続であり、通常は、裁判官が合議ではなく単独で（1人で）処理することになる。

差止めを求める仮処分は、いわゆる仮の地位を定める仮処分として、債権者（申立人）と債務者（被申立人）との双方審尋又は口頭弁論が原則として要求されている。

仮処分手続における立証は、原則は疎明であり、通常訴訟における証明よりも緩やかでよいものとされているが、知的財産権法関係については、債務者に与える影響の大きさに鑑みて、本案訴訟と同様の詳細な手続が行われている。

●弁護士への依頼と留意点

(1) 応訴の必要性

　　裁判所から送られてきた訴状、口頭弁論期日への呼出状、答弁書の提出催促状を無視して放置してしまうと、原告の請求内容を全て認めたものとみなされ、敗訴判決をもらうことになってしまう。したがって、被告となった企業は、直ちに適切な対応を採る必要がある。

(2) 専門家への依頼

　　訴訟を提起された場合の適切な対応としては、まず、訴訟代理人となる弁護士への依頼を検討すべきである。

　　弁護士等の専門家に依頼をして訴訟に対応する際に重要なのは、専門家に任せきりにせず、ともに戦うということである。訴訟で争点となる事実問題については、弁護士や弁理士よりも、企業の担当者のほうが専門家である。法律の専門家も、前提となる事実問題について十分かつ適切な情報を与えられなければ、正しい判断を下すことは困難である。訴訟の期日への準備への協力、期日への同行、期日後の分析等、あらゆる意味で十分な協力体制を確保することが重要である。

(3) 弁護士費用

　　弁護士に相談をし、あるいは、依頼をする際に必要な費用は、各弁護士又は法律事務所の定める報酬の基準に基づき、個別事情等を勘案しつつ、依頼者と弁護士との協議によって決定されるものである。報酬の算出方法としては、着手金・報酬金方式や、タイムチャージ方式（時間制）等があり得る。

(4) 相談する際の留意点

① あらゆる事情を包み隠さず相談すべきである。弁護士は、弁護士法上、守秘義務を負っている。適切なアドバイスを得るためには全ての情報を示す必要があるからである。

② 関連しそうな資料は全て提示する。重要か否かは、弁護士の法的な判断に委ねるべきである。箇条書でもよいので、時系列表のような資料を作っていく。これにより、相談を効率良く進めることが可能になるからである。

●侵害訴訟において相手方の特許権に無効理由がある場合の対応

このような場合の対応としては、以下の2つがある。

(1) 当該訴訟で無効理由が存在することを主張する

特許権侵害訴訟において、その特許が特許無効審判により無効にされるべきものと認められるときは、特許権者は、相手方に対してその権利を行使することができないこととされている（特104条の3）。

したがって、特許無効審判を請求するまでもなく、訴訟において無効理由を主張立証し、それが認められれば、その特許権に基づく権利行使が認められないこととなり、被告側が勝訴することとなる。

無効理由とは、新規性・進歩性の特許要件や明細書の記載要件等に違反していることである（特123条）。ただし、侵害訴訟で無効が認められても、無効審判による無効審決と異なり、当事者以外の第三者に対しても特許自体が無効となるわけではないことに注意を要する。

(2) 無効審判を請求する

登録された特許に無効理由がある場合、当該特許権の存在に利害関係のある者は、特許庁に対し、その特許を無効にする審決を求めることができる。この審判を特許無効審判という。審判は、行政手続であるが、口頭審理が原則であり、相手方に反論の機会が与えられるなど、裁判所による訴訟手続に準じた手続であるため、準司法手続といわれる。

無効理由は、(1) に記載のとおりであり（特123条）、特許を無効とする審決が確定すると、特許権は、原則として初めから存在しなかったものとみなされる。

(3) アドバイス

既に侵害訴訟が提起された後は、基本的には (1) の対応が基本となるが、例えば警告が来た場合などは、訴訟提起に先んじて無効審判を請求するといった対応も考えられる。いずれも複雑な手続を伴うものであり、弁護士や弁理士とよく相談の上、対応を決める必要がある。

テーマ2-42　裁判以外の紛争解決方法

●裁判以外の紛争解決方法

　知的財産権の保護を強化する観点から、特許法、著作権法は、被侵害者の立証負担を軽減する方向で改正されてきている。しかし、例えば次のような場合など、訴訟による解決が望まれないケースもある。

・企業秘密に関わる紛争であり、証拠としての開示を要求されるリスクのある訴訟を選択できない場合
・相手方の対象製品が、特許権の請求の範囲に属するか否かが微妙な事案で、敗訴の危険も相当程度存在する場合
・特許権の実施料や著作権料の算定について合意ができない場合

　一般的に、訴訟以外の紛争解決手段としては、あっせん、調停、仲裁、判定等が考えられる。知的財産権紛争の場合については、文化庁の著作権紛争解決あっせん委員会、日本知的財産仲裁センター等の仲裁、特許庁や日本知的財産仲裁センターによる判定の利用等が考えられる。

●文化庁の著作権紛争解決あっせん委員会

　あっせんとは、当事者間の紛争解決のために、第三者が介入することをいう。著作権法は、当事者の申請により、文化庁の著作権紛争解決あっせん委員会を利用できる旨を定めている。委員は、文化庁長官が、著作権又は著作隣接権に係る事項の学識経験を有する者のうちから事件ごとに3人以内を委嘱する。

　委員は、当事者間をあっせんし、双方の主張の要点を確かめ、実情に即して事件が解決されるように努めるが、事件が解決される見込みがないときは、あっせんを打ち切ることもある。あっせん案に裁判所の判決のような拘束力はない。

●各種仲裁センターの利用

（1）調停とは

　　　調停とは、和解成立に向けて話合いを行う制度であり、飽くまでも当事者に対する拘束力はないが、この調停人の意思や判断に当事者が合意して和解契約をすれば、当事者はこれに拘束されることになる。調停サービスを提供している例として、簡易裁判所のほか、日本知的財産仲裁センター、一般社団法人日本商事仲裁協会、各弁護士会の紛争解決センターがある。

(2) 仲裁とは

　仲裁とは、当事者の仲裁合意に基づき、仲裁人という私的機関に裁定させることで紛争を解決する方法である。仲裁合意は、それだけの単独契約としてなされることも、他の契約と同一の合意の中でなされることもある。仲裁合意に基づく仲裁判断は、確定判決と同一の効力を有するものとされる。仲裁サービスを提供している例として、日本知的財産仲裁センター、一般社団法人日本商事仲裁協会、各弁護士会の紛争解決センターがある。

(3) 判定とは

　判定とは、特許発明や実用新案の技術的範囲、登録意匠や類似意匠の範囲、商標権の効力の範囲等について第三者が判断を示すことで、紛争を解決する制度である。特許庁や日本知的財産仲裁センターがこれを行っている。判定によって示された見解は、当事者や第三者を法的に拘束するものではないが、迅速かつ安価で事実上紛争を解決することを可能とする制度であるといえる。

(4) 日本知的財産仲裁センター

　日本知的財産仲裁センターは、日本弁護士連合会と日本弁理士会が1998年に共同で設立し、同年4月1日から運営しており、弁護士、弁理士、学識経験者の知識と経験に基づいて、知的財産権に関する様々な紛争を、調停や仲裁等によって解決することを目的とする機関である。

　同センターの調停や仲裁手続を利用することのメリットとしては、知的財産権紛争に精通する弁護士・弁理士等による中立・公正な助言・判断に基づく紛争解決が可能なこと、そして、手続が非公開とされる上、証拠を相手方に開示しなくてもよいこと、また、費用も比較的低額であること等が挙げられる。

第3部　実践編

知的財産戦略

テーマ3-1　知的財産戦略

●知的財産戦略の意義

知的財産戦略とは何であろうか。おそらく人により、あるいは立場や捉え方によりその意味するところは異なるであろう。代表的には、適切な権利範囲で知的財産を取得するための戦略、知的財産を適切に管理するための戦略、知的財産を経営やビジネスに活用するための戦略、等が挙げられる。

米国においては、例えばマイクロソフトやインテル、アップルなどが知的財産戦略を事業戦略に活用して大きく成長した。また、IBMは特許収入を大きな柱として成長させ、クアルコムはファブレス企業でありながら知的財産のライセンスを基本としたビジネスモデルを構築して発展した。このように、知的財産戦略は主に米国において発展し、現在では重要な経営戦略の一つとして我が国でも認識されるに至っている。

本書においても、知的財産戦略は単なるリスクマネジメントの域を超え、より積極的に知的財産を経営に活用しようとする企業活動、すなわち経営戦略や事業戦略の一部、あるいはそれらとリンクしたものと捉えている。

このような知的財産戦略としての知的財産の利用に対する考え方については、大きく以下の2つのものがある。

(1) 手段的利用

知的財産権を経営活動における「道具」として捉える考え方である。すなわち、知的財産を本来の事業活動をよりスムースに行うためのビジネスツールとして経営に利用する、というものである。このような考え方は知的財産戦略の基本的なものであると考えられる。つまり、これは企業の「本業」を重視する戦略であり、知的財産の道具的利用、すなわち「手段的利用」と捉えることができる。

典型的には、自社製品やサービスと、他社の製品等との差別部分（技術、デザイン、ブランド等）について知的財産権を取得し、競争優位を確保してビジネスを有利な立場で行い、最終的には製品等の収益を増大させることを目指すことになる。

このような利用を行っている企業の例としては、上記に挙げたインテル、アップル等があり、我が国でもキヤノンやトヨタ等に見られ、製造業に見られるオーソドックスなものであるといえよう。

(2) 目的的利用

これに対して、知的財産を一つの独立した経営資源、すなわち「財産」であると捉え、知的財産それ自体の活用を目的とする考え方である。これは知的財産それ自体から収益を上げることを主目的とするものであるから知的財産の「目的的利用」と捉えることができる。

典型的には、自社の知的財産権を他社にライセンス（場合によっては譲渡）することにより直接的な収益を得ることを目指すこととなる。

このような利用を行っている例としては、IBMのほか、研究所、大学等のいわゆる実施機能を持たない「不実施機関」がある。

なお、特に最近では、知的財産戦略という場合、後述する「オープン＆クローズ戦略」（▶「テーマ3－20」を参照）を検討・実施する場合も多く、これらの手段的利用と目的的利用の2つは、一体となって実施されている場合もある。

以前は「特許でもうけるつもりはない」というような発言を語る経営者がみられたが、その真意は「本業で稼ぐのが目的なので知的財産で稼ぐつもりはない」の意味であったのであろう。つまり、上記で言えば知的財産を目的的利用に用いるつもりはないということを強調したものであろう。当然ながら、製造業においては知的財産戦略の基本は正に「本業で稼ぐ」こと、すなわち手段的利用であることであるが、必要に応じて目的的利用を行うこと、あるいは両者を戦略的に実施することも重要である。

●知的財産の具体的活用方法

前述のような知的財産の戦略的な利用を図るための具体的な知的財産の活用方法は以下のとおりである。なお、詳細については本書のそれぞれに関連するテーマも併せて参照されたい。

(1) 独占排他的な活用

知的財産権は独占排他権として付与されるものである。例えば特許権者は、業として特許発明を実施する権利を専有するとされている（特68条）。また、この点は独占禁止法の例外にもなっている（独21条）。

よって、知的財産権を取得し、他社へは一切ライセンスをせず、市場参入者は警告や権利行使（訴訟）を行うことにより徹底排除することが可能である。

このように活用することで市場を独占でき、価格の自由決定権を得るなど、大きな利益が期待できる。そのためには、常に市場を監視し、新規参入者を排除するための活動が必須である。

一方、他者からの攻撃（特許無効審判等）、他者への交渉・訴訟コスト、他者による同等技術や特許回避技術の開発（技術のキャッチアップ）などのリスクがある。特に他者のキャッチアップ時期の見極めは戦略の変換点にもつながり重要である。

(2) ライセンスによる活用

他者へ知的財産権をライセンスすることにより、ライセンス料を確保することができる。また、他者へのライセンスにより、市場拡大を図ることも可能である。我が国の法律上のライセンス（実施権）は2種類ある。
① 通常実施権＝独占性のない債権的権利、ただし、契約により独占性を付与することは可能（独占的通常実施権）
② 専用実施権＝独占排他的な物権的権利

ライセンスは、時期を除き特に制限のない場合のほか、一定の地域や分野等に限定して行う（部分ライセンス）、他社と特許を相互に利用できるようにする（クロスライセンス）といった形式もある。クロスライセンスにより、自社の事業活動の自由を確保することも可能となる。なお、クロスライセンスは原則として実施を前提とするため、不実施機関（大学、研究所など）に対しては行われない。

(3) 標準化による活用

標準特許とすることにより、ライセンス収入を得られる可能性がある。また、一般に標準化により市場を大きくすることができる。

(4) 譲渡による活用

知的財産権は譲渡することも可能である。例えば複数事業を有する企業で、撤退した事業がある場合、その事業に関連し、かつ、他の事業に関連しない知的財産権を譲渡し、収入を得ることが考えられる。そのために、第三者に仲介を依頼したり、オークショーン等を利用したりすることも考えられる。ただし、権利がいわゆるパテントトロールに渡ることもあるため、譲渡先や条件には注意が必要である。

(5) 資金調達のための活用

銀行やベンチャーキャピタルから融資を受ける際の担保として、知的財産権を活用することが考えられる。この場合、事業性の評価の一部として知的財産権が評価されることも多いであろう。また、金融スキーム（信託、証券化等）により知的財産権を活用することも考えられる。

●知的財産戦略に先立って

知的財産管理にも同様のことがいえるが、知的財産戦略の実践においては、企業の体制整備が要求される。

知的財産戦略の立案・実行を行うのは、一般的には知的財産部ということになる。しかし、中小企業やスタートアップ企業においては、人材不足から知的財産部が置かれていないことも多いので、これらの体制整備には、外部の弁理士や知的財産コンサルティングファームによる知的財産コンサルティングを利用してもよいであろう。例えば内部体制についていえば、社内に税理士や会計士を抱える企業は少ないが、経理担当者がいるのと同様、基本的には核となる部分だけを社内に整え、残りの部分についてはアウトソーシングすることで対応可能と思われる。

知的財産に関する最低限の知識を持ち、自社内と外部の弁理士等の専門家との役割分担を考え、どこまでアウトソーシングすべきか、すなわち内容から判断して必要に応じて適宜専門家に依頼することができる担当者が社内に最低1人は必要であろう。

●更に企業に求められる知的財産戦略とは

現在の企業において求められている知的財産戦略は、以上に述べてきたところにとどまるものではない。経営の中核としての知的財産戦略は、企業の中・長期的なビジョンやミッション、そして競争戦略とどのように連動させるかを考えて立案・実行すべきものである。つまり、知的財産戦略には、単に技術を守るためのものや、収益を上げるためのものを超えて、企業の持続的な成長やイノベーションを促進するための大きな枠組みとしての役割を果たすことを目的とすることが求められている。

例えばある企業が特定技術分野のリーダーを目指す場合、知的財産戦略はその技術分野における特許の取得だけでなく、競合や関連企業等との協力関係の構築、更には社会的課題の解決に貢献するための知的財産の公開や共有といった方向性も含めて検討すべきである。

逆に独自性を重視するニッチな分野でのリーダーシップを目指す場合は、独自の技術やブランドを強固に保護し、競合からの模倣を防ぐための戦略が必要となるであろう。

また、知的財産戦略は時代や環境の変化に応じて柔軟に変わるべきものであり、固定的なものとすべきではない。デジタルトランスフォーメーションやサステナビリティ、グローバル化といった大きなトレンドが進む現代において、企業経営における知的財産の重要性が以前よりも増大していることは明らかである。

このような変化の激しい状況において、特に中小企業やスタートアップ企業が知的財産戦略を経営戦略とリンクさせて企業全体の価値創出に寄与するためには、経営層が知的財産に関する認識を正しく持ち、常に戦略を見直し、リーダーシップをもって適切なマネジメントを実行することが求められている。

●知的財産戦略についての本書の構成

本書においては、分かりやすさの観点から、「第2部　実践編－知的財産管理」と対比しつつ、参照もできるように、知的財産戦略に当たる企業活動をできる限り時系列に沿って以下の3つに分けることとした。

(1) 戦略法務（▶「テーマ3－3～6」）

知的財産戦略活動のベースとなる、パテントマップ、パテントポートフォリオ、価値算定等の考え方が含まれる。

個別の出願案件については、次の②出願戦略に分類されるため、それ以外の基本的な活動がここに含まれる。

(2) 出願・権利化戦略（▶「テーマ3－7～16」）

個別の出願案件を戦略的に活用する企業活動である。

出願前、出願時、出願後、権利化後のそれぞれの段階においてそれぞれ戦略が異なる。例えば外国出願を行うべきか、行う場合にはどのような方法でどの国になすべきかといった外国出願戦略もこの戦略の一つと捉えることができる。

もちろん、製品の輸出国について出願するような場合はリスクマネジメントの意味もあるが、本書では必要最小限の範囲を超える部分として戦略に分類している。

(3) 事業戦略（▶「テーマ3-17～30」）

　ある事業活動を遂行していく際の、知的財産権の手段的利用や目的的利用のための企業活動である。事業活動の時系列、すなわち企画段階、設計・試作・改良段階、事業段階のそれぞれの段階に一応分けて記載を行っているが、オーバーラップする場合もあると考えられる。

　特に最近はこの事業戦略における知的財産の役割が重要かつ多様になってきている。例えば事業戦略立案のためのIPランドスケープ、経営環境分析ツールを用いた知的財産の取得・活用、デザイン思考に基づく経営デザインシートやデザイン経営といった考え方、事業戦略における知的財産の戦略的活用を図るオープン＆クローズ戦略、それにも密接に関わる国際標準化戦略等が挙げられる。さらに、オープンイノベーションにおいても知的財産は重要な役割を果たすものである。また、コーポレートガバナンス・コードにおいて知的財産も一定の開示が求められるようになった。これらの内容についても、本書において取り上げることとした。

以上が本書の「第3部　実践編－知的財産戦略」の概要であり、分類である。具体的には、この分類に沿って、各テーマが具体的に記述されているので、参照されたい。

テーマ3−2　知的財産戦略の立案・実行に必要な機能と人材

●企業に必要な知的財産機能

　経営戦略にリンクした知的財産戦略を立案・実行するために、企業において必要となる知的財産に関する機能（知的財産機能）について、整理してみたい。経営戦略と知的財産戦略を効果的にリンクさせるための知的財産機能には、以下のような要素が挙げられる。（注1）

(1) 情報分析・戦略立案機能

　経営戦略にリンクした知的財産戦略の策定・実行には、まず市場や競合の動向を把握することが必要不可欠である。さらに、この情報分析は、特許情報、商標、著作権などの知的財産データとともに、市場情報や財務情報等の経営情報と合わせて解析し、経営層に有益な情報を提供することが可能である。そして、このような活動（IPランドスケープ）を、知的財産部以外の部門と連携して行うことも重要である。

(2) リスク管理機能

　ビジネス上の知的財産リスクの特定と評価を行い、それに基づく対策の策定を行う。これには、他者の知的財産権の侵害の可能性や、自社の知的財産が第三者に侵害されるリスクを網羅的に検討することが含まれる。今後はAIの活用により、より効率的な活動が見込まれるところである。

(3) 知的財産バリュエーション機能

　知的財産の価値を経済的に評価するための手法やフレームワークを持つことも重要である。これは以下で述べる知的財産ポートフォリオの構築のためにも有用であり、更にM&Aやライセンス交渉、事業の投資判断など、経営戦略の多くの局面でも役立つものである。外部リソースの活用も考えられるが、センシティブな情報も多いため、社内での主体的対応が必要となる。

(4) 外部渉外機能

　これは知的財産の取得、ライセンシング、共同研究などのための外部との協業や交渉を行うことである。近年のオープンイノベーションの進展に伴い、この機能の重要性は特に増している。

知的財産部門には、状況に応じて、裏方として協力する場合も、交渉の前面に立って行う場合も考えられるが、特に後者の場合はリーダーシップをもって積極的に取り組むことが期待される。

(5) 内部教育・啓発機能

社内のステークホルダーが知的財産の重要性や活用方法を理解し、日常の業務に取り入れることを促進するための研修や啓発活動を行う。特に知的財産戦略と経営戦略を効果的・実質的にリンクさせるためには、社長・役員をはじめ、知的財産部以外の事業企画・開発、研究開発に関係する部門のキーパーソンを中心に、知的財産に関するリテラシーを上げていくことが、まずは望まれるところである。

(6) 知的財産ポートフォリオ管理機能

企業の経営戦略やビジネスの方向性を見据えて、知的財産の取得、維持、廃棄の判断を行い、戦略的に最適な知的財産ポートフォリオを構築・管理する。そのためには、オープン＆クローズ戦略や標準化戦略等の戦略も踏まえて、発明発掘活動や発明指示活動、あるいは発明推進活動といった発明のアーリーステージにも積極的に関与していくことが求められる。一方、出願・権利化活動については、限られた社内人材を有効に活用するために、今後はAIや外部リソースを積極的に活用して、効率的に行うことが求められる。

(7) 知的財産情報公開機能

企業価値における無形資産の割合の増加に伴い、コーポレートガバナンス・コードが改訂され、投資家への知的財産情報の公開が求められるようになってきている。これに対応するためには、適切な知的財産情報の公開と伝達が必要となり、そのような機能も知的財産部に求められることになる。

(8) 資金調達・税務対策機能

特にスタートアップや中小企業等においては、資金調達のために知的財産が活用されることも今後ますます増えていくと考えられ、そのための金融スキームを含めた理解と対応が必要になる。また、税務対策についても、制度改革等に留意しつつ、他部門と協力して行う必要がある。

以上、(1)〜(8)で述べてきた機能は、知的財産部門を中心に実現することが多いと考えられるが、これらの機能を果たすことができれば、知的財産部門に拘泥する必要はない。また、知的財産部門がこれらの機能を実行して、知的財産戦略が経営戦略の中心的な役割を果たす場合にも、経営層や他部門の理解と綿密なコミュニケーションや連携が必要である。そして、トップマネジメントの理解とリーダーシップの下、全社的な取組として知的財産戦略を推進する文化を育成することが、今後の企業の競争力を左右する鍵となるであろう。

●活躍する知的財産マネジメント人材像

今まで述べてきたような機能を実行するために求められる人材は、従来の出願・権利化等の実務を追求する職人的ないわゆる「たこつぼ」型の人材ではなく、知的財産を戦略的な視点で捉えて経営・ビジネスとリンクさせてその価値を最大する「ストラテジスト」型の人材、あるいは知的財産を活用した新しいビジネスチャンスの創出や、イノベーションを推進する役割を果たす「イノベーター」型の人材である。そこで、このような人材を「知的財産マネジメント人材」と呼び、このような人材には、特に以下に述べるような知識やスキルと能力を有することが求められると考えられる。

(1) 知的財産法と実務に関する知識・スキル

知的財産戦略を的確に立案・実行するためには、まず全体的な知的財産法の知識が求められる。特許法、商標法、著作権法などの知的財産法の枠組みを正しく理解し、それぞれの特徴や取得から権利行使に至るまでのプロセスを把握しておく必要がある。

そして、単に法律の知識だけでなく、具体的な知的財産戦略の立案に必要となる、例えばクレーム解釈やライセンス交渉といった実務的・専門的なスキルも重要となろう。特にクレーム解釈は特許権の範囲を示すものであり、技術の競合分析や他社の知的財産権との関連性を評価する際の鍵となる。また、知的財産権はビジネスのアセットとして取引対象となったり、戦略上必要なラインセンス交渉を行ったりすることも多く、その価値を最大化するための戦略的な思考や適切な交渉スキルが必要とされる。

さらに、知的財産戦略の中で忘れてはならないのが、権利行使に関する知識やスキルである。知的財産権が侵害された場合の対応策、訴訟を回避するためのテクニック、また、訴訟が必要となった際の戦略など、権利を実際に保護・行使するための手法を熟知しておく必要がある。

そして、これらの知識やスキルをベースとして、事例研究等を通じた知的財産戦略の理論や実例に関する理解を深めることが求められる。

(2) 企業経営に関する知識・スキル

知的財産と経営・ビジネスを適切にリンクさせるためには、単に知的財産の知識だけでは不十分である。ビジネスの背景や企業の経営戦略、更には市場動向や競合状況などの幅広い視野が必要とされる。経営に関する知識は、企業のミッションやビジョン、戦略的目標、経営資源の配分などの基本的な要素を理解することから始まる。

これに加えて、ファイナンス、マーケティング、オペレーションズ、人事などの経営の各領域に関する基礎知識を持つことが求められる。

例えば知的財産権の取得や活用にかかるコスト、知的財産の商業化に関わるマーケティング戦略、あるいは人材の育成や組織づくりの観点からの知的財産の管理等、多岐にわたるテーマが考慮されるべきである。

さらに、このような企業経営やビジネスに関して実務的な経験がもたらす実践的な知識や洞察は非常に価値が高いことは明らかであるが、全ての人材がそのような豊富な経験を有しているわけではなく、また、それを求めるのも難しい面がある。

そのため、少なくとも、経営とビジネスの基本的な知識を有し、連携する部門とのコミュニケーションを円滑に進めることができる能力が求められる。特に知的財産戦略が企業経営の一部として位置付けられている現代においては、異なる部門や職種との連携は不可欠である。

そのため、知的財産マネジメント人材が持つべき経営・ビジネスの知識は、単に専門的な知識を超え、組織全体との連携を促進するために必須のものである。

(3) 「人間力」－コミュニケーション力とリーダーシップ力

知的財産機能の実行のためには、多岐にわたる部署や企業外のパートナーと連携することが求められる。そのような状況において、知的財産の専門家としての知識やスキルだけでは、全体的な戦略を成功させることは困難であり、戦略実現のためには更に「人間力」、特にコミュニケーション力とリーダーシップ力が重要になってくる。

まず、コミュニケーション力は、単に意見を伝える技術だけではない。異なるバックグラウンドや専門分野を持つ人々と円滑に対話し、共通の理

解を築く能力、そして他者の視点や意見を尊重し、調和をもたらす能力が求められる。

さらに、知的財産の専門性を持つ者として、複雑な情報を分かりやすく伝え、他部門の理解や協力を得るスキルも必要不可欠である。

一方、リーダーシップ力は、目標の設定から達成に至るまでのプロセスを主導し、関係者を巻き込みながら取組を進める能力を指す。知的財産戦略の立案・実行の際には、多くのステークホルダーが関与するため、共通の方向性を持ちつつ、各々の役割や責任を明確にして物事を進めるリーダーシップが求められる。また、新しいビジネスの創出やイノベーション推進の場面では、困難や予期しない障壁に直面することもある。このような状況下で、チームを前向きに導き、モチベーションを維持する力は、リーダーシップの真髄ともいえる。

これらの「人間力」は、継続的な経験と学び、そして自己反省を通じて培われるものである。日々の業務の中での対人関係やプロジェクト経験を通じて、自らの強みや課題を明確にし、向上心をもってこれらの能力を磨き上げることが、知的財産マネジメント人材としての真の価値を高める鍵となるであろう。

●知的財産マネジメント人材の育成方法

前節で述べてきたような人材像を前提として、知的財産マネジメント人材の育成方法についてここでは述べることとする。

まず、基盤となる知的財産法とその実務に関する専門知識の体系的かつ効率的な習得は、知的財産に関する大学院等の専門的な教育機関（注2）や団体（注3）の行う研修プログラムを通じて行われることが考えられる。特に一部の知的財産に関する大学院では、弁理士試験の短答式試験及び選択科目試験の免除が認められるレベルの充実したカリキュラムが提供されており、このような人材の育成には最適であろう。

また、テンポラリーに行われる知的財産関連の法律や実務に関するセミナーやワークショップは、体系的な学習にはつながらないものの、最新の知識や実務に関する情報を得るのには有用であろう。なお、このような知的財産に関して適切に学習するために、「知的財産管理技能検定」の活用も多くの企業で行われている。この知的財産管理技能検定は、知的財産の実務能力を証明する国家資格であり、これを取得する過程で、知的財産の法律及び実務に関する幅広い知識を体系的に学ぶことが期待される（注4）。

一方、これらの知識を前提として、OJTで実務経験を積むことは重要であろう。発明発掘・評価から出願・権利化手続、権利行使・ライセンス等の主要業務を一通り経験することは、知的財産戦略の立案・実行にも非常に有用である。特に権利活用の要ともいえるクレーム解釈は難しい面もあり、出願・権利化段階でクレーム作成に携わる経験を得ることは、極めて有用であろう。

経営やビジネスに関する知識は、特に知的財産マネジメント人材には実際の業務経験を積むことで獲得することが難しく、大学院の提供するMBA（Master of Business Administration）プログラムや専門機関での研修が、理論と実務の双方を学ぶ良い機会となる。大学院におけるMBAプログラムでは、経営戦略、マーケティング、ファイナンス、オペレーションズ、人事など、経営全般に関する幅広いテーマが網羅されている。これにより、知的財産戦略をビジネス戦略とリンクさせ、全社的な成果を上げるための視点やスキルを養成することができる。また、こうしたプログラムで、異なる背景を持つ参加者とのディスカッションやグループワークを通じて、多角的な視点を持つことの重要性を学ぶこともできる。

「人間力」の育成に関しては、実際の種々の業務やプロジェクトにおける経験が最も効果的である。他部門や外部の関係者との連携を通じて、コミュニケーション力やリーダーシップ力を実際に磨くことができる。また、メンターシップやコーチングを受けることで、自身の行動や考え方に対するフィードバックを得ることが可能である。これは、自己認識を深め、自己成長を促す有効な手段となる。また、大学院や外部機関の長期的な研修への参加も、このような人間力の涵養に役立つ機会となると考えられる。

(注1) 参考文献：加藤浩一郎ほか「GX時代の環境経営を牽引する知財戦略」pp. 169-181，AndTech（2023）
(注2) 例えば知的財産大学院協議会の加盟大学がそのようなプログラムを提供している。詳細はウェブサイト（http://www.jauip.org/）を参照されたい。なお、編著者らの所属するKIT虎の門大学院は、その草分けともいえる大学院である。
(注3) 例えば一般社団法人日本知的財産協会がある。詳細はウェブサイト（http://www.jipa.or.jp/index.html）参照
(注4) 試験の詳細については、知的財産教育協会のウェブサイト（https://www.kentei-info-ip-edu.org/）参照

① **戦略法務**

テーマ3-3　パテントマップ

　勝者であり続ける経営戦略や知的財産戦略を構築するためには、競争相手の戦略を把握し、自社の位置付けを知り、戦略を考えることが重要である。このための不可欠な情報ソースとして特許情報がある。特許とは、特許権を付与する代償として公開される情報であり、これまで出願されてきた膨大な量が蓄積されている。この膨大な特許情報を適切に抽出してマップ化することが、経営戦略や知的財産戦略を練る上での有効な指針となる。

●パテントマップとは

　特許（公開）情報は、様々な技術のノウハウが蓄積された技術文献であるだけでなく、技術の発展動向や企業の開発動向を分析するための有用な情報となる。つまり、特許情報は、「技術情報」「権利情報」「企業情報」「経営情報」として活用することができるのである。

　パテントマップとは、特許の地図という意味である。海を航行する船に海図が必要なように、企業において新たな技術開発や技術導入を行うためには、ある分野の技術動向や他社の開発動向若しくは特許権の状況を把握し分析して、自社の開発戦略や事業戦略を決定付ける地図が必要であり、特許情報を用いて作成されるパテントマップがその重要な地図となる。

●パテントマップの目的とマッピングの手法・種類

　パテントマップの作成目的は次のとおりである。

・ある特定の技術分野について技術の発展を把握する
・競合他社の開発過程を把握し、更には自社と他社の開発の強み・弱みを比較する
・要素技術の関連技術を整理し、技術のつながりと相対的関係を把握する
・開発技術の隙間（穴）を見つける
・他社の開発規模を把握する
・特許権の状況を整理し、事業実施における権利検討と実施戦略に役立てる
・出願推移・審査請求率・国際出願／外国出願状況などの指標を把握し、出願戦略に役立てる　など

そして、マッピングの作成方法は、大別すると、抽出した特許情報について定量的加工を行う手法と、定性的加工を行う手法がある。定量的加工とは、情報に含まれる項目において量的変化に視点を置き加工するもので、特許情報の書誌的事項（出願年、出願人、技術分類、発明者など）をはじめ、請求項の数や審査経過情報まで、情報の変化を統計として図形化するものである。

定性的加工とは、特許情報の技術内容に視点を置き加工するもので、発明の内容を理解し、抄録化及び分類をして、発明の分布や動向を図形化するものである。更に定性的加工においては、抄録化した内容をマトリックス上にマップとして一覧表示する手法も含まれ、単なる統計では把握できない点について分析することが可能となる。

分析する目的に合わせて、マッピングの種類を整理すると次のとおりになる。

マッピングの手法	マップの種類（例）
定量的解析 →統計解析	・技術要素別-件数推移マップ（要素技術の変化を見る） ・出願人別-発明件数推移マップ（出願人ごとの発明数の推移を見る） ・出願人別-ＩＰＣ分類比較マップ（出願人ごとのＩＰＣ分布を比較して見る） ・特定技術の出願人シェアマップ（参入企業の開発参入シェアを見る） ・発明者数・出願件数-推移マップ（各企業の開発戦略の推移を見る） ・技術成熟度マップ；ライフサイクル（技術開発活動の状況を知る）　　など
定性的解析 →内容解析	・独自分類に基づく出願人別-件数推移マップ（独自の視点で分類付与して技術の分布を見る） ・技術進展マップ（ある技術の流れを整理して技術の関連と進展を把握する） ・構成要素マップと要旨リスト（製品を構成する要素技術を整理し、相対的に把握する） ・課題マトリックスマップ（技術ごとの開発課題を把握する） ・課題-解決手段マトリックスマップ（新たな解決手段を見つける）　　など
その他 →権利情報の解析	・関連特許リストマップ（ライバル企業などの保有する近い技術の特許について特許力や出願国を調査し、把握する） ・侵害防止調査リストマップ（事業実施に当たって関係しそうな特許を調査し、把握する）

●パテントマップ作成と必要なツール

パテントマップ作成の流れは、次に示す①から⑦のステップである。

パテントマップ作成の流れ	必要となるツール
① 特許調査・解析を行う目的を明確にする	
② どの分野のどのような技術を解析するかを決定する	
③ 目的とする分野の特許情報を検索して、特許データを抽出する ;検索するデータベースの選定を行い、技術分類／キーワード ／企業名を決定し、検索式を策定して、目的の特許を抽出する ※ 解析する特許情報の母集団が分析精度に大きく影響するため、検索式の決定にはよく考えて行う必要がある。	←③において、**特許データベース** ・工業所有権情報研修館；J-PlatPat ・民間業者 D.B.；など
④ 抽出データの内容を確認し、ノイズを除去する	←④から⑥において、 **情報加工・解析ソフト**
⑤ 抽出データの統計処理や、発明の内容を整理し、解析する ;特に内容解析については、発明のポイントを抄録化し、技術内容を分類するなど、解析の切り口を決めて情報を解析する	
⑥ 解析の目的に合わせてマッピング（図表化）する ;統計や内容解析のグラフ表示、さらに、グラフ以外の表示で、特許情報の加工によるマッピングを行う	
⑦ 新聞・雑誌・文献など特許以外の情報も加味して分析を行う	

ステップ③における特許情報の検索を行うデータベース（DB）については、独立行政法人工業所有権情報・研修館が提供するJ-PlatPatのオンラインDBや民間業者が提供する有料のオンラインDBがある。パテントマップを作成し、特許解析を行うには、解析の目的に応じて違いはあるものの、通常、数百件から数千件の特許情報を電子データとして抽出取得する必要があり、そのためには、民間業者の提供するDBを利用するのが便利である。

④から⑤のステップにおいては、抽出した数百件から数千件の特許データについて、グラフ作成や情報加工によるマッピングを効率的に行うために、情報の処理・加工及びマッピングが行える解析ソフトが不可欠となる。この解析ソフトには様々な種類があり、特徴を分類すると以下のとおりで、解析の目的に応じてソフトを選択することが重要となる。

＜情報加工・解析ソフトの種類＞
① 定量的な統計解析のみが簡単に行えるソフト
② 定性的な内容解析が中心で、限定的ではあるが統計解析も合わせて行えるソフト
③ あらゆる統計解析と定性的な内容解析が行え、解析結果をグラフ表示するだけでなく、抄録カードやリスト・マップの作成など、特許情報を様々

な形式や帳票へ加工をすることができ、グラフ表示以外のマッピングも行えるソフト

　解析結果を単なるグラフに表示するだけでなく、あらゆる角度から解析して分析結果を表すことが重要となり、それを実現できるのは③のタイプに分類される解析ソフトととなる。

●マッピングの事例

　グラフ作成において、X・Y軸の項目選択については、ユーザーが必要に応じて設定する。グラフ表示については、解析の目的に合わせて棒グラフ・線グラフ・円グラフ・レーダーチャート・円柱グラフ・折れ線グラフ・百分率グラフ・泡グラフ等を用いる。更に詳しく知りたい方は、野崎篤志『特許情報分析とパテントマップ作成入門 第3版』（発明推進協会［2023］）を参照されたい。

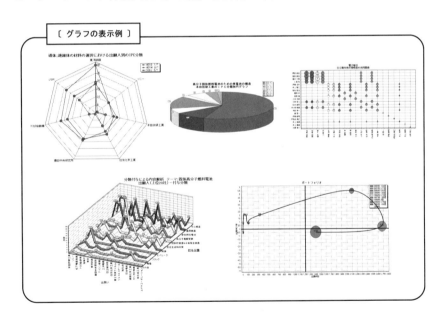

〔グラフの表示例〕

第3部　実践編　知的財産戦略

テーマ3-4　パテントポートフォリオ管理

●パテントポートフォリオとは

　パテントポートフォリオとは、企業等が保有する特定技術の特許の価値を示す概念の一つとされる。特許は単独であっても、一つの有用な発明として価値を持つものであることは言うまでもないが、その価値を最大化するために関連する特許（一連の特許群）をひとまとまり（束）として全体の資産価値をどのように最適に運用していくかの方法論がパテントポートフォリオ管理であるといえる。

　企業は保有する特許を基にパテントポートフォリオを作成し、事業計画に照らして、その際にプロテクトすべき技術範囲がどの程度必要で、自社の特許群によってどの程度カバーできているのかをパテントマップなどを利用して比較する。その結果に基づいて、不足する部分については第三者からライセンスや譲渡を受けたり、又は自社内で研究開発等したりしながら補うことにより、より強固なパテントポートフォリオを確立していくのである。一方、事業の実施に必要のない部分の特許については他社にライセンスしたり、譲渡したりすることにより、保有特許の有効的活用を図っていくことも可能である。

●パテントポートフォリオの目的

　市場における自社のポジショニングを決定した上で、自社の技術が具体化された特許という権利をどのように最大限に有効活用していくか、幾つかの方法論がある中で、どれを選択するかが企業としての重要事項である。ここでは、フルに活用すべき自社特許は何なのか、また、ポジショニングの関係から自社でフル活用できない保有特許をどのように運用していくのかという経営判断がそれに当たる。

　なお、経営会議等の企業として重要事項を決定する場において、この問題を決議するに当たっては、十分なデータと資料を基に適切な判断がなされなければ全く意味がないことは言うまでもない。

　次に、スタンスに応じて、ポートフォリオの目的を決定する。

(1) 事業による収益を重視する場合

　　製品やサービスなどの事業からの収益を重視するという観点からは、その事業を実施する上で必要となる特許を保持しつつ、更に自社と他社の差別化部分を中心に充実したパテントポートフォリオの構築が必要となる。

その際には、自社特許の分析だけではなく、他社特許の状況、更にマーケットにおける自社・他社の競争状況の把握も必要となる。また、オープン＆クローズ戦略等、知的財産戦略も当然ながら考慮すべきである。

(2) 特許による収益を重視する場合

例えば他社にライセンスや譲渡をしたいという場合は、ターゲットとする企業のポジショニングと同社の特許出願状況の分析が必要である。具体的には、実際のビジネスの状況（自社のビジネス状況、他社のビジネス状況、マーケット全体の状況とその中での自社製品の地位、社会の技術情勢等）と自社保有技術、他社保有技術を比較しながら、自社のパテントポートフォリオの構築に寄与する形でライセンス又は譲渡の条件を詰めていくことになる。その際、自社の視点に立脚して、周辺の改良発明を随時、常に広範な範囲で権利としてアップデートしていけば、好条件での成立が可能になることもあろう。

(3) 安全性を重視する

他人の権利を侵害しないという観点からは、自社のビジネス範囲を自社保有特許と照らし合わせてズレがでないように権利の保全を図りながら、他人の特許出願状況や登録状況をウオッチしていかなければならない。また、実施せざるを得ない特許が出てきた場合には、回避技術の検討や、該当特許のライセンスや譲渡を受けることを検討しなければならない。

ただし、これらの目的や観点は、画一的に決定されるものでもなく、競争状況や技術価値の変化等に応じて変化する（させる）場合もある。そのため、いろいろな状況を考慮した、幅広く対応可能なパテントポートフォリオを構築することが望ましい。

●パテントポートフォリオの構築例

重複するが前提条件として認識いただきたいのは、特許をビジネス上の戦略として取り入れるためには１つの基本特許といわれる権利だけでは活用することは困難ということである。

パテントポートフォリオとは、１つの基本発明を中心として、その基本発明をビジネスの場で実践するための周辺の衛星的な改良発明や追加発明等の複数発明群の全体を１つの特許群として捉えることから始まる。

1つの基本発明があったとして、それをビジネス上に実践する方法は社会情勢やマーケットの状態等に応じて、それこそ千差万別に各種考えられるはずである。いくら優れた基本発明であっても、それを現場において活用する手段を他社に押さえられては全く意味のないものとなってしまう。

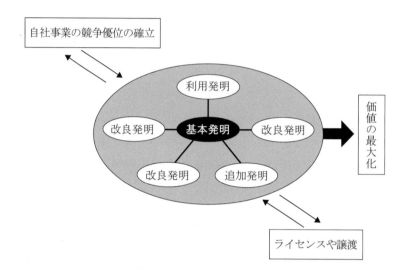

以上より、パテントポートフォリオ管理を実践するためには、基本発明から、その周辺にあるビジネスの現場における実践手段（改良発明等）を生み出し、それを権利化すべく切り出し、必要に応じて外部専門家を利用して権利化を行うという流れ＝社内マネジメント体制の確立が必要となる。

そこで以下、パテントポートフォリオの実践において大まかではあるが具体的施策の一例として、アウトソーシング部分と社内体制部分に分けて説明する。

【社内部分】
① ビジネス状況（自社のビジネス状況、他社のビジネス状況、マーケット全体の状況及びその中での自社製品のマーケットでの地位、社会の技術情勢等）を分析する。
② 社内に、潜在リスクを察知し、どのタイミングで、どの部分から先の仕事を外部専門家に依頼するかを判断できる人間を育成する。
③ 他社の権利に抵触するおそれがあるのであれば、これを回避すべく事業戦略の見直しを行う。

【アウトソーシング部分】
① 定期的に開発会議等において弁理士等の専門家との間で、自社ビジネスモデルと自社権利のズレがないか見直しながら、不足があれば権利取得を図る。
② 他社権利の調査を定期的に弁理士等の専門家に依頼（他社特許出願状況の監視）し、自社ビジネスとの衝突がないかを確認する。
③ 新規事業を立ち上げる予定があればこれについても事前に他社権利の確認を依頼する。
④ 切り出した発明の権利化作業（出願）を行う。

　アウトソーシングする際の注意点として、弁理士に依頼することが一般的であるが、その際には自社の技術分野を専門としている弁理士を選定することが大切である。
　今後、国際競争が一層進む中においては、早い段階で知的財産権を核としたビジネスモデルの確立をした企業が将来において優位性を確保することは間違いなく、そのためにもパテントポートフォリオ管理を実践することは極めて重要である。

テーマ3-5　ブランド戦略

●4つの戦略フェーズ

　ブランド戦略には、大きく分けて4つのフェーズがある。最初のフェーズは「ブランド戦略の開発」、2番目は「ブランド記号／表現体系の開発と導入」、3番目は「ブランドコミュニケーションの継続展開」、そして4番目が「ブランド価値の測定評価」である。もう少し言葉を換えて補足すると、次のように説明できる。

　まず、あらゆる企業戦略がそうであるように、企業を取り巻く内外のビジネス環境を把握し、成功のシナリオを「よく考えて計画」するのが最初である。

　次に、ブランド化する対象が企業や商品・サービスあるいは店舗などのいかんにかかわらず、市場と良好なコミュニケーションを図るために必要不可欠なブランド情報（ネーミングやタグライン等の言語系意味訴求とロゴマークや広告他の視覚系感覚訴求）のシステムを「よく考えて創出」する作業プロセスが、専門コンサルティング会社とクリエーターと呼ばれるスタッフとの連携によって進められる。

　一般的にはこの段階までの作業が「ブランド開発」といわれるが、ブランド戦略本来の目的であるブランド価値を高め、「直接・間接の利益に還元する」意味合いから捉えると、次に続く3番目、4番目のフェーズまでを一連の循環サイクルとして取り組むことが重要になる。

　つまり、「よく考えて創出」した情報をいかして育てる認識の下、ターゲットごとにきめ細かく「よく考えて伝達」させるコミュニケーション展開をしなければならない。そして、コミュニケーション成果を様々な観点から測定・評価することを目的とした、「よく考えて確認」する作業なくして「ブランド構築」はあり得ない。この評価にはブランド戦略自体の再検証に新たな仮説をもたらし、戦略循環サイクルの精度を高める効果があることも見逃せない。

●ブランド戦略の開発　－可能性の把握と顕在化へのシナリオ－

　このフェーズでのポイントは、徹底的に市場を知ることである。顧客（既存・潜在）と競合の存在を意識し、自社が保有する経営資源の捉え方を発想転換する必要がある。

　ブランド戦略は、無形資産という情報の価値を極大化することを意図した経営資源の統合であり、従来のヒト・モノ・カネ…という発想だけでは「良いモノを作っていれば売れる」という過ちに帰結してしまう。

例えば経営資源を「体力と知力と魅力」という3軸で発想してみると、モノやカネは企業体のハードウエア（体力）に相当する。次に、ヒトや組織に内在する情報・知識をソフトウエア（知力）と位置付ける。

そして、ブランド戦略上極めて予測と活用が難しい感覚的・イメージ的な経営資源がセンスウエア（感覚財／魅力）と呼ばれる領域である。これまでの経営で財務や設備等の重要性はもちろん、商品の企画力や開発力及び技術力等の知力を総称する領域の重要性も議論されてきた。しかし、定量的な評価になじまない「経験価値や五感経験」のセンスウエアは、一部の先進的な企業を除いて経営の中枢テーマとしてその考え方や組織的方法論が導入されてこなかったのが実情である。

具体的には質の高いデザインであり、イメージであり、ドラマを通じた市場との共感・好感関係作りの方法である。結果、表現力や演出力の豊かなセンスウエアを武器に、市場への提案力や伝達力が強化されていく。

もちろん、競合との差別的優位性を、価格や品質だけに依存する次元からも脱却できる可能性を手中に収められる。

●ブランド記号／表現体系の開発と導入　－普遍性と独自性のクリスタライズ－

ブランド戦略の開発に含まれる方針やブランドコンセプトを、より的確に伝えるための言葉やデザインを体系的に開発するのがこのフェーズである。具体的には、ブランド化する対象の「ネーミング」とその補完関係にあり、ブランドの姿勢や存在の理由・意思を表現した「タグライン」と呼ばれるシンプルなメッセージなどがある。

開発時に注意すべきポイントは幾つかあるが、特に配慮する点としては、競合他社との違いを鮮明に表現することである。事業領域が同じか近接していると、必然的に同じようなメッセージになってしまう傾向がある。同じ内容を言葉にする場合でも競合と異なる観点や文体で、シンプルな表現に工夫を凝らしたい。また、ブランドの訴求ターゲットが「ティーンエイジャーの女子」というように限定化されているケースでは、ターゲットの日常文化をよく理解した上で、「通用する言葉」になっていなければならない。

いずれにしても、経験豊富な専門家のアドバイスを求めるほうが得策であろう。言葉で語る「ブランド世界」が形になると、もう一方の表現である視覚環境のデザイン開発に着手することになる。この段階では、ここまでの作業の蓄積の全てがデザインの開発指針となる。

ブランドコンセプトを反映したネーミングやタグラインは、どちらかといえば意味訴求主体の性格が強いが、デザイン開発は伝えるという機能を含んだ感覚訴求の性格が強い。

　言葉を造型に翻訳する作業は、地道なアイデア出しと検証の繰り返しである。「量が質を生む」という言葉があるが、文字どおり数多くの作業プロセスが、経験論的に時代を超えても輝きを失わないシンボルやロゴマークの造型としてのポテンシャルに必然だといえる。デザイン開発の範囲はブランドの基本要素にとどまらず、商品それ自体や店舗空間など、そのブランドを取巻く環境全体に及んでいくことが望ましいが、デザイン開発には、本書の中で随所に出てくる「商標権」や「著作権」をはじめとする取引可能な財産権の側面もある。通常は外部に委託するデザイン開発業務については、機密保持以外にも様々な権利関係を認識した上で契約すべきである。ブランドの記号体系の開発が終了し、準備が整ったらいよいよ対外デビュー、市場導入の開始である。

　良くも悪くも純粋に企業の意思でコントロールできるブランドコミュニケーションは、極論するとデビューの時だけである。プレスリリースや新商品発表会にしても、綿密な計画と準備が何よりも大切である。大掛かりなイベントを行う必要性よりも、現有顧客・潜在顧客への気の利いた人的対応のほうが現実的に有効なのは言うまでもない。

●ブランドコミュニケーションの継続展開　－顧客の都合を優先する受け手発想－

　開発されたブランドの記号体系をいかして、継続的に市場との対話を仕掛けていくのがこのフェーズである。「よく考えて伝達」させるためには、受け手の発想（顧客のスタンス）に立脚したアプローチを実践する必要がある。例えば広義の「教育産業」に属する企業の多くが、広告をはじめとするコミュニケーションメッセージに何の疑いもなく「教育」という言葉を使っている。

　送り手（企業）側の考えとして間違いではないが、他方、顧客の都合を優先すればそれは「学習」であることも間違いない現実である。「すばらしい教育を提供する」というメッセージよりも、「すばらしい学習環境、学びの機会を提供する」という主旨のそれが、顧客に親密な距離感を感じさせるのではなかろうか。継続すればするほど些細な違いといってしまうにはおそろしいほどの差がついてしまうであろう。であるからこそ、顧客の感覚や感情に訴求するブランドコミュニケーションには十分な配慮を求めたい。そうしなければ、前記の品質の話と同様の状況に遭遇してしまう。

おいしい料理だと声高に叫んでも、「おいしそうだ」と認識してもらえなければ店舗に足を踏み入れてはもらえない。足を踏み入れても店内の雰囲気が悪ければ、席に着いてはくれない。

潜在顧客から顧客になるまでのコミュニケーションは、あらゆる局面が真剣勝負の様相になる。間違いなく主導権は受け手にある。「おいしそうだ」と期待させ、期待に応えて期待を超えれば、友人を伴って再び来店してもらえる可能性が高まるであろう。

顧客は企業との接触経験全てに、大切に扱われていると感じるコミュニケーションを望んでいる。

●ブランド価値の測定評価　－還元された利益の検証と次なるシナリオづくり－

企業体の本質に利益の追求がある。したがって、ブランド戦略の究極の目標もここに設定されている。ブランド戦略は企業が内外に保有している経営資源（体力・知力・魅力）を最大限有効に活用することであり、特に市場が魅力を感じたか否かが最も顕著に表れてしまう。

よく「うちのブランドは売れていない」という言葉を耳にするが、これは決定的にブランドの理解を誤っている。なぜなら企業に利益を還元していない状況は「ブランドへの発展途上」であり、市場という舞台に登場し、演じているのに、いまだスポットライトに照らされていない「その他扱い」の状態である。「ブランド開発」段階で満足しているように見受けられる企業が多いが、ブランドがもたらした定量的・定性的利益を分析することで無形資産としてのブランド価値評価が可能になる。

イメージはコントロールすべき経営資源であり、大切に守り育てる財産である。有形資産に限界があっても、無形資産に明示された限界はなかろう。冒頭に記したとおり、ブランド戦略は循環サイクルであり、開発は始まりである。ブランドオリエンテッド企業への道のりは果てしないが、利益に至る道であることは歴史が証明している。

テーマ3-6　特許権の価値評価

●「特許権の価値」とは

　特許権の価値評価について、近年様々な検討が行われている。特許権は無形資産であることから、金融資産や土地・建物などの有形資産と比較して様々な活用方法が考えられる。また、評価対象として「個別の特許権」「事業に用いる特許群（ポートフォリオ）」「特許を受ける権利」「専用（通常）実施権」等が考えられ、評価対象が多岐にわたる。さらに、「技術的な観点」及び「法律的な観点」だけでなく、特許権を活用した場合の「経済的な観点」が必要であることから、特許権の価値評価は難しいといわれている。

　このような特許権については、絶対的な価値はなく、また、確立した価値評価方法はない。したがって、特許権の価値評価を行う目的に合致した評価方法を用いることとなり、価値も多様となる。

●特許権の価値評価をする目的

　特許権を価値評価する目的としては、大きく分けて以下の5つが考えられる。

（1）社内管理目的

　　企業内で事業を行う上で特許権を有効活用するために価値評価を行う場合がある。特許権を活用することにより市場における優位性の獲得や自社製品を防衛するために特許権の価値評価が行われる。

　　ただし、社内管理目的のためには、必ずしも経済的な価値評価を行う必要がない場合もある。

（2）個別売買・ライセンス目的

　　経営の選択と集中の結果、特許権を売買する場合や実施許諾をする（受ける）際に価値評価を行う場合がある。契約金額や実施料率について他社との交渉を有利に進めるためには、特許権の適切な価値評価が必要である。個別売買目的のためには、当該特許権によって将来どのような収益を獲得することができるかが重要となる。

（3）訴訟・職務発明対価の算出目的

　　権利侵害訴訟における損害賠償金額の算出や、職務発明に関する「相当の利益」の算出において、特許権の価値評価が必要な場合がある。

これらの目的のためには、特許法102条各項に合致した損害額の推定や、合理的な職務発明規程がある場合には当該規程に基づいた相当の利益の算定等が必要となる。

(4) 会計・開示目的

企業を買収・合併した際に、被買収企業の持つ特許権等について経済的な価値評価を行う場合がある。また、知的財産報告書等を通じて投資家等に自社の知的財産の状況を開示する際に価値評価を行う場合がある。

(5) 資金調達目的

特許権を用いて資金調達する際に、価値評価が必要な場合がある。銀行等の金融機関から特許権を担保として融資を受ける場合における融資額の算定や、特許権を証券化する場合における譲渡価額の算定に特許権の価値評価が必要となる。

●特許権の価値評価方法

特許権の経済的な価値評価を行う場合には、一般に以下の3つのアプローチがあり、上記価値評価目的に合致した価値評価が行われている。

(1) コスト・アプローチ

コスト・アプローチとは、特許権を獲得するために費やした研究開発費や特許出願・登録費用に基づいて特許権の価値を評価する手法である。このコスト・アプローチは、特許権を獲得するために実際に支出した歴史的原価を積算し、機能的減価を考慮した上で、評価基準日時点の特許権の価値を評価するが、過去の実際の支出額を基礎とする手法と、現時点で評価対象である特許権と同等の特許権を新規に獲得する場合に要するであろうコストの総額で評価する再調達価額を基礎とする手法がある。

コスト・アプローチのメリットとしては、過去又は将来のコストの集計であるため、比較的算定が容易であることが挙げられる。他方、デメリットとしては、同額のコストをかけても同じ効果が得られるとは限らず、特許権の活用次第でコスト以上の経済的価値を持つ可能性があること、そして、実務上はデータを集計するシステムが用意されていないと適用が難しいことが挙げられる。

(2) マーケット・アプローチ

マーケット・アプローチとは、評価対象である特許権について類似の取引を類推することにより、特許権の価値を評価するアプローチである。

マーケット・アプローチのメリットとしては、類似する取引に基づいているため客観的な価値評価ができることが挙げられる。他方、デメリットとしては、特許権には活発な取引市場がなく、特許権の性質上、唯一無二の存在であるため、比較可能な類似の取引事例に関する情報の入手が困難であることが挙げられる。

(3) インカム・アプローチ

インカム・アプローチとは、評価対象である特許権を活用した製品・サービスに関する事業から将来得られると期待されるキャッシュフローを、適切な割引率を用いて現在価値に割り引いた価額に基づいて特許権の価値を評価するアプローチである。このアプローチは、DCF法（Discount Cash Flow法）と呼ばれている。具体的には、DCF法により評価対象である特許権を活用した事業の価値を求め、事業の価値に占める特許権の寄与度（例えば25％）を乗じることにより特許権の価値を評価する方法や、評価対象である特許権の実施料率を仮定し、実施料の現在価値に基づいて特許権を価値評価する方法等がある。

インカム・アプローチのメリットとしては、特許権に関する将来の利益やリスクを反映することができることが挙げられる。他方、デメリットとしては、将来のキャッシュフローの予測やリスクを反映する割引率の決定が難しいことが挙げられる。事業に関する不確実性が低い場合には、このインカム・アプローチに基づく評価が一般に用いられている。

そのほか、モンテカルロDCF法（事業の価値評価に影響を与える製品売上高や材料費等のファクターについて予想される確率分布をあらかじめ設定し、その確率分布に基づく乱数を使って数万通りのシナリオをコンピュータにシミュレーションする方法）、ディシジョン・ツリー・アナリシス（事業計画に関する意思決定上の様々なオプションを時系列的に樹形図のように表し、各オプションの確率を見積って、事業の価値を確率論的に計算する方法）、そしてリアル・オプションによる評価（投資における意思決定の選択肢を金融オプションの一種とみなし、金融オプションの計算方法を用いて評価する方法）等の検討が行われている。

●アドバイス

　知的財産を戦略的に活用するために知的財産の経済的な価値評価を行う企業が増えてきている。ただし、知的財産の経済的な価値評価には、将来の見積り等の一定の仮定に基づいており、価値評価の限界を考慮しつつ、適切に利用することが必要である。

　更に詳しく知りたい方は、特許庁ほか「知的財産の価値評価について」（特許庁ウェブサイト［2017］）等を参照されたい。

②-1　出願・権利化戦略（出願前）

テーマ3-7　特許事務所（弁理士）の選択方法

● 特許事務所（弁理士）選択の必要性

　特許事務所への依頼経験が少ない企業で最初に困るのが、実はどの特許事務所に依頼すべきかという点ではないであろうか。

　弁理士は、特許権・実用新案権・意匠権・商標権・著作権等の知的財産関連業務を行うことが「法律上」できることとなっている。

　しかし、法律上できるということと、得意分野であるということとは次元が異なる。例えば医師免許を持つ医師は、内科、外科、産婦人科の区別なく、診療を行うことが「法律上」できるが（外科の医師というのは、外科を最も得意（専門）分野とするということにすぎない。）、通常、私たちは産婦人科の医師に心臓外科手術を頼むことはないはずである。

　ところが、弁理士の場合には、余りそのような表示がなされていないためか、この「専門分野」や「得意分野」ということを意識して依頼するクライアントが少ないようである。このため多くの場合は、知り合いから紹介されたとか、たまたま近所に「○×特許事務所」という看板があったからとか、あるいは、他の案件で付き合いのある事務所だから、という理由で事務所を選択するケースが多いようである。

　しかしながら、弁理士の扱う仕事は医師と同様に、専門性が非常に高い。例えば特許であれば基本的には、IT、電気・機械・化学・バイオ等それぞれの技術分野の「最先端技術」を扱うのであるが、これらの最先端技術の動向を全て追いかけて行くのは不可能である。これは医師が眼科、外科、内科、耳鼻科等の全てにおける最先端医療をマスターできないのと同じことである。

　特許以外でも、例えば意匠や商標に関しても、他人の既存の権利を侵害しないかどうかという重要かつ微妙な問題について長年の経験がないと適切な判断ができない場合が多い。

　また、外国出願に関しても同様であり、外国出願のノウハウ・実績のない事務所では国内の特許出願を依頼した後、外国にも出願したい場合に対応できないときがある。

● 専門性の持つ意味

　ところで、専門分野や得意分野といってもどれほど意味があるのかという疑念を持たれる人もいるであろう。

まず、弁理士が出願書類を作成するまでの業務プロセスは概略的に、「1：技術内容を理解する」「2：技術内容を従来技術と対比したり、抽象化したりすることを通じて、発明の本質を理解する」「3：発明を説明するための構成を検討する。この際、必要に応じて実施例や応用例の追加を行う」「4：実際に出願書類を作成する」に大別される。

ここで、依頼分野と弁理士の専門性が合致しない場合に考えられる幾つかの問題点がある。まず、弁理士は、上記プロセス1において、その技術分野に造詣のある人間なら通常知っている技術用語自体を知らないため、発明者から説明を聞いても発明の内容を正確に理解できない場合がある。また、プロセス2においては、そもそも従来技術がどのようなものであるのかを知らないため、従来技術と異なる特徴を十分に把握できず、発明の本質を見誤る可能性がある。さらに、プロセス3においては、実施例や応用例を検討することもままならず、プロセス4においては、技術内容を正確に記述することが困難になる可能性がある。

では、このような問題点は最終的に依頼企業の利益にどのような悪影響を及ぼすのか。結論としては、依頼企業が「広く強い特許権」を取得することを阻害し得るということになるであろう。出願書類で一番重要な特許請求の範囲（クレーム）について、最終的には、余計なぜい肉を付けてしまったり、不正確な記述をしてしまったり、あるいは、説明を十分に記載できなかったりという事態を生じさせる。

こうなってしまうと、本来であれば特許になるはずの発明が特許にならないというケースも生じ得る。また、特許にはなったが非常に権利範囲が狭くなってしまうという事態も生じ得るのである。

よく聞く話が、中小企業の方などの「○×事務所に依頼したものは全部特許になったから良い事務所だ」という評価であるが、これは常に正しい評価とは必ずしも言い切れない。特許というのは、「AステップとBステップとCステップからなる製造方法」とクレームに書いて権利が成立すれば、このアイデアの製造方法を無断で事業として実施することはできなくなる。そのため、審査官は権利範囲（上の例でいえば、一般にステップ数が少ないものほど権利範囲が広く、ステップ数が多いものほど権利範囲が狭くなる。）が広い特許に対してはより慎重に特許すべきかを判断する。権利範囲が広い特許が成立すれば、広く第三者の事業活動を拘束し、社会的な影響が大きいからである。他方、この逆として、権利範囲が狭い出願は、意外に特許になりやすいのである。具体的には、先ほどの余計なぜい肉の付いたものが典型である。

つまり、権利範囲の狭い出願をすれば、それを特許として認めても牽制範囲は極めて狭いのでその特許が成立しても誰も困らない、社会的な影響がほとんどない「害のない特許」となる。

しかし、このような狭い権利は、実質的には牽制範囲がほとんどなく、回避容易な特許となってしまい、特許権を維持するためには、特許庁に権利の維持費用（「特許年金、特許料」と呼ばれている。）を払わなければならないため、特許権を保有する企業にはかえってマイナスという事態になりかねないのである。

以上のことから、弁理士の専門分野や得意分野によってクライアントの「権利の価値」に変動をもたらす可能性がある点がお分かりいただけたであろう。

他方、専門性が必ずしも大きな問題にならないケースも存在する点を付言しておきたい。なぜなら、弁理士にとって最も大切なのは、「理解力」及び「論理構成力」だと考えることもできるからである。つまり、専門知識を有している弁理士であっても、そのことだけでは発明を十分に理解できるとは限らず、また、発明の特徴を抽出したり、説明に適した文書構成を構築したりすることができない場合がある。逆に専門知識が不足している弁理士であっても、理解力に優れている場合には、依頼に応じた技術内容を勉強することによって必要な知識を補充することができ、また、論理構成力に優れている場合には、説得力のある文章を記述することが可能になる。そもそも、専門知識を有している弁理士であっても、常時研究を行っている発明者のほうがその技術分野に精通していることは当然であるため、技術内容については、発明者に説明してもらったり依頼が来てからその内容に関連した勉強を行うことで補完し、弁理士は専門家としての別の観点（例えば法律の専門家としての観点）からアドバイスを行うことが求められるのである。また、そのほか、専門性以外にも、その分野における実務経験が重要であることは、説明するまでもないであろう。

つまり、結論としては、弁理士の専門性に留意しつつも、「理解力」や「論理構成力」等の実力をバランス良く見極めて、仕事を依頼することが大切なのである。

実は、専門分野あるいは得意分野ということをここで強調するのは、クライアントの「権利の価値」に変動をもたらす可能性があるからである。

●特許事務所の具体的な選択方法について

弁理士の得意分野や専門分野を把握し、依頼したほうがよいという観点に立って、それでは、具体的にはどのように選べばよいのであろうか。

この点に関しては、専門分野等から弁理士を検索できる弁理士検索システムが日本弁理士会のウェブサイト（http://www.jpaa.or.jp）にある。したがって、このシステムで自分の案件の分野に合った弁理士を探して訪問するという方法がある。

　しかし、このシステムは飽くまで各弁理士の「自己申告」のデータが表示されているもので、公的に専門性を証明しているものではない点や、また、自己申告であるがゆえに申告していない弁理士のデータは表示されない点は知っておく必要があるであろう。

　また、独立行政法人工業所有権情報・研修館のJ-PlatPatで特許公報を調べるという方法もある。ここでは、自分の技術分野に近い特許出願の代理を行っている弁理士を探すことが可能である。ただし、注意すべきは、出願書類に書かれている弁理士名は、必ずしもこの出願の明細書を書いた本人とは限らない点である。つまり、事務所内の他の弁理士が書いたものでも、事務管理上の理由から所長弁理士の名前で統一して出願しているケースがかなりあるからである。

　このように書くと、「それならいろいろな技術分野の専門家をそろえている大手事務所に頼むのが一番よいのではないか」と考える方もいる。実際に、そう考えて大手事務所に出願を依頼する中小企業やスタートアップの方も結構多いようである。

　しかし、大手事務所の場合、出願を定期的かつ大量に行う大企業がクライアントである場合が多く、単発の案件は相対的に優先順位が低いものになってしまう可能性がある。また、利益相反により受任ができないこともある。したがって、常に大手事務所に依頼しておけば安心というものでもない。

　弁理士によっては、大量に出願する大企業をクライアントとすることを好まず、スタートアップや中小企業を主たるクライアントとして熱意をもって仕事をして活躍している方もおり、このような弁理士はスタートアップや中小企業の強い味方となる。

テーマ3-8　発明の発想方法

●アイデアの出し方

まず、特許性のある発明を生み出すためには、そのネタになるアイデアをたくさん出して、その中から有効なものを選び出す作業が必要になる。

アイデアを出すには、まず論理的に考えることが大切で、この論理的思考を繰り返した後には、必ずアイデアが出る。繰り返し考えてもアイデアが出ない場合、その後、その問題を考えていないときに、ふとアイデアを思い付くことがある。この空白の期間を心理学の分野では「あたため」といい、画期的なアイデアが生まれるための条件の一つと考えられている。

つまり、考えても考えてもアイデアが出ないといったところまできたら、初めて発想法を使うことを考えるのが好ましい。

以下、アイデアの発想法として、一般的な発想法、考える観点を見つける発想法、組合せを考える発想法、発明技法としての発想法、最後に実務的に簡単に活用できる発想法の概要を紹介する。

●一般的な発想法

誰でも知っている発想法の一つにブレーンストーミングがある。ブレーンストーミングはアレックス・オズボーンが考案したものであって、その名のとおり、頭の中を嵐のような状態に追い込む発想法である。

よく企業内でもブレーンストーミングは実施されているが、実は多くの場合フリートーキングの状態で終わってしまっていて、頭の中を嵐のような状態に追い込むところまでには至っていないのが現状である。

頭を嵐の状態にするには、ブレーンストーミングに参加した者が楽しくて楽しくてたまらない状態を作るか、参加者を発想しなくてはならない危機的な状況に追い込む必要がある。

また、ブレーンストーミングには、自由奔放、批判厳禁、便乗歓迎、質より量、という4つの原則がある。これを全員が守った上で、アレックス・オズボーン推奨のチェックリスト等の視点を参考にしながら、参加者全員がアイデアを発散することが重要である。

オズボーンのチェックリストは、置換（Substitute）、結合（Combine）、転用（Adapt）、拡大（Magnify）、修正（Modify）、応用（Put to other purposes）、除去（Eliminate）、再配列（Rearrange）、逆転（Reverse）、といった9つの項目（以下、「SCAMMPERR」という。）で、考え漏れを防ぐために有効である。

SCAMMPERRは、実体の数を変更する（分割、結合）、実体のサイズを変更する（拡大、縮小）、外部形状を変更する、内部構造を変更する、既存の構造を他の何かの代わりにする（置換）の5つの戦略を表しているともいえる〈アレックス・オズボーン『創造力を生かす』（創元社［2008］）〉。

●考える観点を見つける発想法

アイデアを出すには、対象となる物事のどこに目を付けるかといった観点が重要になる。新しい観点を与えてくれる発想法としては、属性列挙法がある。

属性列挙法はロバート・クロフォードによって考案されたものであって、物事の特性を洗い出してその特性に注目して発想する方法である。

注目する特性には、① 全体、部分、材料、製法等の名詞で表される名詞的特性、② 形、色、形状等の形容詞で表せる形容詞的特性、③ その物、事の働きや作用等の動詞で表せる動詞的特性がある。

また、オズボーンのチェックリストと属性列挙法とをマトリックスで組み合わせたものとしてSAMM法（属性改良配列マトリックス法）が知られている〈チャールズ・ヤン『ビジネス思考学 創造型企業への道』（中央公論社［1980］）〉。

●組合せを考える発想法

創造とは、既存の要素の新しい組合せであるといわれるが、何をどのように組み合わせたらよいのかが問題である。全ての可能な組合せを考える方法として、フリッツ・ズイッキーの考案した形態分析法がある。

形態分析法は、3つの独立変数をX軸、Y軸、Z軸に設定した立方体を想定し、具体的な変数値（項目）を各軸上に割り当てることで、複数のボックスが組み合った立方体を作成し、「X軸上の項目数×Y軸上の項目数×Z軸上の項目数」からなる形態分析チャート（図1）を使用して、発想する方法である。この形態分析チャートを使用すると、漏れのない特許群を形成することができる。

●発明技法としての発想法

単にアイデアを出すための発想法のほかに、技術的な問題解決を意識した発明を生み出すための発想法（以下、「発明技法」という。）も考えられている。

発明技法として使用できる発想法には、市川亀久彌が考案した等価変換理論、ウィリアム・ゴードンが考案したシネクティクス、中山正和が考案したNM法、ゲンリッチ・アルトシューラーが考案したTRIZが挙げられる。

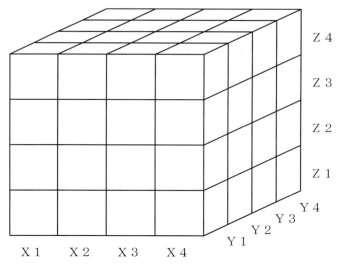

図1　形態分析チャート

いずれも発明を生み出すことを意識して考案されたものであり、研究者・技術者はもちろん、知的財産部門の担当者も一度は試していただきたい発想法である。

研究者・技術者と知的財産部門の担当者が発明技法を使えるようになると、発明や特許に関して両者間のコミュニケーションが円滑になるといった付加価値も期待できる。

(1) 等価変換理論

等価変換理論は、一見すると言葉の上では異質のAとBがあるとき、Aの持つイメージとBの持つイメージとを拡張し、両者に共通する新しいイメージを見いだすものである。

例えば空を滑空するグライダーを考える場合、空を飛ぶという観点から、「ツバメ」を出発系とし、「グライダー」を到達系とすると、両者に共通する本質的なものは「翼」である。しかし、翼だけではグライダーは完成しないので、ツバメの構成要素で、グライダーに必要な要素や不必要な要素に着目し、グライダーの構成を考案する。

例えば上下方向を決めるツバメの尾羽根の代わりに、グライダーでは昇降舵を採用する。ツバメには人が乗っているわけではないが、グライダーには人が操縦するためのハンドルが必要といった具合である。

(2) シネクティクス

　言葉の上では異質なAとBについて、観点を変えてAとBの両方のイメージを広げて、両者をイメージの上で組み合わせる方法が考えられる。
　具体的には、AとBのイメージを広げるために、それらに共通する具体的なものを参考にする。「例えば〜のように」で表される具体的な似たものを想像し「直接的類比」をしてみる。また、「赤ずきんちゃんが持っているバスケットの中に入っていれば？」というように童話や詩的なものの中で似たものを参考にして「象徴的類比」をしてみる。さらに、「自分がタマゴを入れたコップだったらどのようにすればよいか」と考えて「人格的類比」を行ってみることが推奨される。この人格的類比の考え方は、TRIZのSLP（Smart Little People）という手法に受け継がれている。

(3) NM法

　言葉では異質なAとBとを問題の本質を表すキーワードによって両者に共通するアナロジーを検索し、そのアナロジーのイメージを追い求めることによって、両者をイメージの上で組み合わせる方法が考えられる。NM法はこの考え方を採用している〈中山正和『NM法のすべて 増補版—アイデア生成の理論と実践的方法』（産能大出版部［1980］）〉。

(4) TRIZ

　TRIZとは、「発明的問題解決理論」のことで、1946年ロシアの特許審査官であったゲンリッチ・アルトシュラーが開発した発明技法である。この技法は、当時約20万件の特許事例を分析し、発明の解決案には共通する発明原理が存在することを突き止め、この発明原理を体系的に整理し、課題のパターンによって適切な原理を提示するようにしたものである。
　TRIZでは、図2に示すように、特定の問題が与えられると、その特定の問題を一般的な問題に抽象化して、その一般化した問題に対する一般化した解決策を、過去の特許事例から検索し、その検索結果を参考に特定の問題を解決するヒントを獲得する〈ダレル・マン『TRIZ実践と効用 体系的技術革新』（創造開発イニシアチブ［2004］）〉。
　TRIZは技術的矛盾マトリックスを使った発明原理、物理的矛盾を使った分離の原則をはじめ、物質—場分析を使った発明標準解、マルチスクリーン、技術進化のトレンド、究極の理想解、科学的・工学的効果集、ARIZ、SLP、トリミング等、多くの手法が集まったものである。

これらの手法を全て活用することは時間的にも難しいため、この中で自分の使いやすい手法だけを使うことでも、自分の専門分野の発明を見いだせるため、是非試していただきたい。

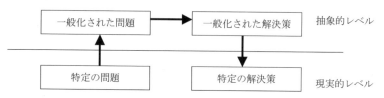

図2　TRIZの思考プロセス

●実務的に簡単に活用できる発想法
(1) マインドマップ

最後に、すぐに使える手軽な発想法でありながら、問題の発見から問題の解決まで一貫して使用できる手法であるマインドマップを紹介する。

マインドマップは、紙面の中心にテーマを記載し、その周りにテーマに関連した項目を記載していくことで、問題を分析していく過程で気付いたヒントを書き留めていく方法である。中心のテーマと周辺の項目との関係は連結線で示され、その展開方向や展開の数には制限がなく、最終的には1枚の紙面に思考結果が描かれたマップが完成する〈トニー・ブザン『頭脳開発99パーセントへの挑戦』（日本ブリタニカ［1978］)〉。

マインドマップは簡単な仕組みであるので、すぐにでも使用することができる。この簡単な仕組みで何ができるかと思うが、やってみると以外に楽に発想できるから不思議である。

これは、自分の考えていることを目の前に次から次へ書き出して、その内容を確認しながら書き出したデータの書き換え、入れ替えを自由に試すことができ、その結果が目の前にすぐ表現されるといった状況が生まれるからである。

(2) MC法

同じような思考パターンを繰り返す思考法を、自然界のフラクタル現象のアナロジーからフラクタル思考という。このフラクタル思考を利用した発想法には、松村寧雄が考案したMY法〈松村寧雄『経営に生きる仏教システム─ビジネス活性化の原点』（ソーテック社［1980］)〉、森政弘の考案したデザインスゴロク〈森政弘『超常識 平凡のなかの非凡のすすめ』（PHP

研究所［1988］)〉等が存在するが、ここでは長谷川公彦が開発したMC（マトリックスカード）法を紹介する。このMC法は、表面と裏面とでデザインが異なり、３行×３列の９つのセルからなるマトリックスのカード（図３）を使用する。MCは、フラクタル思考の中心と周辺といった形態に限らず、縦の列と横の行との組合せからなる一般的な二元表としても使用される。MC法は、プラットフォーム的な存在であるため、一般的な発想法から本格的な発明技法までの各種の発想法をマトリックスカードで対応できる〈MC法の詳細は、日本アイアール株式会社のウェブサイト（http://www.nihon-ir.co.jp/）を参照されたい。〉。

マトリックスカード
の使い方

発想型のフラクタル思考の手順	フラクタル図解の基本パターン	MC法による単位フラクタルの作成方法
分析型のフラクタル思考の手順	マトリックスカードの使い方	MC法による２階層フラクタルの作成方法
マトリックスカードとMC法	フラクタル思考法とは	MC法のツール

図３　マトリックスカード（使用例）

テーマ3-9　AIを活用した発明創造

●AIの活用により広がるアイデアの世界

(1) アイデア創出における普遍的な原則

　　アイデアを生み出す際に、「アイデアの質」を判断するよりも、「アイデアの量」を追求することは重要である。これは、従前からブレーンストーミングのルールにおいて「質より量を重視する」ことが実践されていることからも、アイデア創出において普遍的な原則といえるであろう。アイデアの量を追求することは、実は結果的に良いアイデア・解決策の発見につながるのである。アイデアの量を重視することにより、アイデアの幅が広がり、質の高いアイデアが生まれる確率を上げることができる。

　　アイデアの量の追求に加えて、「外部からの視点の導入」も重要である。外部からの視点を取り入れることで、自らが所属する組織の内部では気付かなかった新たな観点による解決策が生まれる可能性がある。例えば異なる業界の専門家や文化背景を持つ人々の意見を取り入れることで、既存の枠組みにとらわれない斬新なアイデアが生まれることが挙げられる。

　　このように、アイデアを生み出す際には、アイデアの量を重視することが重要であると同時に、外部からの視点を積極的に取り入れることで、アイデアの多様性と質を高めることができる。そして、多くのアイデアを精査し、質の高いアイデアを選び出していくことが効果的なアプローチであると考えられる。このようにアプローチすることで、革新的なアイデアを生み出す可能性を広げることができる。

(2) AIは「異質な知性」

　　AIとは「人類がこれまで出会ったことのない異質な知性（人とは異なる知性）」である。すなわち、この「異質な知性」を持つAIは、「異質な創造性」を持ち得るといえる。人間の創造性が人間の知性に基づいているのに対し、AIの創造性はAIの知性に基づくと考えられるからである。

　　AIの動作の根本は、コンピュータによるデータ演算処理であり、異なる分野の知識データを迅速に組み合わせる能力に優れている。人間の専門家が1つの技術分野に特化する傾向があるのに対し、AIは複数の技術分野のデータを同時に処理し、分野横断的な知識の組合せを見つけ出すことができる。このAIの能力は、複雑な問題解決において特に有効である。

　　AIの創造性を人間の創造性と同一視するのではなく、AIならではの創

造性があると理解することは重要である。そのような視点に立つことで、AIの可能性を積極的に探求し、AIを活用するための建設的な議論をスタートさせることができるようになる。そこから、AIと人間の協働による新たな創造の可能性が見えてくるはずである。

(3) AIによるアイデアの量産と多様性の導入

　AIの活用によって、アイデアを量産できるということは、注目すべき点である。AIは、24時間365日の稼働が可能であり、疲れることもなく膨大な知識を基に膨大な出力を生成することができる。このようなAIの特長をいかすことで、人間よりも圧倒的に多くのアイデアを生み出すことができるのである。AIによるアイデアの量産により、「アイデアの量」が増えると、その中から優れたアイデアを見つけ出せる確率は高くなる。つまり、AIを活用してアイデアを大量に生み出すことにより、結果として「アイデアの質」を向上させることができるのである。

　さらに、膨大なデータを学習した「異質な知性」であるAIにより、外部からの視点の導入が実現される。AIは多様な情報源から知識を得ることができるため、人間では思い付くことが難しい斬新な視点や異分野の知見を提供することが可能である。分野横断的な知識の統合と多様性の導入を通じて、外部からの視点を取り入れることができる。

　しかし、AIが出力するアイデアの中には、現実離れしたものや実現不可能なものも含まれている可能性がある。そのため、AIが出力したアイデアをそのまま鵜呑みにするのではなく、人間の判断力や、科学的検証を用いて、実現可能性や有用性を見極めていく必要はあるであろう。

　AIが学習している知識は、一人の人間の知識と比べると圧倒的に多い。「アイデアとは既存の要素の新しい組合せ以外の何ものでもない」というジェームス・W・ヤングの言葉（1940年）を踏まえると、AIによる組合せ探索はすさまじい能力を発揮する。つまり、AIは膨大な知識を活用して、人間のみでは思い付くことが難しいような新しい組合せを見つけ出せるのである。

　このように、AIを活用することでアイデアを量産し、外部からの多様な視点を取り入れ、その中から優れたアイデアを選び出していくことが、イノベーションを生み出すための有効な手立ての一つといえるであろう。人間とAIの創造性を組み合わせることで、これまでにない革新的なアイデアを生み出す可能性を広げることができるのである。

●AIを活用した発明創造の事例
(1) 特許明細書で学習したAI

特許明細書は、先人たちが長年にわたって積み重ねてきた膨大なアイデアのデータベースである。そのため、特許明細書は、技術的知恵を抽出するための重要な情報源として期待できる。

特許明細書によりAIを学習させる際には、特許明細書に記載されている発明の中から、「発明の効果」に着目することが有効である。発明の効果を軸として、その発明を構成する技術要素を分解し、他の技術要素との組合せを分析することで、新しい技術要素の組合せを見つけ出すことができる。この手法は、既存の技術を新たな視点で捉え直し、革新的なアイデアを生み出すための効果的な手法となり得る。

特許明細書のデータを活用することで、既存の技術要素を組み合わせた新しいアイデアの創出が可能になる。この手法は、人間の創造性とAIの能力の融合であり、従来では思い付かなかったような革新的アイデアを生み出す可能性を秘めている。また、こうした手法を用いれば、技術開発の効率化や新たなビジネスの創出につながる可能性もある。これまで分散していた人類の知識が、AIを通じて誰でも使えるようになるのである。

図1は、特許明細書により学習したAI（AXELIDEA Patent™：アクセリディア　パテント™）による生成例である。このAIは、0から1を生み出すことに特化したアイデアを生み出すAIである。「0から1を生み出す」ことは、イノベーションの本質であり、産業発展の鍵となる重要な過程といえる。既存の知識や技術の組合せから、全く新しい概念や解決策を創造することは、人類の技術的進歩を加速させるものであり、AIがこの過程を支援することで、より革新的なアイデアの創出が期待できる。

この生成例は、「風力発電機の安全性を向上させる」発明の提案文を生成させたものである。生成した提案文には、発明の概要、発明が解決しようとする課題、解決するための方法、発明の効果が示されており、企業で用いられている発明提案書の内容として直接的に使用することができる。このようなAIによる「0から1」の創造は、人間の発想力を刺激し、新たな技術革新の種をまく役割を果たすと考えられる。

(2) 「特許請求の範囲」の自動生成

AIにより生成したアイデア提案を用いて、AIにより特許請求の範囲を記述させることが可能である。

具体的には、AIが生成したアイデア提案の文章を入力して、更にAIを用いて特許請求の範囲を記述させる。AIは特許明細書の書式や記述方法を学習しておくことで、適切な形式で特許請求の範囲を記述できる。
　例えばAIが生成したアイデア提案の文章（図1）を用いて、更にAIを活用して特許請求の範囲を記述させた例を図2に示す。AIに入力したプロンプトの文章は下記である。
＜＜「風力発電機の安全性を向上させる」発明の提案文を基に、特許請求の範囲を起案してください。新規性が不足する場合には、特許性を向上させるように補強してください。補強した箇所には下線を引いてください。

負荷に応じたブレード角度調整
【発明概要】ヨーベアリングが受ける荷重に応じてブレード角度を調整し、安全性を高める方式。
【解決課題】強風時にはヨーベアリングに大きな負荷がかかり、風力タービンに損傷を与える可能性があります。
【解決方法】ヨーベアリングが受ける荷重に応じてブレードの角度を調整する方法を開発することで、力を均等に分散し、過負荷や風力タービンの損傷の可能性を防ぎます。
【発明効果】ヨーベアリングへのストレスが軽減され、コンポーネントの故障の可能性が減少し、風力タービンの全体的な安全性が向上します。

図1　特許明細書で学習したAIによるアイデアの生成事例

　図2のように、AIは発明の構成要素や技術的特徴を抽出し、それらを基に特許請求の範囲の形式に沿って記述することができる。このように、AIの能力をいかすことで、発明者はアイデアの創造に専念できる。

【請求項1】
風力発電機のブレード角度を調整する装置であって、
ヨーベアリングが受ける荷重を測定する荷重センサと、
前記荷重センサにより測定された荷重に基づいて、前記ブレードの角度を調整する制御部と、を備え、
<u>前記制御部は、前記測定された荷重が予め設定された閾値を超えた場合に、前記ブレードのピッチ角を増加させ、</u>
<u>前記制御部は、前記測定された荷重の変化率に基づいて、前記ブレードのピッチ角の調整速度を動的に変更する</u>ことを特徴とする、ブレード角度調整装置。
【請求項2】
<u>前記制御部は、前記測定された荷重が予め設定された安全範囲内に収まるように、前記ブレードのピッチ角を調整する</u>請求項1に記載のブレード角度調整装置。
【請求項3】
<u>前記荷重センサは、前記ヨーベアリングの複数の位置に設置され、</u>
<u>前記制御部は、前記複数の位置で測定された荷重の分布に基づいて、各ブレードの角度を個別に調整する</u>請求項1または2に記載のブレード角度調整装置。
【請求項4】
<u>前記制御部は、前記測定された荷重に基づいて、前記ブレードの角度を制御するための制御信号を生成し、</u>
<u>前記制御信号に基づいて、前記ブレードのピッチ角を調整するピッチ制御システムを備える</u>請求項1から3のいずれか一項に記載のブレード角度調整装置。
【請求項5】
<u>前記制御部は、風速センサから得られる風速データと、前記荷重センサから得られる荷重データとを組み合わせて分析し、将来の荷重変化を予測し、予測された荷重変化に基づいて事前に前記ブレードの角度を調整する</u>請求項1から4のいずれか一項に記載のブレード角度調整装置。
【説明】
請求項1では、荷重の変化率に基づいてブレードのピッチ角の調整速度を動的に変更する機能を追加しました。これにより、急激な荷重変化に対してより迅速かつ適切に対応することが可能となります。請求項2では、荷重を予め設定された安全範囲内に収めるようにピッチ角を調整する機能を追加しました。これにより、常に安全な運転状態を維持することができます。請求項3では、複数の位置で荷重を測定し、その分布に基づいて各ブレードの角度を個別に調整する機能を追加しました。これにより、より細やかな制御が可能となり、風力タービン全体のバランスを最適化できます。請求項5では、風速データと荷重データを組み合わせて将来の荷重変化を予測し、事前にブレード角度を調整する機能を追加しました。これにより、より先進的で効果的な制御が可能となります。これらの追加機能により、発明の新規性と進歩性が高まり、特許性が向上すると考えられます。

図2　AIによる「特許請求の範囲」の生成事例

(3)「事業化コンセプト」の自動生成

AIにより生成したアイデア提案を用いて、AIにより事業化コンセプトを記述させることも可能である。

例えばAIが生成したアイデア提案の文章（図1）を用いて、更にAIを活用して事業化コンセプトを記述させた例を図3に示す。

AIに入力したプロンプトの文章は下記である。

＜＜あなたは大企業の新規事業部門の責任者です。下記の「風力発電機の安全性を向上させる」発明を軸とした、複数の事業化コンセプトを立案し、列挙してください。その事業化コンセプトを立案した理由についても詳細に説明してください。

図3のように、AIは発明の構成要素や技術的特徴を抽出し、それらを基に事業化コンセプトを立案することができる。

---

1. スマート風力タービン制御システムの開発と販売
このシステムは、本発明の技術を核として、AIとIoTを組み合わせた総合的な風力タービン制御システムとして展開します。風況データ、発電効率、メンテナンス予測などの機能を統合し、風力発電所の運営を最適化します。
理由：風力発電市場の成長に伴い、より効率的で安全な運用への需要が高まっています。本システムは、安全性向上だけでなく、発電効率の最大化やメンテナンスコストの削減にも貢献し、幅広い顧客ニーズに応えることができます。
2. 風力タービン安全性向上キットの提供
既存の風力タービンに後付けで導入できる安全性向上キットを開発・販売します。このキットには、荷重センサー、制御ユニット、ソフトウェアが含まれます。
理由：多くの既存風力タービンの所有者は、完全な設備更新ではなく、コスト効率の良い改修を求めています。このキットにより、既存設備の寿命延長と安全性向上を同時に実現できます。
3. 風力タービン保険と連携したリスク管理サービス
保険会社と提携し、本発明の技術を導入した風力タービンに対して、有利な保険条件を提供するサービスを展開します。
理由：風力タービンの安全性向上は、保険会社にとってもリスク低減につながります。このサービスにより、風力発電事業者のコスト削減と、当社技術の普及促進を同時に実現できます。

これらの事業化コンセプトは、本発明の技術を核としつつ、市場ニーズに応じて様々な形態でサービスを提供することを目指しています。また、ハードウェア販売、ソフトウェア販売、サービス提供など、多様な収益モデルを構築することで、事業リスクの分散と持続的な成長を実現することができます。

図3 AIによる「事業化コンセプト」の生成事例

●ハイブリッド・インテリジェンスの時代へ

AIは、人とは異なるロジックで思考することができる異質な存在であり、人間の多様性を引き出すことが期待できる。ペンギンが進化の過程で飛ぶ鳥から泳ぐ鳥へと独自の進化を遂げたように、「異質な知性」を持つAIの出現という大きな変化に対して、人間も独自に適応する必要があるであろう。

ブレーンストーミングは、「他人のアイデアに刺激されることでアイデアを増やすことができる」として、広く用いられている集団発想法である。しかし、その半面、他人の目を気にすることで、より良い意見を言おうとするバイアスがかかるというデメリットも存在する。このデメリットを克服する方法として、「AIを用いた1人ブレーンストーミング」が考えられる。

AIとの対話を通じて、他者の目を気にせず自由に発想を展開できるという利点がある。

　つまり、人間とAIとがそれぞれの特性を補完的に活用することによって、個々が単独で行うよりも優れた成果を生み出す「ハイブリッド・インテリジェンス」の時代が到来するといえる。人間とAIが協働することで、これまでにない新しい知見やイノベーションが次々に生み出されていくであろう。AIは、人類の知的活動に大きな影響を与えていくことが予想されるのである。

　加えて、生成AIの出力結果を人間が閲覧することにより、人間は創造性を発揮できるようになることが期待できる。AIが提示する斬新なアイデアや予想外の組合せが、人間の思考の枠を広げ、新たな発想のきっかけとなるのである。AIが生成した複数の案を基に、人間がそれらを組み合わせたり発展させたりすることで、より革新的なアイデアが生まれる可能性がある。これは、AIの演算処理と人間の直感や経験が融合した、新たな創造のプロセスといえよう。

テーマ3-10　社内に埋もれている発明の発掘手法

●発掘コンサルティングの活用

　意味のある新たな発明を発掘するのはなかなか難しい。新たな特許出願を行う必要があるからといって、埋もれている発明を適当に見繕って出願しても意味がないので、自社にとって特許的価値のある発明を出願しなければならない。大手企業の場合には、社内に特許部（知的財産部）を抱えているので、自社の経験やノウハウを活用して多数の発明を発掘し、出願すべき発明を戦略的に選別することができる。

　しかし、それ以外の企業の場合には、そもそも発明発掘自体が悩ましい問題であり、経済面の制約を考えると、ますます何を発掘して何を特許出願すべきかが難しい問題となる。

　したがって、このような場合には、発明の発掘経験が豊富な弁理士やコンサルタントを活用することが望ましい。これらの者は、企業の経営戦略や将来動向を踏まえて、様々な経験を基に発明の発掘からコンサルティングを行ってくれる。発明の発掘は、ある面で最も特許実務の経験が生きる場面であるので、弁理士は、過去に関与した経験を踏まえて、ある程度の特許性の判断を交えながら価値のある発明を発掘してくれる。

　特許事務所の弁理士に発掘・コンサルティングを依頼する場合には、コンサルティング料が必要となる。ただし、発掘した発明が特許出願に結び付けば、かかるコンサルティングをサービス（無料）してくれる特許事務所もあるので、経済的制約が大きい中小・スタートアップ企業の場合には、この点を事前に確認する必要がある。

●弁理士が発明を発掘できる理由

　弁理士が意味のある発明を数多く発掘できるのには訳がある。というのも、発明者には、時間的な制約、予算上の制約、大手メーカーとの相互運用性、その分野での技術常識などの諸々の事情から、自ら「常識の枠」を作っていることが多い。弁理士は、これらの制約から離れて客観的に物事を考えることができる第三者であり、かつ、ある発明が特許要件を満たすかどうかの主観的な基準を持っている特許の専門家でもある。さらに、弁理士は、過去の各種出願を通じて様々な技術に広く深く精通しているため、あるアイデアを本来の技術分野ではなく他の技術分野に適用したり、発明の概念を拡張したりする点に秀でている。

以上のことから、弁理士を活用することは極めて有用と思われるが、全ての弁理士が一様に同じ能力を持っているわけではない。

例えば化学を専門とする弁理士にソフトウエア分野の発掘を依頼しても成果が期待できないので、企業が関与する分野に精通した弁理士を活用することが望まれる。

●どのような発明を発掘すればよいか

大手企業の場合には、包囲網を構築するように多数の特許出願をすることが可能であるが、中小・スタートアップ企業の場合には、そのような特許戦略を採ることが難しい。このため、自社の主力製品をできるだけカバーできるように発明を発掘することが望ましい。具体的には、現主力製品だけではなく、自社が進むと予測される将来動向なども踏まえて、発掘対象を絞るべきであろう。

●弁理士がどのように発明を発掘するか

弁理士は、「そのクライアントが何をやりたいのか？（目的、狙い）」さえ分かれば、その狙いを達成するための構成をある程度想像することができる。また、一流の弁理士であれば、想定した構成に特許性があるのかどうかを考え、もし特許性がなければ「一種のからくり」を入れ込んで特許性のある発明に仕上げることができる場合がある。例えばソフトウエア関連やネットワーク関連に精通する弁理士の場合には、ITビジネスの発明で「何をしたいのか」といった狙いが分かれば、特許性を考慮しつつ、狙いに見合ったからくりをアドバイスすることもできる。

それでは、弁理士は、どのように発明を発掘するのであろうか。この点は、各弁理士のノウハウに関わるところであり、全ての弁理士が同じ手順で発掘するわけではないので一概にいえないところであるが、ここではその一例について紹介する。

例えばある弁理士が、スタートアップ企業から主力製品の発明発掘コンサルティングの依頼を受けた場合には、この主力製品の狙いをヒアリングした上で、同様の狙いを持つ構成を実際の構成とは別に自分なりに考える。その後、スタートアップ企業から実際に採用した構成をヒアリングして自分が考えた構成とどこに差分があるのかを把握し、その差分にどの程度特許性があるのかを検討する。その結果、特許性があると思われる複数の部分をピックアップしてそれぞれ概念を抽出するとともに、各概念を様々な方向に拡張する。これだけで、主力製品に関わる複数の発明が発掘できる。

このように、文章で説明すると簡単なことのようであるが、実際には、その分野の技術常識、論理力、特許性の判断能力、特許実務の経験及び問題解決能力など様々な素養や経験を有しなければ、なかなか「意味のある発明」を発掘することは難しい。

●主力製品とは別に埋もれている発明をいかに発掘するか

① 企業が自社製品を開発する過程で、「実際には採用しなかったが、○○の処理をかなり高速化できた」というような意見が埋もれている場合が多いので、これらの意見をピックアップすべきである。現実的な効果が大きい発明の場合には、進歩性の特許要件をクリアできる可能性が高いからである。

② 企業が自社製品を開発する過程で、「A方式で実現しようとしたが、経済的な制約からB方式を採用した」というような意見をピックアップすべきである。特許的に見るとコストの制約は重要な問題ではないので、実際に採用しなかったA方式であっても、権利化しておけば先々有益になる可能性が高いからである。

③ 企業が自社製品を開発する過程で、「△△部分を実現するためにすごく苦労した」というような苦労話をピックアップすることも望ましい。発明の着想をなす「狙い部分」が発掘できるからである。この狙いを明確にすることができれば、具体的構成などを検討して更なる発明を発掘することができる。

④ 企業が「現時点では考えていないが、先々のビジネス展開として××方面に食い込みたい」というようなビジョンがある場合には、このビジョンもピックアップすることが望ましい。かかるビジョンと現主力製品の相互関係を検討する過程で、新たな発明の種が見つかることが多いからである。

⑤ 企業が「この先端技術に注目している」というものがあれば、注目する先端技術もピックアップすべきである。企業内の検討段階で「どのように先端技術を取り込むべきであるのか」が不明確であったとしても、弁理士を交えた発掘コンサルにより発明が顕在化することも十分考えられるからである。

⑥ そのほか、「主力製品を形成する技術の他業種への転用」など、一般的に行われている発掘技術も多々あるが、ここではその説明については省略する。

●アドバイス

　以上、特許となる可能性のある技術やアイデアをどのような視点で掘り起こすかについて説明をしてきた。

　しかし、これとは別に「発掘する」こととは多少視点が異なるのであるが、他者特許調査を利用した発明創造手法を紹介したい。前述の手法がある程度の開発の実績等、技術的裏付が必要であるのに対して、この手法であれば、実績がない新規な開発の場合等でも発明を創造することが可能となる。

　それは、例えば自社が新規に展開しようとする事業分野における公開公報の技術やアイデアを分析し、これを迂回し、更に良くするものを作り出すことである。特許権侵害を回避しつつ、加えて、先人が時間・労力をかけて作り上げた発明を上回るものを作り出すことが可能となるというメリットがある。

　大企業の知財部等では、実際に行われている手法であるが、本来、無駄な開発や研究をできるだけ回避したい中小企業等にこそ有用な手法ではなかろうか。

テーマ3-11　出願費用を節約する方法

●特許出願にかかる費用は

　特許出願を例に挙げてみると、通常、弁理士に依頼してかかる費用は、およそ1件当たり30万円前後（内容・ページ数などで大幅に変動するが、おおむね20万円から80万円の間が中心）がかかり、中小・スタートアップ企業にとってみれば、大きな負担といえる。

　出願にかかる費用を安くあげる究極の手法は、全て自分で手続を行うことである。しかし、理由については次に述べるが、これはお勧めしない。

●特許出願することと強い特許との関係

　最も安価な自身での出願をお勧めしない理由として、自分で出願手続をして特許を取得できた場合の権利範囲について申し上げたい。おそらく、多くの方が内容よりも特許が取得できたこと自体に満足されるのではなかろうか。特許などの出願件数が多く知的財産に先進的な大企業は、特許が取れたことよりも、どのような権利が取得できたかを厳しく管理しているのである。それは、権利範囲の広さ、自社ビジネスの範囲を漏れなくカバーしているか、他社への牽制効果が高いかなどを管理しており、そのために依頼する弁理士の実力も厳しく管理しているのである。

　よって、このような強い特許を取得したいのであれば、やはり専門家（弁理士）に依頼することである。また、できれば依頼する弁理士の選定にも注意されたい。実は、弁理士にはそれぞれ最も得意とする技術分野があるのである。つまり、化学を専門とする弁理士に、機械に関する特許出願を依頼しても強い特許が取得できる可能性は低いといえるであろう（▶「テーマ3-7」を参照）。

●特許庁と弁理士に支払う費用

　出願にかかる費用は、特許出願料と弁理士に支払う手数料がある。特許出願料は、出願時に特許庁に支払う手数料で、弁理士に出願手続を依頼するしないにかかわらず必要であるので注意してほしい。なお、特許を取得するためには、特許庁に更に審査請求料を支払い、審査を受ける必要がある。

　さて、弁理士に支払う手数料において、出願明細書や図面作成などの各項目の費用は、以前は日本弁理士会が定める「標準報酬額表」（特許事務所にとっての料金表）というものを基に合意して請求することが多かったようである。しかし、この標準報酬額表は諸般の事情から既に廃止された。

その結果、依頼者が弁理士に支払う金額は、完全に交渉次第となった。しかしながら、多くの特許事務所がこれまでの料金内容を自らの料金表として定めて使用しているケースが多いようである。

さて、費用を安くあげようと特許事務所（弁理士）と費用面について価格交渉することにしても、特許事務所側としては、出願件数が多く、継続性もある点で貴重なクライアントである大企業と比べると、特許出願件数の少ない中小・スタートアップ企業からの厳しい要求は、受け入れられないかもしれない。

●出願費用を安くあげるために依頼者が協力すべき点

では、どのようにすればスムーズな価格交渉ができるのか。弁理士側の業務の一部を依頼者が補完できれば、価格交渉もスムーズに行うことができる可能性が高い。例えば弁理士の業務において、最も重要な点として依頼者からの発明の内容（ポイント）を漏れなく把握することが挙げられる。

中小・スタートアップ企業などの特許出願に不慣れな依頼者からの案件は、必要な資料が不十分なことが多いが、できれば弁理士が必要とする発明のポイント（従来技術、従来技術の問題点、従来の問題点の解決方法、それにより得られる有利な効果など）を提案書として用意することで交渉もしやすくなる。

ただし、費用においては、「削減することのできる部分」と「できない部分」がある点に注意してほしい。前段のような部分は「削減できる部分」といえる。

一方、「できない部分」とは、出願内容に関わる部分である。基本的に弁理士への報酬は従量制であると考えていただければよい。アイデアの本質を抽出し、権利範囲の広い特許権を得るにはそれなりの時間と労力を要する。その意味で、このテーマに相反するかもしれないが、良いものを作るにはそれなりの費用がかかるのは当然のことなのである。

●特許料等の減免措置

審査請求料や特許料等は、中小・スタートアップ企業等に対して一定の場合に減免措置がある。詳細については特許庁ウェブサイトや弁理士等に確認されたい。

テーマ3-12　広告宣伝目的の出願の可否

●出願すべきか否かの判断について

　企業にとって進歩性（特29条2項）などの特許要件を検討し、権利化を図るのは困難と思われる発明を出願すべきか否かの判断は難しい。そこで、貴社の広告宣伝を目的として、これらの発明を出願すべきか否かについて説明する。

　企業が広告宣伝をする相手は、通常、取引を行いたいと思う取引企業、一般消費者などが考えられる。実際に取引企業に営業活動を行う場合、パンフレットなどを用いて売り込む製品の特徴などをまず説明する。このパンフレットに「特許出願中」という文字が表示されているか否か、貴社の営業マンが直接取引企業に「この製品は、特許出願中です」と言うか否かによって、取引企業の印象は変わると思われる。

　これは、取引企業は、将来的に貴社のこの製品（発明）について特許権が付与された場合、他社から同一製品を購入し、実施（製品を使用）すると、貴社の特許権の侵害となり、損害賠償請求をされるおそれがあると考えるためである。したがって、貴社の営業活動において、製品を売り込む上でのポイントの一つにすることができる。同様に、一般消費者にとっても、製品が入っている箱に「特許出願中」の文字が表示されていれば、購買意欲をそそられる場合もあると思われる。

　上記のように、出願をすることで取引企業、一般消費者に対して貴社の製品に良い印象を与えることができるが、出願には費用がかかるし、「特許出願中」と表示することは、知的財産権に精通している者にとってはそこまでの印象を与えないことと思われる。これは、特許権の侵害に対する損害賠償請求は発明について特許権が与えられなければ請求することができないためである。

　なお、特許出願していないのに「特許出願中」と表示することや、特許権を取得していない製品に「特許」「特許製品」などと表示することは、虚偽表示の罪となり刑事罰を受けることになりかねないので十分な注意が必要である。

　以上を考慮して、実際に出願すべきか否かを検討すべきであろう。

●出願する際の注意点について

　出願すべきか否かを判断した結果、出願をすることとなった場合に、出願形式（特許出願あるいは実用新案登録出願を行うか）の選択、出願後の取扱いにより、広告宣伝目的の出願としての効果が変わってくると思われる。そこで、出願する際の注意点について説明する。

特許出願をした場合は、原則として出願をした後一定期間（1年6月）後に特許庁により無料で公開される。公開されることにより、原則的に取引企業、一般消費者は、それまで秘密であった出願内容（発明）を見ることができる。このように誰でも見ることができるものに貴社の出願が掲載されるので、貴社の広告宣伝となると考えられる。
　また、公開されることで、公開特許公報というものが発行されるが、この公報を用いて取引企業などに営業活動を行うこともできる。
　しかし、特許出願には出願料や弁理士への手数料などの費用が必要であり、貴社が発明の権利化を望む場合は、更に多くの費用が必要になる。
　また、出願から3年以内に出願審査請求という請求を行わないと、この出願は取り下げられてしまい、以後の宣伝活動などに用いることは難しくなる。
　なお、特許庁による出願の公開の時期を早める制度があり、この制度を利用することで早い時期に出願を広告宣伝として活用することができる。
　一方、実用新案登録出願をした場合は、出願をした後、無審査で実用新案登録される。すなわち、貴社が実用新案登録出願をすると一定期間後（約6月）に自動的に実用新案権が付与されることとなる。
　したがって、貴社のパンフレットや製品に「実用新案登録済み」などと表示して、一般消費者に広告宣伝することができる。同様に取引企業に営業活動をする際、「この製品は、実用新案登録を受けました」と言うことができる。
　実用新案権を受けるまでの費用は、特許権を受けるまでの費用よりも少ないが、実用新案権を維持していくための費用（毎年の登録料）は必要となる。
　また、実用新案権は、出願から登録に至るまでに特許庁による審査がなく、本来であれば登録されるべきでない考案でも登録されるため、知的財産権に精通している者にとっては特許権よりも弱い権利と考えられている。
　以上から、広告宣伝目的の出願をする際には、特許出願をする場合と実用新案登録出願をする場合の長所と短所を比較した上で、どちらで出願するかを検討することがよいと思われる。

テーマ3-13　特許出願すべきかどうかの基準

●特許とノウハウの違い

　ノウハウとは特に定義はないが、例えばある食品の製造方法で、その原料の割合や原料の反応温度など、一般に公開されていない秘密性のある技術的情報であるといえる。ただし、営業秘密として不正競争防止法（▶「テーマ1-10」を参照）の保護を受ける場合には、所定の要件が必要となる（図を参照）。

　特許とノウハウとの相違としては、以下の点が挙げられる。

① ノウハウは、秘密であることが保護の前提となる。このため、ノウハウは秘密が保持されている間であって、その価値が存在している間は存続するが、公開されてしまった場合には、ノウハウとしての価値は消滅する。

　これに対し、特許は、公開の代償として独占排他権が付与されるものであり、一般に公開することが前提となっている。なお、特許権は、特許出願の日から20年をもって終了する。

② ノウハウには特許要件のような、ノウハウが成立するための要件はない。ただし、不正競争防止法の保護を受けるためには、営業秘密として所定の要件を満たす必要がある（不競2条6項等）。

　これに対し、特許権が発生するためには、特許要件を具備する必要がある。

③ ノウハウに独占排他性はない。このため、ノウハウが漏洩して同じものを第三者に模倣された場合でも、それを排除する手段はない。

　これに対し、特許権には独占排他性がある。このため、第三者が同じ技術内容を実施した場合、たとえその技術が独自に開発された場合であっても、特許権侵害として排除することができる。

④ ノウハウは、秘密性のある技術的情報であればよく、その範囲に限定はない。これに対し、特許権の範囲は、明細書の特許請求の範囲の記載に基づいて定められる。

⑤ ノウハウは、行政庁への手続を必要としないが、特許権を取得するためには特許出願という行政庁への手続が必要となる。

●特許出願すべきか、ノウハウとして秘匿すべきか

　上記のように、ノウハウと特許との大きな相違は、情報の秘匿性の有無にある。ある技術を発明した場合、特許出願すべきか、ノウハウとして秘密にしておくかは、以下の点から総合的に判断するとよい。

① 特許出願を行うと、原則として出願日から1年6月後に出願公開される。このため、特許性の低い発明の場合、出願公開によって合法的に模倣されてしまうことがある。どうしても隠蔽しておきたい技術の場合には、特許出願せずにノウハウとして秘匿しておくべきであろう。
② 製品を販売すると直ちにその発明の内容が分かってしまう場合、直ちに分からなくても、販売製品のリバースエンジニアリングなどの分析によって容易に発明の内容が分かってしまう場合、あるいは競業他社が容易に追い付けると思われる場合には、現時点で秘密にされていても、いずれ公開されてしまうものに等しく、ノウハウとする価値はない。このような場合には、模倣防止のため、特許出願しておくべきであろう。
③ 技術をノウハウとして開示しない場合、第三者が同一内容の技術につき特許権を取得し、その第三者が特許権侵害の摘発を行うことが容易か否かについて考慮すべきである。すなわち、現在はノウハウとして秘密性はあっても、将来的に他社が出願する可能性がある場合には、特許出願をしておくべきであろう。
④ 技術をノウハウとして開示しない場合であって、第三者が同一内容の技術につき特許権を取得し、その第三者から特許権侵害の訴追を受ける可能性がある場合には、先使用権の立証ができるか否かによっても、判断すべきである。先使用権の立証を確実にできると考える場合には、ノウハウとして秘匿しておいてもよいが、そうでない場合には、特許出願をしておくべきである。

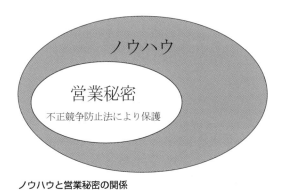

ノウハウと営業秘密の関係

テーマ3-14　商品ネーミング戦略

　商品・役務（サービス）に付される「名前」が商標である。商品名やサービス名は消費者にとって、その商品・役務の第一印象を形成し、購入・利用するか否かの最初の判断材料となる。すなわち、良い名前は消費者を引き付け、関心を持たせる、更には名前だけで好印象を与えることもある。

　他方、名前が悪ければ関心を持たれず、最悪の場合は商品又は役務のイメージダウンさえしてしまうおそれもある。

　商標を余り重視していない企業もあるようであるが、以上のように商標は企業経営に多大な影響を及ぼす。したがって、名前の付け方、すなわち「ネーミング」そのものを一つの戦略と捉え、大きな力を注ぎ、細かい神経を使うべきである。以下では、ネーミングに際し、ポイントとなる3点について述べる。

●商品・役務のイメージやコンセプトを的確に表しているか

　商標には広告宣伝機能がある、という点は既述している。この広告宣伝機能を最大限に発揮させるためのポイントの一つが商品・役務のイメージやコンセプトを的確に表しているか、という点である。すなわち、商品・役務のイメージやコンセプトをはっきりと消費者に認識・連想させるものが、優れたネーミングである。これができれば、消費者の購買欲を促進させ、利用を促す効果を発揮する。

　もっとも、商品・役務の材料、品質、形状、用途、効能を直接的に言い表しただけ（例えば「スーパー」「デラックス」等）では保護の対象にならないので、間接的あるいは暗示的に表現することがポイントとなる（例えば携帯できるステレオ再生機の「ウォークマン」が挙げられる。）。

　また、イメージやコンセプトというものは、商品・役務の種類ごとに完全に独立しているのではない、ということについても触れておきたい。各商品・役務のネーミングは、その企業全体のイメージやコンセプトにマッチしたものでありたい。

　例えば全ての商品が安価であることを売りにしている企業や、活動が環境に優しいことをイメージアップ戦略として図っている企業など、企業ごとのイメージやコンセプトに合ったネーミングを個々の商品・役務に施すことが重要である。

　確かに形状や用途等の全く異なる商品・役務について、統一性のあるネーミングを付するのは、簡単なことではない。

しかし、信頼されている企業の商標が、そのブランド力によって、商品・役務の価値を高めているという事実からも、商品・役務のネーミングは、企業全体のイメージやコンセプトと、マッチしたものであることが重要である。

●消費者にとって好ましいものであるか

良いネーミングのためには当然といえる項目であるが、忘れがちになる項目でもある。消費者の中でも特にターゲットとなる層の嗜好を中心に検討していくわけであるが、情報が溢れている今日においては各層の中においても嗜好は複雑化しているし、市場を海外にも求めるならば、嗜好のリサーチには、更に確かな情報力が要求されることになる。

一口に「消費者にとって好ましいネーミング」といっても、いろいろな観点からの「好ましさ」が要求される。消費者がその「名前」をパッと（若しくは、じっくり）見たときの好ましさ、文字として読んだときの好ましさ、声に出して読んだ（言った）ときの好ましさ、耳で聞いたときの好ましさ等である。また、覚えやすく、記憶に残りやすいことも消費者に好まれるポイントである。

「好ましさ」の持続性にも配慮しなければならない。例えば流行を取り入れたネーミングは、消費者に受け入れられやすく、すぐに覚えてもらえる。

しかし、流行が終われば忘れられ、好感度も下がる可能性は低くない。もともと、短命な（一時的な）商品価値を想定した、商品・役務であれば「好ましさ」の持続性よりも速効性を重視してしかるべきであろう。

他方、市場における半永久的な寿命を望む商品・役務であれば、「好ましさ」の持続性を、ネーミングの重要課題として、検討することが必要不可欠である。

●法律上の問題がないか

以上のような観点から良いネーミングができたとしても、商標法上の保護を受けられるか、あるいは他の法律との関係で問題がないか（他人の著作物を商標の中に取り込んでいれば他人の著作権侵害が問題となる）はまた別の問題であり、注意を要する。これらについては、以下の関連テーマを参照されたい。

▶関連テーマ：1-8～10／2-9、11

②-2 出願戦略（出願後）

テーマ3-15 出願後に発明の内容が変わった場合の対応

●弁理士の活用

　出願人側で「かなり発明内容を変更した」つもりであっても、その発明内容まで特許出願の技術的範囲（権利範囲）に包含されている（元の特許出願で現在行っている発明内容をカバーできている。）ことがある。明細書の担当者が、実施の形態で変形例をフォローしつつ、これらの変形例を包含する上位のクレームを作成していた場合には、このようなケースが生ずる。

　逆に出願人側で「ほとんど発明内容を変更していない」つもりであっても、その内容が元の特許出願の技術的範囲（権利範囲）に含まれない（元の特許出願では現在行っている発明内容をカバーできていない。）ケースもある。明細書の担当者が実施の態様に引きずられたクレームを作成した場合には、このようなケースが生じ得る。

　このように、発明内容が変わってしまった場合に、元の特許出願の技術的範囲（権利範囲）に現在の発明内容が含まれているかどうかはケース・バイ・ケースであり、出願人側で正確に判断するのは困難である。特に特許に精通していない中小・スタートアップ企業の場合には、ある程度請求の範囲を特許事務所側に頼らざるを得ないので、上記問題が生じやすい。

　これらのことから、出願後に発明内容をある程度変更した場合には、元の特許出願を担当した特許事務所の弁理士にアドバイスを求め、問題があるか否か、どのような対応をとるべきであるかを相談することが望ましい。

　なお、スタートアップ企業の場合には、一般的に経営状態が苦しいことが多いので、できるだけコストを軽減したいものと思われるが、「技術的範囲に入るかどうかの判断」のように専門性を要する点にはしっかり投資したほうが望ましいと考える。

●発明内容変更時のチェックポイント

　既に説明したように、発明内容を変更した場合には、特許の専門家である弁理士のアドバイスを受けることが最も望ましいが、ここでは自社内で検討を行う場合にどのような点をチェックすればよいかについて説明する。

　なお、本書では、特許発明の技術的範囲の解釈についての詳細な説明は避けることとして、特に重要な基本的な面についてのみ説明することとする。

(1) 特許出願済みの明細書の内容を十分に把握する

　明細書の特許請求の範囲及び発明の詳細な説明を読み直して、「明細書全体から見てどこをポイントとして出願したのか」「特許請求の範囲を見てどの部分についての権利を要求したのか」「発明の詳細な説明を見てどこまで発明の内容を開示したのか」をしっかりと把握する。

(2) どの程度発明内容を変更したのかを十分に把握する

　出願当初に予定していた発明内容からどの程度発明内容を改変したのかをしっかり把握する必要がある。特に特許出願の特許請求の範囲に絡む部分で、どの程度発明内容を変更したかを把握することがポイントとなる。権利として要求していない部分の発明内容を変更したとしても影響が生じないからである。

　また、特許請求の範囲にはなく、発明の詳細な説明のみで開示した内容に絡む部分でどの程度発明内容を変更したかについても把握する必要がある。自ら特許権を取得する必要がないと判断した場合であっても、その内容を公開することにより後願者による同内容の特許取得を防ぐことができるからである。特に発明の詳細な説明で開示した内容をその後に商品化あるいは実装したような場合には、その実装した内容についても把握する必要がある。国内優先権主張出願や別出願等を考える必要が生ずるからである。

(3) 特許請求の範囲と変更後の発明内容を比較検討する

　ここでは、変更後の発明内容が特許請求の範囲に含まれるかどうかを検討する。具体的には、各請求項の発明特定事項の一語一語に注意しながら、変更後の発明内容と比較して、現特許請求の範囲が変更後の発明を包含しているかどうかを検討する。ただし、かかる検討は経験や法的理解力がある程度必要となるケースが多いので担当する弁理士と検討することが望ましい。

　かかる検討の結果、変更後の発明内容が技術的範囲に属すると判断した場合には、その時点で新たな対応をとる必要はない。

　これに対して、変更後の発明内容が技術的範囲に属さないと判断した場合には、必要に応じて国内優先権を主張した出願や別出願を検討する必要がある。

ここで、国内優先とは、先の出願の発明を基礎とする改良発明や追加発明があれば、先の出願から1年以内にこれらを追加し、優先権を主張して出願すれば、後の出願に係る発明のうち、先の出願に記載されている発明については先の出願時にされたものと同様の扱いをされる制度である。これにより、包括的な権利の取得が可能となるが、1つの発明について、元の出願費用以外に優先権主張出願の出願費用もかかるため、出願にかかる費用は単純計算で通常の2倍となる点に注意が必要である。

(4) 発明の詳細な説明と変更後の発明内容を比較検討する

ここでは、変更後の発明内容が発明の詳細な説明に開示されているかどうかを検討する。たとえ変更後の発明内容が特許請求の範囲に含まれると判断した場合であっても、この検討は必ず行う必要がある。場合によっては、請求の範囲の文言が実施の形態の説明に限定して解釈されるおそれがあるからである。

これに対して、変更後の発明内容が技術的範囲に属さないと判断した場合には、変更後の発明内容が、元の特許出願の発明のポイントからかなりずれている可能性が高いので、かかる検討が更に必要になる。特に変更後の発明内容が、元の特許出願の発明の詳細な説明に開示されていない場合には、単に変更後の発明内容をフォローする権利を逃すというだけではなく、その後に第三者が変更後の発明内容をフォローした特許権を取得し得るので、権利行使を受ける可能性もあるからである。

●事例

(1) 特許出願後に効率的な処理を思い付いたので設計変更したような場合

この場合には、かかる効率的な処理が特許出願の明細書に含まれていないことが明らかであるので、この効率的な処理に係る権利を必要と考える場合には、国内優先権主張出願又は別出願を検討する。

(2) 特許出願後に先願特許が見つかったので設計変更したような場合

この場合も、設計変更後の内容が元の特許出願の明細書に含まれていないことが明らかであるので、この設計変更後の内容に係る権利を必要と考える場合は、国内優先権主張出願又は別出願を検討する。また、設計変更の程度が微差であるような場合は、将来的に先願特許を有する者から権利行使される可能性があるので、更に大幅な設計変更を検討する必要がある。

(3) 特許出願後に発明の概念を具体化して実施するような場合

　このような場合には、その概念が元の特許出願に含まれている場合が多いので、原則としてはそのまま発明内容を実施することができる。しかしながら、発明を具体化する段階で実施の形態に記載した内容と異なる実装となることも多い。このため、かかる場合には実施例を補充して発明の詳細な説明を充実した国内優先権主張出願を行う必要があるかどうかを検討することが望ましい。

　ただし、国内優先権を利用して、上位概念で記載された特許請求の範囲の内容について、下位概念となる実施例を追加する場合に、当該追加した実施例が拒絶理由に該当すると、本来は特許されるべきであった上位概念のクレーム自体が拒絶されてしまうことがあり、注意が必要である。

　このような場合、出願段階の審査では補正などによる対応が可能であるが、権利化後はそのような対応が難しい場合もあるので、このような下位概念の実施例の権利化を検討する場合は、国内優先権を利用するのではなく、別出願とするなど、慎重に検討すべきであろう。

②-3　出願戦略（権利化後）

テーマ3-16　不要と思われる権利の整理（特許の棚卸）

●特許の棚卸とは

　知的財産の世界にも「棚卸」という考え方が必要である。一般に、企業経営における「棚卸」とは、ある時点における企業や店舗における商品や原材料などの在庫を確認する作業のことである。

　知的財産の世界で「棚卸」とは、既存の知的財産権を見直し、現在の事業上、あるいは将来の事業の予定上で不要な権利について処分を行い、そこで生まれた積極的あるいは消極的な原資を今後必要と思われる新しい特許出願等の費用に回していくことを意味すると考えることができる。

　知的財産権のうち、産業財産権（特許権、実用新案権、意匠権、商標権）については権利の維持費用がかかる（この維持費用は一般に「年金」といわれる）。したがって、不要な権利については、他社への譲渡等を行う、あるいは権利を放棄することで維持コストを削減することができる。ここでは権利の放棄について特に述べておく。

　そもそも権利の放棄には、放棄書を特許庁に対して提出するという方法もあるが、これには積極的な手続が必要であり、スタートアップ企業や中小企業で行うことは余り現実的ではなかろう。一般に、権利放棄という場合は、次回の年金を納めないという不作為（必要な行為を行わないこと）によって行うのが一般である。

　特許に関して先進的な大手企業においては、定期的（1年に1回等）に、全社的に保有している知的財産権（特に特許権）を見直し、事業上必要ないと認められた権利については次の年に必要となる年金を納めないという方法によって権利維持コストの削減を実行しているところが多い。

　特に近年の不況の中では、事業自体の見直し等により、ある事業から撤退するような場合がある。この場合、当該事業を行うために獲得した知的財産権、特に特許権の処理が問題となることがある。もちろん、事業から撤退した以上、それに関する特許権を全て放棄するという方法も一つである。

　しかしながら、実はこのように撤退した事業に関する特許ほど他社に対して脅威となるものもないといわれている。その理由は次のとおりである。

　つまり、事業を現実に行っている場合、それに関する特許権で相手方を訴追した場合、当該事業に関して相手方が保有する特許権によって逆に攻撃を受けることがある。

このような場合、自社の持っている特許群と相手方の持っている特許群とを比較して相手方の特許群のほうが相対的に強かった場合には、取る予定であった実施料よりも自社がその事業を実際に行うためにかえって支出のほうが多くなってしまうというケースがある。そのため、実際行っている事業に関する特許権で相手方を攻撃する場合には、慎重にならざるを得ないのである。

ところが、自社が事業を行っていなければ、相手方からその事業に関する特許で反撃を受ける心配がない。そのため、強気の権利行使が可能となる場合が多い。したがって、有用な権利と無用な権利を選別する戦略が必要となるのである。

●アドバイス

特許に関して先進的な企業が特許の棚卸として「一斉放棄」を定期的に行っていることは既に述べたが、このような特許の棚卸は、スタートアップや中小企業にも必要である。

特に数年を経過するうちに担当者が代わってしまい、当時なぜこの特許出願をしたのかという意味が現在では分からないまま、せっかく特許権になっているので年金を払い続けているというケースが意外に多いのである。

もっとも、特許の棚卸を行う際には、慎重さが必要である。自社が現在実施していない、あるいは自社の現在の事業と無関係であるからといって無意味な権利であるとは限らない。むしろその権利があるがゆえに事業活動が制約されており、消滅するのを願って見守っている第三者がいる可能性がある。

したがって、自社内で特許の棚卸を行う際には、ライセンス可能な第三者がいないか等の調査を含め、外部の専門家を交えて検討を行うことが望ましいといえよう。

また、特許に限らず、他の産業財産権についても定期的に棚卸を行うことが有用であるのは言うまでもない。

なお、最近では不要になった権利については、特に事業撤退した場合などは売却して換金することが多くなってきている。

③−1　事業戦略（企画段階）

テーマ3−17　IPランドスケープ

●IPランドスケープとは何か

　IPランドスケープという単語は日経新聞を含む様々なメディアで頻繁に目にするようになっている。

　この言葉が公的文書として日本で最初に用いられたのは、2017年4月に発表された経済産業省・特許庁の「知財人材スキル標準ver2.0」である。そして同年7月17日の日経新聞朝刊でこの文言が大きく報道されたことをきっかけとして急速に広まった。

　しかし、論者によってIPランドスケープという言葉の意味にはやや揺らぎがある。例えば従来のパテントマップに相当するものをIPランドスケープと呼んでいる場合もある。

　ここでは公的文献である特許庁の調査研究報告書（注）の定義を採用する。「企業戦略・事業戦略又はマーケティング戦略の立案に際し、① 企業・事業・マーケティング情報に知財情報を組み込んだ分析を実施し、② その結果（現状の俯瞰・将来展望等）を経営者・事業責任者又はマーケティング責任者が利用すること」

　ここで注目すべき点は2つある。1つ目はパテントマップのような分析の「結果物」ではなく「業務」を意味している点である。2つ目は「知財戦略」や「知財責任者」という言葉が定義に見られない点である。

　企業戦略や事業戦略の立案は、当然に経営者・事業責任者の業務であることから、より簡略には「企業戦略・事業戦略等の立案に知財情報を活用すること」と端的に言い換えることができよう。

●従来の業務との違いと関係

　IPランドスケープが「業務」の一種であるとして、では、従来の業務とはどのように異なるのであろうか。

　パテントマップのような分析の結果物を指すものでないことは既に述べた。では、もとから存在する業務で近いものは何であろうか。

　まず、知財情報を扱っている点においては「特許調査」という業務がある。

　特許調査にも先行技術調査や侵害予防調査など様々なものが含まれるが、このような調査結果は主に知財部門で用いられるものがほとんであり、企業戦略や事業戦略の立案に用いられることはほとんどなかったと考えられる。

もう一つの従来の業務としては、定義にも出てくる企業戦略・事業戦略の立案という業務が挙げられる。これらは主に経営企画部門や事業企画部門などで行われていると考えられるが、知財情報（特許情報）は知財部の業務範囲のものとして、取り扱ってこなかった場合が多かったと考えられる。
　このように、IPランドスケープは企業内の縦割りの組織の中で、経営・事業企画部門と知財部門の間隙にあって見落としがちな業務であったといえる。

● IPランドスケープの基礎

　定義にもある「企業戦略・事業戦略等の立案」には事業環境分析が必須となる。したがって、事業環境分析として、例えばマクロ環境の分析としてPEST分析を行う場合に、そのT（Technological factor）の部分で知財情報（特許情報）を活用した「技術トレンド」の分析結果を用いれば、それはIPランドスケープの定義に当たることとなる。同様に、ミクロ環境分析として3Cs分析や5フォース分析が用いられるが、これらの中で、競合企業の特許力を考慮したり、新規参入の脅威の分析に特許情報を用いて新規参入業者をリスト化してそれを考慮したりすることも基礎的ではあるが、当然にIPランドスケープとなる。

● IPランドスケープの応用

　さらに、知財情報をM&Aの候補先の探索、アライアンス先の探索、新規事業の探索に用いることも行われている。例えば買収候補先企業と自社の特許情報を比較し、相乗関係になるのか補完関係になるのかを視覚化したり、自社の特許を自社の現状の業務範囲外で他社が利用したりする可能性を特許の引用情報を元に探索するという応用的な知財情報の利用法もある。
　以上のようなIPランドスケープの実践的な活用方法や事例については2024年6月に特許庁が発表した「経営戦略に資するIPランドスケープ実践ガイドブック」が詳しいので参照されたい（特許庁ウェブサイト）。

（注）知的財産研究所「経営戦略に資する知財情報分析・活用に関する調査研究報告書」（2021年3月）

テーマ3-18　経営環境分析のツールと知的財産

●経営戦略における事業環境分析

　経営戦略の立案の段階において必須となるものが「環境分析」（現状分析）である。全社戦略や事業戦略などの経営戦略立案のための環境分析は「経営環境分析」あるいは「事業環境分析」と呼ばれる。

　知財情報はこの「環境分析」の際に極めて有用である。そもそも環境分析とは、企業が自社の事業のマクロ環境とミクロ環境を分析し、市場の動向や競合の状況、自社の強みや弱みを把握することをいう。これは孫子の兵法の「敵を知り、己を知れば、百戦危うからず」を現代風に言い換えたものともいえる。

　以下、マクロ環境とミクロ環境に分けて主な分析フレームワークとともに知財（情報）との関係について説明する。

　なお、経営戦略に不可欠な環境分析において特許情報を中心とする知財情報を用いることはIPランドスケープ（▶テーマ「3-17」を参照）ともいわれる。

●マクロ環境の分析とツール

　マクロ環境とは、企業の事業活動に影響を与え得る、自社ではコントロールができない外部の要因や条件をいう。例えば法律などの規制、社会における少子化の進行等であり、このような企業を取り巻く環境を、言わば、事業活動を行うための前提条件として把握しておく必要があるのは当然である。このマクロ環境の分析手法として著名なものが「PEST分析」といわれるツールである。

　PEST分析のPESTは次の4つの要因の単語の頭文字を取ったもので、P（Political）は政治的・法律的な要因、E（Economic）は経済的要因でS（Sociological）は社会的要因、最後のT（Technological）が技術的要因を意味する。特にこのTの部分では知財情報が有用である。技術の全体的動向、研究開発動向は知財情報すなわち特許出願の状況から読み取れることが多いからである。

●ミクロ環境の分析とツール

　ミクロ環境とは、企業の事業活動に影響を与え得る自社である程度までコントロール可能な外部及び内部の要因を指す。自社や自社の顧客が典型であるが、競争相手となる企業の選定も自社で設定できるため通常は競争企業も含める。

(1) 3Cs分析

　3Cs分析（「3C分析」ともいわれる。）は標準的なミクロ環境分析のツー

ルであり、企業が戦略を立案する際に、自社（Company）、顧客（Customer）、競合他社（Competitor）の３つの観点から分析を行う実務において用いられているフレームワークである。3Cs分析を行うことで、内部環境としての「自社」の強みや弱み、外部環境としての「競合他社」の強みや弱み、そして、「顧客」のニーズや課題を理解し、各種戦略を立案する際の出発点とすることができる。

　定量的に技術力を可視化できる特許情報には重要な意味がある。仮に製造業の場合、3Cs分析に知財の情報が一切入っていないのであればそのような分析は戦略立案の基礎とするには明らかに不十分であろう。

(2) ５フォース分析

　５フォース分析は、実務で最もよく利用されているミクロ環境分析のフレームワークである。企業を取り巻く特定の業界の競争環境を分析することができる。具体的には５つの要因（新規参入の脅威、買手の交渉力、売手の交渉力、代替品の脅威、業界内の競争）を分析することで、業界の魅力度（利益が出やすい業界か、利益が出にくい業界か）を確認することができる。

　ここでも知財の情報が役に立つ。特に自社にとって新規の業界への進出を検討している際に、例えばその業界において競合となる他社がいかなる知財を持っているのかは必要不可欠な情報といえよう。

(3) SWOT分析

　SWOTとは、内部環境分析から得られた強み（Strengths）、弱み（Weaknesses）、外部環境分析から得られた機会（Opportunities）、脅威（Threats）の頭文字を取ったものである。

　しかし、SWOTのそれぞれの象限に入る要素は、実はPEST分析や3Cs分析、５フォース分析において既出であるから、SWOTは飽くまで「分析結果を整理するための表」というのが最近の考え方となっている。つまり、SWOTはデータ収集や分析そのものではなく、既に収集されたデータや要素を整理し、可視化するためのツールとして捉えるということとなる。いずれにしてもこのSWOTのまとめ表にも当然のことながら知財情報が入るはずである。

テーマ3-19　経営デザインシートとデザイン経営

●経営デザインシート
(1) 経営デザインシート誕生の背景
　内閣府が2018年6月に策定した「知的財産戦略ビジョン」では、今後の日本が国際競争力を高めるために「価値デザイン社会」を目指そうという提言がなされた。価値デザイン社会とは、「個人や企業などの経済主体が、その固有の能力や尖った能力をいかしながら、他の主体と協働して新しいアイデアを次々と構想（デザイン）し、世界から何らかの共感を得て、価値として実現していく社会」である。個々の力をいかしながら新しい価値を次々と世界に発信していける社会が目指す方向であるとされた。

　この提言の背景には、社会や価値創造の変化に対する認識がある。20世紀は、良いものをつくれば売れる時代であったが、21世紀はそれまでの需要と供給のバランスが変化し、需要側が何を求めているのかを把握しなければものが売れなくなった。つまり、需要側のニーズやウォンツが経済をリードする時代になった。そこでは、どのような商品・サービスが需要側の共感を得るかを構想することが重要になったわけである。

(2) 経営デザインシートとは
　経営デザインシートは、知的財産戦略本部の下に設置された知財のビジネス価値評価検討タスクフォースが2018年5月に提案し、企業等が将来に向けて持続的に成長するために、将来の経営の基幹となる価値創造メカニズムをデザインしてありたい姿に移行するための補助ツールとして公表された。

　経営デザインシートとは、環境変化に耐え抜き持続的成長をするために、自社や事業の① 存在意義を意識した上で、②「これまで」を把握し、③ 長期的な視点で「これから」の在りたい姿を構想する。④ それに向けて今から何をすべきか戦略を策定するための思考補助ツールである。

　このように、経営デザインシートは、①～④の4要素から構成される。
① 自社や事業の存在意義を意識する「企業理念／事業コンセプト」
② 自社や事業の「これまで」を把握する「これまでの価値創造メカニズム」
③「これから」の在りたい姿を構想する「これからの価値創造メカニズム」
④「これから」に向けて今から何をすべきか戦略策定する「移行戦略」

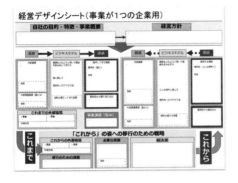

　ここで重要なのは、これまでにとらわれずに「これから」を構想すること。「できるできない」は一旦置いておいて、経営者自身の「自分らしさ」や「自社らしさ」を起点にし、その特徴を強みとする将来の在りたい姿を描き出すのである。

(3) 経営デザインシートの活用

　経営デザインシートは、経営者が将来構想をするだけでなく、企業を取り巻く様々なステークホルダ、例えば金融機関、企業支援者、提携先企業、従業員、就職希望者等とのコミュニケーションツールとしても有用である。

　現在、経営デザインシートは幅広く活用されている。中小企業においては、経営者自身が活用するほか、支援者が支援先企業の課題を正しく捉え最適な支援を行うためにも用いられている。また、金融機関から融資を受ける際に将来ビジョンを説明する際に活用されたり、事業再構築補助金やものづくり補助金といった補助金申請の事業計画書作成において活用されたりするなど、資金調達の場面で活用されている。大企業における活用については、コーポレートガバナンス・コードの改訂に伴い公表された「知財・無形資産の投資・活用戦略の開示及びガバナンスに関するガイドラインVer.2.0」の中でも有効性が示されている。知財・無形資産の投資・活用のための企業における7つのアクションにおける「投資・活用戦略の開示・発信」の開示媒体の一つとして挙げられている。

　活用事例については、内閣府の「経営をデザインする（注1）」や中国経済産業局の「もうけの花道（注2）」において数多く紹介されている。また、日本知財学会の経営デザイン分科会（注3）において定期的に事例発表研究会が開催されている。

●デザイン経営

(1) デザイン経営とは

特許庁は、「デザイン経営」とは、デザインの力をブランドの構築やイノベーションの創出に活用する経営手法と定義している。その本質は、人（ユーザー）を中心に考えることで、根本的な課題を発見し、これまでの発想にとらわれない、それでいて実現可能な解決策を、柔軟に反復・改善を繰り返しながら生み出すことである。

経済産業省・特許庁は、2017年7月に有識者からなる「産業競争力とデザインを考える研究会」の議論の結果、2018年5月に「『デザイン経営』宣言」（注4）を取りまとめ、その中で、デザインを活用した経営手法を「デザイン経営」と呼び、それを推進することが研究会から提言された。

「『デザイン経営』宣言」では、「デザイン経営」の効果や、実践のための7つの具体的な取組も示された。

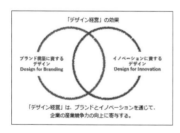

(2) デザイン経営の推進

特許庁では、「『デザイン経営』宣言」を自ら実施する必要があると考え、2018年8月、デザイン統括責任者（CDO）と、デザイン経営プロジェクトチームを設置し、デザイン経営を推進している（注5）。また、2019年度の知財功労賞から、「デザイン経営」にスポットライトを当て、表彰を行っている。

(3) デザイン経営の実践

特許庁は、デザイン経営を実践する際の参考として、「デザイン経営ハンドブック」と「『デザイン経営』の課題と解決事例」などを公表している。特に2023年に公表された「中小企業のためのデザイン経営ハンドブック2〜未来をひらくデザイン経営×知財〜（注6）」では、事例のほか、デザイン経営の支援ツール「デザイン経営コンパス」も紹介されている。

「デザイン経営コンパス」は、企業の取組の現状把握と未来に向けた取組の検討を支援するためのツールである。デザイン経営の3つの要素（人格形成・文化醸成・価値創造）に対応するアクションのイメージを大まかにつかむことができる。

デザイン経営の実践事例としては、近畿経済産業局が2023年度に作成した「中小企業をアップデートする！（注7）」の掲載事例は丁寧に取材されており参考となる。

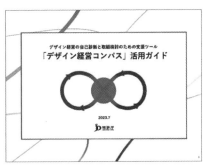
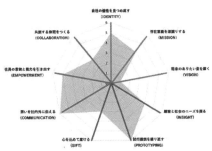

●経営デザインシートとデザイン経営コンパス

経営デザインシートとデザイン経営コンパスは相互補完的に活用することが可能である。経営デザインシートで構想した「在りたい姿」に向けて、未来に向けた取組の具体的な検討をデザイン経営コンパスで行ったり、デザイン経営コンパスで現状把握（自社らしさの把握）をしたりした上で、経営デザインシートで「在りたい姿」を構想するといった使い方もできる。うまく使いこなすことで、企業の持続的な成長をより効率的に構想することが期待できる。

（注1）https://www.kantei.go.jp/jp/singi/titeki2/keiei_design/index.html
（注2）https://www.chugoku.meti.go.jp/ip/rashinban.html
（注3）https://www.ipaj.org/bunkakai/keiei_design/index.html
（注4）https://www.jpo.go.jp/resources/shingikai/kenkyukai/kyousou-design/document/index/01houkokusho.pdf
（注5）https://www.jpo.go.jp/introduction/soshiki/design_keiei.html
（注6）https://www.jpo.go.jp/introduction/soshiki/design_keiei/chusho_2.html
（注7）https://www.kansai.meti.go.jp/2tokkyo/10design_keiei/2023_chusho_update.pdf

テーマ3-20　オープン&クローズ戦略

●オープン&クローズ戦略とは

　知的財産戦略の代表として、最近はオープン&クローズ戦略が取り上げられることが多い。製造業を中心に、この戦略の有効性は極めて高いものと考えられている。

　ここで、本戦略の提唱者である小川（2015）によれば、「オープン」とは、製造業のグローバライゼーションを積極的に活用しながら、世界中の知識・知恵を集め、そしてまた自社又は自国の技術と製品を戦略的に普及させる仕組みづくりのことをいう。一方、「クローズ」とは、価値の源泉として守るべき技術領域を事前に定め、これを自社の外あるいは自国の外へ伝播させないための仕組みづくりのことをいう。そして、この2つを組み合わせながら、大量普及と高収益をグローバル市場で同時実現させるのがオープン&クローズ戦略であるとされている。（注1）

●知的財産から見たオープン&クローズ

　このようなオープン&クローズ戦略は、知的財産（権）の以下の特徴に基づいて可能となるものである。

　まず、「オープン」については、知的財産権がライセンス可能な点に基づくものである。すなわち、発明等について知的財産権として権利化した上で、その内容を一定条件下で他社等にライセンス契約により実施許諾して他社の実施を可能とする。また、場合により、国際標準化を行うことにより、標準必須特許として一定条件下に実施することが可能なようにする。なお、ノウハウについても必要に応じて秘密保持契約により一定条件下でライセンスすることもある。このように、「オープン」は他社等に全く自由に知的財産権の実施を認めるわけでなく、権利者との間の所定の契約条件の下での実施を認めるものである。すなわち、権利者が他社等に対して知的財産の「使い方を指定する」と言うことができるであろう。

　これに対して、「クローズ」は、知的財産権の独占排他性に基づくものであるといえる。すなわち、発明等を知的財産権として権利化し、その独占排他性を活用して自社実施を確保するとともに、他社に対しては権利の威嚇効果や、更に警告や訴訟等を通じて市場から排除する目的で用いる。また、発明等をノウハウ化、すなわち秘匿することで他社が実施できないようにする。つまり、他社に知的財産を「使わせない」ようにするものであるといえるであろう。

なお、伝統的に知的財産の実務では、「オープン」は発明等の内容を第三者に対して公開すること、「クローズ」は発明等の内容を第三者には開示せず秘匿すること、を意味する語として用いられてきた点には注意が必要である。

●オープン&クローズ戦略に基づく知的財産マネジメント（注2）

まず、他社とのクロスライセンスを徹底して排除する技術領域をコア領域として持ち、これをクローズ領域、すなわち差別化領域とすることにより競争優位を確保する。すなわち、技術によるブラックボックス化（ノウハウ化）を行うとともに、知的財産と契約のマネジメントによるブラックボックス化を図ることとする。これに対して、競争相手になりかねない他社には、サプライチェーンの他の領域をオープン領域、すなわち協調領域として任せながら市場を拡大する仕組みを作る。この戦略を実現するための具体的な知的財産マネジメントは下図に示すとおりである。

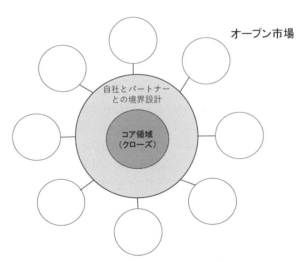

オープン&クローズ戦略に基づいた知的財産マネジメント

まず、コア領域については完全クローズとして、次々と新技術と差別化技術を生み出してクローズ化を図る。また、コア領域を独占しクロスライセンスを排除する。さらに、エコシステムを前提とした契約マネジメントを行い、自社のコア技術と他社をつなぐ境界領域の知財を独占する。

一方、オープン領域については、オープン市場として、ビジネスエコシステムのパートナー企業にこの領域を委ねる。

そして、キーとなる自社とパートナーの境界設計については、境界領域に知的財産を集中させ、権利を保持した上でパートナー企業に公開（必要に応じて標準化）する。

この戦略をピザにたとえて言えば、オープン領域により、ピザの大きさを（＝市場の大きさ）を大きくし、クローズ領域により、そのピザ一切れの大きさ（＝市場におけるシェア）を大きくしようとする考え方である。

この戦略の例として有名なものがインテルのパソコン用のCPUである。インテルはCPUを自社開発し、そのCPU自体をクローズ領域とした。そして、境界領域としてPCIバスを採用し、インターフェースの標準化を行った。そのバスに接続されるメモリや周辺機器等についてはオープン領域として、パートナー企業に提供を委ねることとした。これにより、インテルはCPUの開発に専念する一方、接続されるデバイスは広く他社が開発を行うこととなり、インテルの市場における圧倒的な優位性を築くことができたと考えられている。

●日本企業におけるオープン＆クローズ戦略の事例

（1）デジタルカメラ（キヤノン等）

デジタルカメラは、その普及期には20社以上の企業が参入していたが、撮影された画像データのフォーマットについて標準化がなされていなかった。そのため、標準化する2つの動きが出てきたが、更にこれらを統一した画像ファイル・フォーマットの規格としてDCFが定められた。これにより、デジタルカメラとプリンターやパソコンとの間での画像の相互利用が可能となった。一方で、その画像データを作成するプロセスであるレンズや画像処理ソフトウエアなどについては標準化を行わず、各企業において技術的な工夫の余地を多く残し、差別化を可能とした。特にこのアナログからデジタルへのデータ処理は相互依存性の高い、日本企業の強みとするいわゆるすり合わせ領域であり、結果としてデジタルカメラでは日本企業の高い市場シェアの維持につながった。

（2）光触媒技術（TOTO）

光触媒とは、光や水によってセルフクリーニング機能を発揮する技術である。例えば建物の屋根や窓ガラスにこの技術を利用することにより、その機能により美観を維持できる。TOTOは、自社の開発した光触媒技術について、「ハイドロテクト」（注3）として自社ブランド化し、広く他社へのライセンスを行った。

しかし、効果の疑わしい類似製品や代替製品が出てきたことから、これらに対抗するために、光触媒技術の性能試験方法に関する特許について無償公開を行うとともに国際標準化を行った。これにより、自社の優れた性能をアピールすることが可能となり、関心を示す企業が増加し、自社技術の普及を図ることができた。

(3) 2次元コード（デンソーウェーブ）

従来の一次元バーコードの記憶容量不足から、デンソーが新たに開発した2次元コードがQRコードである（注4）。QRはクイック・レスポンスの意味であり、大記録容量と読み取り速度の高速化を両立させた2次元コードである。そして、デンソーでは、QRコードを国際標準とした上で、自由に作成・印刷・読み取りができるように特許を無償で公開した。一方で、読み取りエラーの出にくいQRコードを生成するノウハウや、エラー率の出にくい読み取り技術については公開しないこととした。このようにして、QRコード自体の普及を図る一方で、自社では読み取り機器やシステムを販売するというビジネスモデルとした。

（注1）小川紘一『オープン＆クローズ戦略　日本企業再興の条件　増補改訂版』
　　　（翔泳社［2015］）p.8
（注2）本記載及び図につき、同上pp.356-357から引用
（注3）https://jp.toto.com/products/tile/hydro/参照（ハイドロテクトはTOTOの登録商標）
（注4）https://www.qrcode.com/about/参照（「QRコード」はデンソーウェーブの登録商標）

テーマ3-21　国際標準化戦略

●なぜ国際標準化が必要なのか

　標準には日本産業規格（JIS）等の国内で定める国内標準と、国際標準化機構（ISO）等が定める国際標準があるが、特に近年は国際標準の重要性が増している。その理由は、1995年に発効したWTO/TBT協定（注1）によって、加盟国は各国の国内市場において、国際標準を基礎として用いなければならないこととなったからである（なお、標準とはStandardのことであり、「規格」ということもある。）。

　ここで、標準には大きく分けて①デジュール標準、②フォーラム標準、③デファクト標準、の3種類がある。①デジュール標準は、公的標準ともいわれるもので、ISO等の国際標準化機関において、公的で明文化され公開された手続によって作成された標準である。②フォーラム標準は、ある技術や製品等について関心のある企業等が集まってフォーラムを結成して作成した標準である。③デファクト標準とは、事実上の標準といわれるもので、個別企業等の標準が、市場の取捨選択・淘汰によって市場で支配的となったものである。（注2）

　これらのうち、先述のTBT協定を背景に国際標準化戦略として特に重要なものが①のデジュール標準であり、企業として取り組むだけでなく、近年は国家として戦略的に取り組んでいるケースもみられる。また、オープン＆クローズ戦略との関係でも、この国際標準化戦略が重視されるようになってきている。以下では、このデジュール標準を中心として述べる。

●国際標準と特許の関係

　近年では、多くの技術的な国際標準は、先端技術に基づいて作成されていることが多く、その中には特許技術が含まれている場合も多い。このように、ある標準を実施する上で必要になる特許を標準必須特許（SEP：Standard Essential Patent）と呼ぶ。

　デジュール標準における標準必須特許については、権利者は標準化機関の知的財産に関する考え方（IPRポリシー）に従ってライセンス条件の宣言書を提出する。このポリシーは、RF〈Royalty Free（ロイヤルティ無償）〉と、FRAND〈Fair, Reasonable and Non-Discriminatory（公正、妥当かつ非差別的）〉のいずれかである。FRANDとした場合は、その標準使用者からのライセンス収入が期待できるが、RFの場合は無償提供となる。

●国際標準化の注意点

　自社で製品化を行いつつ、国際標準化を行う場合には、他社との差別化を考慮して標準化に取り組む必要がある。自社の差別化技術が標準必須特許となった場合、他社も使用することが可能となり、その技術で差別化することが難しくなるからである。そのためにも、オープン＆クローズ戦略に基づく戦略的な対応が必要となる。

　また、国際標準化を行う場合、公的標準化機関において標準化のための会合が行われるが、その会合へ参加して標準化の策定に関わることが重要である。それにより他社から有用な情報を得たり、必要な特許出願を行ったりするなどの対応をとれるからである。

●標準化とパテントプール

　パテントプールとは、複数社の企業等が特許を持ち寄り、それを一括管理してライセンスを行うことである。標準化におけるライセンス管理にこの方式が採られることがある。まとめてライセンス料の回収及び配分が行われるため、標準必須特許の権利者にとっては便利であるが、その回収・配分方法について不満があることもあり、一つの標準に複数のパテントプールができることもある。このパテントプールの著名な成功例として、MPEGパテントプール（MPEGLA）がある。

　なお、ライセンス許諾について排他的な運用がなされると、不当な取引制限として独占禁止法に抵触することがあるので注意が必要となる。我が国ではパチンコ業界のパテントプールが独禁法違反とされた例がある。

（注1）　Agreement on Technical Barriers to Trade（貿易の技術的障害に関する協定）
（注2）　政府官邸資料「国際標準に関する基礎概念の整理」https://www.kantei.go.jp/jp/singi/titeki2/tyousakai/cycle/dai6/6sankou1.pdf

テーマ3-22　知的財産を基にした資金調達

●資金調達の方法

特許を基とした資金調達の方法には次のような方法がある。なお、特許以外の知的財産についても同様に資金調達に活用できることがある。

① 公的な助成金・補助金を受ける。
② 銀行等の民間金融機関に融資を依頼する。
③ 事業の協力者や事業提携者から融資や投資を引き出す。
④ ベンチャーキャピタルやエンジェル（個人の有力投資家）に技術や事業を評価してもらい、投資を引き出す。
⑤ 証券会社を通じて、大規模な資金募集をかける。

このように、特許を基にした資金調達方法には幾つかの方法があるが、全てに一長一短があり、ケース・バイ・ケースで適切な資金調達方法を選択するのがよいであろう。以下、それぞれの長所と短所を簡潔にまとめてみる。

(1) 公的な助成金や補助金を受ける

まず特許技術に基づいた詳細な事業計画が必要不可欠である。それぞれの公的申請窓口に詳細な事業計画書を提出して審査を待たなければならない。更に技術や事業の性格が単に利益優先型ではなく、社会的に有益であるか、また、今後の事業の拡大に伴って多くの雇用や波及関連事業が生み出されるかが大きな審査ポイントになる。

また、公的助成金や補助金はおおむね審査や、実際に資金が下りるまでに一定の期間がかかる。更に基本的には事業が収益を生み出すようになれば一定の期間内で返済しなければならず、事業年度ごとの事業進捗度合いの報告義務も当然生まれる。

(2) 銀行等の民間金融機関に融資を依頼する

実際に融資が下りるのは公的助成金や補助金より早いのが通例である。長い場合でも半年ほどで融資資金が得られるであろうが、特許技術の内容を金融機関の融資審査担当者に分かりやすく説明でき、かつ、その担当者が金融機関内部の融資審査会議等で説明できるような書類、及び特許技術の内容以上により詳細な事業計画書が必要になる。当然、民間金融機関なので将来の収益性に重点が置かれることは否めない。

また、事業に収益が伴い始めたかどうかにかかわらず、必ず当初金融機関に約束したとおりの返済義務が生ずる。なお、特許という最先端の技術を評価できる人員を多方面の分野にわたり幅広く抱えている金融機関は余り存在しない。

(3) 事業の協力者や事業提携者から融資や投資を引き出す

特許の出願から事業を立ち上げようとする早い段階での身内や親戚、友人等の小規模な資金集めも含む。特許を基にした事業の立上げでは、資金調達以上に実際に必要なのは、実は事業の良き理解者・協力者である。

(4) ベンチャーキャピタルやエンジェル（個人の有力投資家）に技術や事業を評価してもらい、投資を引き出す

技術の詳細な説明以上に事業計画が重要になる。ベンチャーキャピタルと銀行等の金融機関との根本的な違いは、ベンチャーキャピタルやエンジェルがその事業を主体とする企業の株式公開を主な投資ターゲットにしている点である。したがって、彼らからの投資資金は基本的に返済義務を伴うものでもなく、事業内容に理解が得られれば資金の投下も比較的早く、早い場合は1月余りで投資にこぎ着ける場合もある。

一般的にベンチャーキャピタルやエンジェルは、それぞれ投資する分野に得意分野や政策的に業種を選別する場合（同業種で多額の投資を行うとその業種に投資リスクが高まる。）があり、これらの内情と傾向を理解していないと、彼らの同意を得ることは難しいと考えられる。さらに、事業計画は長くても3年くらいで株式公開にもっていくぐらいの性急さを求められるので、事業計画そのものもさることながら、事業そのものに重点を置くことになる。事業に重点を置くには、強い特許を保有していることなどが他社に対する効果的な参入障壁となるので、知的財産の中身が問われることとなる。

(5) 証券会社を通じて、大規模な資金募集をかける

やがて事業が大きくなり、より大きな金額が必要になってきた場合は、未上場企業でも証券会社を通して私募・公募の資金調達をかける必要が生じてくる。資金の乏しい特許権利者や技術者でも、特許や技術に基づく企業を起こす場合に、その企業の新株予約権を大手企業や投資家に渡すことで資金を調達できる。

テーマ3-23　知的財産の証券化

●証券化とは

　従来は金融資産や不動産を対象とする証券化が活発に行われてきたが、知的財産が生み出す収益を裏付けとして有価証券を発行し、投資家等から資金を調達するという、知的財産の証券化が行われるようになってきた。

●知的財産証券化の意義

　証券化は、知的財産の所有者にとって主として次のような意義がある。

(1) 資金調達目的

　　株式や社債等の発行による資金調達は企業の信用力に依存している。証券化は企業の信用力ではなく、裏付けとなる知的財産そのものの価値（収益性）と安全性に依拠した新しい資金調達手段である。知的財産のほかに土地や不動産等の資産を持たないスタートアップ企業にとって、証券化は新たな資金調達手段となる可能性がある。

(2) 低コストでの資金調達

　　単純に銀行借入を行う場合、資金調達企業の信用リスクの程度によって借入利率が決定される。したがって、企業の信用リスクが高い場合には、高金利の借入にならざるを得ない。一方、証券化による場合は、証券化の裏付けとなる知的財産の信用リスクによって証券の金利が決定される。例えば既に完成し好評を得たコンテンツ（著作権により保護される。）を二次利用（DVD販売等）する場合には、二次利用による収益を高い確率で見積ることができるので、発行証券について高い格付けを取得でき、その結果として低利率で資金調達できる可能性がある。

(3) リスクマネジメント

　　知的財産を保有し、事業を行う企業は様々なリスクを有するが、知的財産を証券化することにより、リスクを証券の購入者に移転することができる。知的財産に関するリスクとして知的財産を活用した製品の完成リスク、市場で販売できるかという市場リスク、代替的な技術が開発され陳腐化するリスク等が考えられる。知的財産の証券化は、これらのリスクを分散することによりリスクマネジメントを図ることができる可能性がある。

●証券化が可能な知的財産

　知的財産を証券化することにより資金調達等をすることができるといわれているが、全ての知的財産を証券化できるとは限らない。証券化は投資家が証券を購入することが前提となっており、対象となる知的財産が投資家にとって魅力的でなければならない。具体的には、証券化対象である知的財産から得られる収益及びリスク等が判断基準となる。したがって、将来の収益及びリスクが予測しやすい知的財産（主にコンテンツ）に関する証券化が、主として行われた実績がある。また、最近は特許などの知的財産を基にした事業価値を証券化して資金調達を行ったスタートアップの例がある。

●アドバイス

　知的財産の戦略的な活用として証券化による資金調達が挙げられる。しかしながら、知的財産の証券化は将来の収益の源泉を売却することになる可能性があり、自社の経営戦略に合致した対応が必要である。

テーマ3-24　知的財産のマッチング（ビジネスプロデュース）

●ビジネスプロデュースとは

　ここでいう「ビジネスプロデュース」とは、特許等の知的財産権に裏付けられた技術を、2社以上の企業をマッチングさせて新事業としてカタチにすることを意味する。オープンイノベーションの具体的な取組ともいえよう。この企業間のマッチングの仲立ちを行い、新事業を演出する役割の人材が、「ビジネスプロデューサー」である。事業の核となる技術は、特許として事業の競争力にもなり、提携・協力関係（アライアンス）の中での接着剤のような役割を担うことにもなる。

(1) ビジネスプロデュースに特許等の知的財産権が必要な理由

　開発から販売、アフターフォローに至る新事業の全てを自社単独で行うことは大変な労力を伴う。そこで近年では、中小企業ばかりか、大企業でさえ、アライアンスを結び、事業化を進めるケースが増えている。しかし、その交渉に当たっては、まず他社に対して、自社の技術内容やアイデアを開示しなければならない。そのために、守秘義務契約とともに、技術やアイデアに関する権利を確保することが必要になる。何かの提案に出向き、技術やアイデアを盗まれてしまうケースは意外にも多いのである。このようなケースを防ぐ上で最も効果的な手段が知的財産権である。

　特許等の知的財産権があれば、小さな企業でも大企業と対等に渡り合うことができる。また、競合企業との価格競争に巻き込まれることも避けられる。しかも、権利を保有する企業との関係がこじれることは、その権利周辺の事業ができなくなるおそれもある。どうせ手を組むのなら、早い段階でアライアンスをしておいたほうが、権利者側から要求される対価も少なくて済むはずである。したがって、権利の存在が、アライアンスを成立させるための大きな動機にもなる。

(2) ビジネスプロデューサーの役割

　アライアンスにおいて2社以上を束ねるときに、わざわざ社外の専門家をビジネスプロデューサーとして用いる利点は以下のとおりである。

① 企業規模の違いを埋める調整役

　技術系スタートアップが、販路を有する大企業とアライアンスに臨む場合、往々にして、スタートアップ側が大企業に売り込むという状態に

陥りやすい。前向きな役割分担と、相互の利益配分のための話合いのはずが、いつしか売り込みと買いたたきという関係になってしまいがちである。第三者たるビジネスプロデューサーは両者の間に入り、アライアンス関係のバランスをコントロールする役割を担う。

② 新しい視点の提案・説得

　アライアンスには新しい視点が不可欠である。単純に、2社以上が集まってうまくいくことは少ない。技術をどのように用いるのか、技術を受け入れるために何を変えるのか、当事者はそれぞれ、どこかで自社の業界の常識を取り払わなければならないこともある。第三者が、その考え方や意義をアドバイスしてくれると、当事者は比較的冷静に受け止めることができる。

●ビジネスプロデュースの際の特許出願戦略

　ビジネスをプロデュースするまでには、追加的な特許出願が必要になる。これを戦略的に実施していくのが肝心である。研究開発の段階では、「自己満足」的な出願になりやすい。それがマーケットや、他社に評価される特許にならないと、アライアンスの中での役割を果たせない。

　例えば超音波が脂肪吸引効果を持つときの条件を見いだしたとしよう。基本的な技術原理を示す特許は重要であるが、美容院で使われるのか、病院で使われるのか、家庭で使われるのか、によって、装置の仕様や使用方法は全く変わってしまうはずである。美容院向けであれば、脂肪の振動の段階からグラフィックで表示される仕様にしたほうがよいかもしれない。また、病院では、所定の効果を出すために出力を上げておくことが想定され、逆に上限の危険状態を警告するセンサーがあればよい。更に家庭では、何かの機能を犠牲にしながら小型化させるための工夫が必要になることも考えられる。

　要は、実施形態を想定しながら、追加で必要とされる工夫を、特許として権利化しておくことなのである。

　複数の特許に裏付けられた「強い」権利（特許網）を確立しておくことは、対競合という観点から重要であることは言うまでもない。権利として隙があったばかりに、同業他社の参入を許してしまい、特許網全体の価値が毀損するおそれもある。開発に多大な時間や費用、情熱を傾けたにもかかわらず、蟻の一穴から市場でのイニシアティブが発揮できないとき、アライアンスの条件も悪くなり、自社の選択肢は一気に少なくなってしまう。

●ビジネスプロデュースによるアライアンス

　以下、ビジネスプロデュースのステップを、具体例により説明する。

　アルミの加工を得意とする中小企業。彼らの加工技術で、一体成形であるにもかかわらず、可動部を有するという特殊な「アルミの箱」を作ることができた。つまり、一体成形であるために頑丈な、それでいて可動部により激しい振動を吸収することが可能なのである。しかし、その企業は応用分野を自ら思い付くことができず、顧客からの要望があって初めて作ってみることの繰り返しであった。後日、ある情報から、この技術はコンピュータを収納する棚（サーバラック）の免震構造として応用できるかもしれないことが分かった。

　現在、サーバー類はデータセンターと呼ばれる堅牢な耐震構造の建物に収容されている。しかし、データセンター以外の場所でも、重要な役割を担う常時稼動のコンピュータは少なくない。そこでは、棚（サーバラック）自体に免震機能を持たせたいという事情があったのである。

　このような応用は、「アルミの箱」がたまたまサーバラックになっただけのこと。同上企業からすると、茶の間の円卓の上にパソコンを置いて専用デスクと言い放つようなものである。ところが、この小さな発見は、用途発明として特許出願をしておくべきである。サーバラックだからこそ、年々熱くなるサーバーからの熱に対して、アルミの放熱性が生きてくる場合があろう。また、コンピュータ用の棚を作っているメーカーのシリーズ商品として継続的に売り出すことになれば、いくらでも改良しなければならない。したがって、サーバラック用途の特許として思い付く限りの小さな工夫を網羅しておくことが、その後に開発し出願する内容とオーバーラップし、強固な特許網となっていく。

　特許をはじめとする知的財産権の基本的な考え方は、権利の存在を明確に主張することで、ついつい犯しやすい権利侵害行為を事前に予防する役割がある。敵対・侵害などのリスクを踏むよりは、むしろ対等なアライアンスを目指したほうがよいと、相手に思わせることが重要なのである。特許は、競合に対しては牽制効果となり、パートナーに対しては吸引力となり、販売先に対しては価格交渉力を持つこととなる。アライアンスが活発になる時代であるからこそ、知的財産のルールに基づいた対等な関係と秩序立ったビジネスを形成するプロセスが必要なのである。

テーマ3-25　知的財産と補助金・助成金

●助成事業の概要について

　中小企業を活性化させる目的で、中小企業支援に関する法令の規定を基に、国や地方自治体が中小企業向けの補助金、助成金の交付を行っている。この中には、企業の新製品や新技術の開発等に関する助成金も存在する。一口に助成金といってもいろいろあるので、専門家を交えつつ検討するとよいであろう。また、この項の後に助成事業をごく一部ではあるが掲載してある。どのような企業が助成の対象になるかをつかめることと思う。

●申請先について

　中小・スタートアップ企業の方は、助成金の交付申請といっても、まずはどこに申請したらよいか分からないことも多いのではなかろうか。公的な助成事業は、国、地方公共団体、財団・社団といったところが扱っている。助成金の種類によって窓口が異なるので事前の確認が必要である。

●申請資格について

　「助成事業の概要」のところで述べたように、助成事業が中小企業の支援策として実施されていることから、基本的に中小企業が助成の対象となっている。また、申請資格も受付窓口などと同様、助成事業により多少変わってくる。

　なお、経営革新計画の承認等、一定の要件を満たさなければならないといったものや、申請するための要件として、指定される団体への登録が必要なものもある。

　ほかにも、過去に交付されたことがある法人及びその代表者、個人事業主は申請できないというものがあるので、そちらのほうも注意が必要である。

●申請時期について

　新製品・新技術に関する助成金の申請は通常、申込期間が定められており、その期間に受け付けたもののみが審査の対象となる。

　申請から交付・不交付の通知までの期間は申請によりまちまちである。また、申請状況や諸般の事情により予定どおりに通知されない場合も想定されるので、申請時や面接審査時に確認することが望ましい。

●申請書類について

インターネット経由で申請書類を入手できる場合が多い。一部の申請書類については、窓口で入手しなければならないものある。

●事業計画書について

事業計画がきちんとできていないと助成金の交付はまず不可能である。なぜなら、書類審査は事業計画を中心に進めるからである。実際、申請書類のうち半分以上が事業計画に関する書類である。審査する側は、この書類を分析し、この事業計画であれば助成金が有効に利用され、社会にも貢献できるであろうと考えるわけである。それゆえ事業計画は、申請書類の中でも特に大事な部分であるといえる。したがって、専門家に書類作成や申請を依頼するとしても、事業計画書は社長が中心となって作成すべき書類であると考える。

そうはいっても社長が事業計画を全て作成することは困難であることが多い。助成金交付の申請においては、場合によっては時間的な制約もある。やはり、ベストな選択は、専門家と連絡を取り合い作成することであろう。

既に事業計画書を作成している企業の場合、以前作成した事業計画を見直す絶好のチャンスである。この機会に事業計画をより完璧なものにしたい。

●審査について

助成事業にもよるが、要件を満たしていれば必ず交付されるものと、総枠（金額）が決められており、厳正な審査により申込者に適正金額の算定や順位付け等を行い、その総枠の金額に達するまで順位が上の者から助成金を割り当てていくものがある。前述の新製品開発に関する助成金は後者に該当する。それゆえ専門部署を持たない中小企業にとって、かなり厳しいことになると予想される。このような企業の場合、専門家に依頼するほうが無難であろう。

●面接審査について

書類選考が終了すると、補助金や助成金によっては、面接審査が行われる場合がある。面接審査は社長が行くべきである。なぜならその事業の有用性、助成金の社会貢献のプレゼンテーションができるのは、ほとんどの企業は社長のみと考えられるからである。

面接審査のときは、必要以上に緊張する必要はないが、ある程度の説明ができるようにしておきたい。事前に専門家に相談し、模擬面接などを行うのも一つの方法である。

テーマ3-25　知的財産と補助金・助成金

●補助金・助成金交付決定後の留意事項

　助成事業にもよるが、助成金は交付になったからといって、すぐに金銭がもらえるわけではない。助成事業の種類にもよるが、後払いのことのほうが多い。前述の新製品・新技術開発助成金の場合、企業からの報告に基づく検査の結果、事業が交付決定の内容と適合すると認められた後に支給される後払い形式を採っている。

　助成金交付となった後も、幾つかの義務がある。確認書類の保存や報告書の提出等がそれである。また、一定の期間内に助成事業の企業化により、相当の収益を得たと認められるときは、収益の一部を納付しなければならない場合があるので注意する必要がある。このような報告書の作成は大変手間がかかり、開発に時間を取られるとついつい忘れてしまいがちとなる。これに関しても、専門家に依頼することが可能である。

●助成金以外の支援策について

　行政庁の支援策は助成金のみではない。設備資金の貸付や各種セミナー及び相談会、異業種交流会の運営等様々な支援を行っている。

　最近では、インキュベータ・オフィス（創業支援施設）の提供も盛んである。これを利用することにより、家賃を低く抑えることができる。

　行政庁では様々な支援策を打ち出している。この機会に助成金以外の支援も検討してはよいのではなかろうか。

●補助金・助成金の例

　中小・スタートアップ企業を対象として、外国出願や海外侵害対策として、主な補助金としては、特許庁が行う中小企業等海外展開支援事業費補助金や、日本貿易振興機構（ジェトロ）が行う海外侵害対策支援事業による補助金制度がある。また、都道府県においても、同様の外国出願等に対して、補助金制度が設けられている場合が多い。また、日本弁理士会においても、特許出願等援助制度が設けられている。

テーマ3-26　オープンイノベーションと知的財産

●オープンイノベーションとは（注1）

　従来の製造業で中心となっていた考えは、研究・開発・製造・販売を全て自社で完結する、いわゆるクローズドイノベーションであった。現状でも基本的にこの考えの下に経営されている企業もある。これに対する考え方として提唱されたのが「企業の内部と外部の価値を有機的に結合させ、価値を創造」するという、オープンイノベーションである。より具体的に、「知識の流入と流出を自社の目的にかなうように利用して社内イノベーションを加速するとともに、イノベーションの社外活用を促進する市場を拡大すること」ともいわれている。

　そして、基本的な考え方として、クローズドイノベーションが一社で完結する活動であり、業界でベストなアイデアを創造した者が勝者となり、知的財産権は他社を排除するために用いられるのに対して、オープンイノベーションは2以上の企業等でイノベーションに取り組む活動で、社内と社外のアイデアを最も有効に活用できた者が勝者となり、知的財産は他社との関係性の構築やビジネスモデルの発展に用いるものである点で異なるとされている。

●オープンイノベーションの実施形態

　オープンイノベーションの範囲は、研究・開発から市場での活動まで幅広く含むものとされている。そして、そのような範囲の中で、オープンイノベーションの実施形態は大きく以下の2つに分けることができる。

(1) アウトバウンド型

　その企業における特許などの内部資源を、外部のリソースを活用することによって製品やサービスの開発及び販売につなげていく活動である。特に研究開発が活発で、多くの特許を保有する主として大企業において有効な手法である。例えば大手通信会社や大手IT企業で、自社では利用していない特許をスタートアップ企業や中小企業にライセンスして、新たなサービスを始める、というような活動が行われている。

(2) インバウンド型

　外部の技術を社内に取り込んで製品やサービスの開発及び販売につなげていく活動である。特に自社の弱い分野、非注力分野や、技術開発力の弱い企業（中小企業等）において有効な手法である。

例えば大手日用品企業では、広く外部から知的財産を含むテクノロジーや製品の提案を募集し、実際に製品化に結び付ける活動を行ったり、スタートアップ企業が外部企業の開発力や製造力を活用したりして新たな製品の開発・販売につなげている、というような活動が行われている。

以上のオープンイノベーションに関する活動についてまとめたものを下図に示す（注2）。

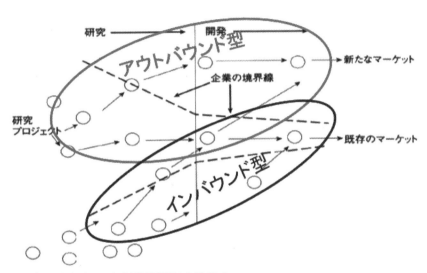

オープンイノベーションによる研究開発マネジメント

●オープンイノベーションの実施主体

オープンイノベーションには様々な実施主体のパターンが考えられる。以下では幾つかの代表的な例を取り上げ、それぞれの留意点を挙げる。（注3）

(1) 大企業と大企業

このパターンは、同業種の大企業同士より、異業種の大企業同士でイノベーションに取り組む場合に多いと考えられる。例えば電気自動車の開発や、新しい通信技術に対応するための活動においては、様々な技術を有する大企業が集まって取り組むことが重要になる。また、より大きな社会課題の解決（例えば脱炭素や災害対応）への取組として、オープンイノベーションの形で取り組むことも有意義である。

(2) 中小・スタートアップ企業と大企業

特に最近、中小・スタートアップ企業の成長の鍵として重要になってきているのが、このパターンである。このパターンでは、更に中小・スタートアップ企業が大企業に技術（知的財産）を提供する場合と、その反対の場合がある。特に中小・スタートアップ企業の立場で注意すべきなのは前者の場合である。大企業に技術が採用されるということで、大きなビジネスチャンスではあるが、適切な契約や対応を行わないと、技術を提供しただけに終わってしまうこともあり、適切な管理と戦略が必要である。

(3) 大学と企業

大学もオープンイノベーションの主要なプレーヤーである。ただし、大学は自分では事業を行わない、いわゆる不実施機関であるため、企業間の場合とは違う問題が生ずることもある。特に企業に対して大学が不実施補償を求めることがあり、その取扱いについては両社でよく協議する必要がある。

●オープンイノベーションと知的財産

オープンイノベーションにおいては、知的財産の取扱いが問題となる場合が多い。主な問題点としては以下のとおりである。
- オープンイノベーション活動の開始前からある技術等の取扱いについて、活動の成果かどうか問題となることがある。したがって、既にある技術等については、必要な特許出願等を行った上で活動を始めることが望ましい。
- オープンイノベーション活動の際に提供したデータや資料について問題となることがある。秘密情報については、機密保持契約を締結した上で提供することが望ましい。また、サンプル品等の提供がある場合は、その取扱いについてもあらかじめ取り決めておくことが望ましい。
- オープンイノベーション活動により創出された技術等の知的財産の取扱いが問題となることがある。誰が発明者等に該当するか、出願手続は誰が行うか、費用はどのようにするかなど、あらかじめ決めておくことが望ましい。

特に中小・スタートアップ企業が技術等を提供する場合は、最低限、以上の点に留意しておくべきである。また、戦略的な活動のためには、必要に応じて弁理士や弁護士等の専門家も交えて準備や対応を行うことも考慮すべきである。

(注1) 参考文献：ヘンリー・チェスブロウ（大前恵一朗訳）『OPEN INNOVATIONハーバード流イノベーション戦略の全て』（産業能率大学出版部［2004］）、ヘンリー・チェスブロウほか（PRTM監訳）『オープンイノベーション　組織を超えたネットワークが成長を加速する』（英治出版［2008］）
(注2) 上記チェスブロウ（2004）図表序-4を基に筆者加筆
(注3) 参考になる資料として、特許庁「オープンイノベーションのための知財ベストプラクティス集」（2018）（特許庁ウェブサイトから入手可能）

▶関連テーマ：2-6、7／3-24、27

③-2 事業戦略（設計・試作・改良段階）

テーマ3-27　大学の活用

●大学がどのような技術を持っているかを知りたい場合

多くの大学において研究内容のデータベースをウェブサイト上等に公開している。しかし、論文名を公表しているものが多く、企業側が「こういうことをやりたいがそういうことをできる先生がいるか？」という探し方をするのは難しい場合が多い。

●大学と共同研究・開発をしたい場合の相談先（地域の機関）

既に大学の先生を知っている場合には直接申し込むという方法があるのはもちろんであるが、そのような例外的ケースでない場合、従来、地域にある「産業振興財団」（名称は様々）を通じて相談するという方法がある。

ほかに、県の機関として「工業技術センター」というものがあり、そこを通じて相談する方法もある。ただし、必ずしも大学とつながっている保証はない（なお、文部科学省の管轄する「地域共同研究（開発）センター」もあるが、大学の教官が窓口であり、スタートアップにはやや敷居が高いようである。）。

●大学関連機関への相談（TLO）

このようなルートのほかに、TLOルートというものがある。

TLOとはTechnology Licensing Officeの略である。日本では技術移転機関と呼ばれている。産学共同の技術開発体制の整備を目指しており、米国では一定の成果を収めている。現在、約30程度のTLOが活動を行っている。

TLOの役割は主として大学の保有技術のライセンスである。リエゾン機能（その技術を持つ研究者の紹介）は、基本的にはTLOの所掌範囲に入らない（ただし、仲介をしてもらえる場合がある。）。このリエゾン機能については、従来、地域共同研究センターが行ってきたが、残念ながら人材不足のために十分には機能していないのが現実である。

参考までに、TLOを利用したアプローチの流れの例を説明すると、次のようになる。

① TLOのデータベースにアクセス
② 大学の先生に申込み
③ 技術指導契約
④ TLOとの費用面での契約

●TLOと付き合う場合の留意事項

　TLOは既にある権利のライセンスを行うことが基本業務のため、ぴったり合うものがないと利用自体が難しい。したがって、大学の先生と新しいテーマについて共同研究や開発を希望する場合、必ずしもそのTLOが対応してくれるとは限らない点に注意が必要である。TLOと一口にいってもTLOごとに性格がかなり異なり、企業は、どこのTLOと付き合うかを見定めなければならない。

　およそTLOには以下のような2つのタイプがある。
　① 一大学型：一大学が一つの組織を持っている場合
　② 地域型：一定の地域にある複数の大学が共同で設立したTLO

　また、会員制度を採用するTLOが多い。会費は5万円程度から数百万円程度までと幅広い。会員になるメリットとしては、① 公開前の特許を優先的に見ることができる。② 会員に対しては親身に活動をしてくれる、というのが一般的である。求める技術的なニーズと、会員費用の両面から考えてみる必要があるであろう。

　なお、大学によっては知的財産部門や産学連携部門等がTLOの役割を行っていることもある。

▶参考
　TLO一覧については特許庁ウェブサイトを参照されたい。

③-3　事業戦略（事業段階）

テーマ3-28　自社の特許権を侵害している企業がある場合の対応

● 社内における事前準備

(1) 年金納付状況の確認

　　特許権を取得しても、登録後に年金不納のために特許権が消滅していては、他社への権利行使はできない。そのような意味からも、特に登録4年目以降の特許料の納付には留意が必要なので、まず自社の年金納付状況を確認することが重要である。

(2) 無効審判に対する準備

　　自社の特許権を侵害している他社製品を発見して警告状を送付した場合や、侵害訴訟を提起した場合に、その対抗措置として無効審判を請求されることがある。また、訴訟内で特許無効の抗弁を主張されることがある。そのような無効主張に備えるためにも、先行技術調査を含めた特許の有効性に対する再度の専門家による確認が必要となる。

(3) 訴訟への準備

　　警告状を送付後、侵害品を製造・販売している他社の対応いかんによっては、侵害訴訟、仮処分の訴えへと移行する場合もあり得る。また、訴訟は、被告に十分な準備期間を与えないほど、原告に有利となるので、警告後いつでも侵害訴訟等を提起できるように必要な資料、情報を弁理士、弁護士などの指示に従い準備しておくことも重要である。

● 自社の特許権を侵害していそうな他社製品のサーチ

(1) インターネットを通じてのサーチ

　　インターネットの検索エンジンを活用して、自社の特許権に関連するキーワードを手掛かりに特定の自社特許を使用していそうな他社製品を絞り込んでいくことが可能である。また、製品のカタログやデータシート等の関連情報をウェブサイトで提供している企業も多いので、このようなカタログ等の製品情報も侵害品発見の参考となる。

(2) 外部の特許調査機関、外部弁理士の利用

インターネットである程度侵害製品を絞り込めたとしても、警告状を出す対象まで絞り込むことは、技術的な知識のみならず法律的な知識や経験も必要となるため、専門家である弁理士に依頼するのが適当である。

●他社製品と自社特許との比較

(1) 警告状を送付するか否かの検討

侵害可能性のある他社製品が、実際に自社の特許権を侵害しているか否かについて、専門家によって詳細に検討した後に警告状を送付する必要がある。余りに特許と侵害対象製品の関係が薄い場合には、逆に被警告企業から営業妨害や損害賠償請求の訴訟を起こされる場合もあり得るからである。このあたりの判断も専門家に相談するのが適当である。

(2) 侵害品の購入及び鑑定、判定

特許権の内容によっては、技術的に込み入っているために、インターネットやカタログなどの公開されている情報のみからでは、ある程度のレベル以上で侵害か否かの判断ができない場合もある。例えば外部的な特徴に効果が表れる特許や医薬品の成分特許などであれば、公開されている情報だけから侵害の可能性を判断できる場合もあるが、特許の特徴が製品の内部にあり、外部から目視できないものなどの場合には、侵害品と思われる他社製品を購入し、分解や分析する必要も出てくる。

侵害品の特性によっては、侵害品の購入が製造元の企業に知られてしまう場合もあり、また、侵害か否かの鑑定は、法律的な判断も必要とされるため、やはり専門家たる弁理士等に依頼するのが賢明である。

(3) 他社に正当な権原があるか否かの確認

侵害対象となる製品を製造・販売している企業に、自社が特許ライセンスしていないか事前に調べておくことも必要である。自社保有の特許権の数が増えてライセンス先が多くなるとその管理も大変になるため、事前のチェックも必要である。また、親会社を経由して、その子会社にまで特許ライセンスを許諾している場合もある。

また、先使用権等に該当しないかどうかの確認も可能な限り行う。

(4) 他社と自社との関係のチェック

　自社の特許権を侵害している可能性のある製品を製造・販売している他社が実際には、自社の顧客や製造・開発の委託先、委託元である場合もあり得る。いくら特許ライセンスによりロイヤルティ収入を得られても、重要な顧客や関係企業を失っては、トータルとして得策ではない場合もある。このように、侵害品を製造・販売している他社と自社との関係を、営業部門も含めて事前に調査しておく必要もある。

(5) 他社は、自社製品に関連する特許権を保有していないか

　もし他社製品が自社の特定の特許権を侵害している可能性がある場合でも、その他社が自社の事業分野で自社よりも多くの有効な特許権を有している場合には、注意が必要となる。このような企業に警告状を送った場合、逆に多くの他社特許を侵害しているとして高額なロイヤルティの支払を迫られたり、クロスライセンスの締結となったりしたとしても、ロイヤルティの収支がマイナスとなる可能性があるからである。したがって、警告状を送る前に警告状を送る他社の保有特許を特許関連のデータベースを使用して調査しておくことが必要となる。

●警告状の準備及び送付

　警告状の内容は、一例を挙げると、他人の実施行為が特許権の侵害であるため、至急中止を求め、もしその侵害行為を警告後も継続する場合は、法的措置を講ずる準備がある旨を記載した文章である。また、警告状は、他社侵害製品の特定、特許番号や特許権者等の自社特許に関する情報も含み、回答期限が決められている場合が多く、通常は弁護士や弁理士等が特許権者の代理人となって送られることが多い。なお、警告状は、確実に相手方企業に届けるために、内容証明郵便や配達証明郵便によって相手方企業の社長宛てに送られることが通常である。

●他社の回答受領後の対応

(1) 他社の回答の検討

　警告状に対する回答が返ってきた場合、その内容を検討し、今後の対応策を考えることになる。一般的な回答としては、① 自社製品は該当特許を使用していない、② その特許権は先行技術の存在等により無効である、③ 素直にライセンスを受けたいというものなどがある。

(2) 回答に対する対応

　もし他社からの回答が上記① 自社製品では該当特許を使用していない、又は② その特許権は先行技術の存在等により無効であるというものであり、その内容を検討した結果、回答が妥当であると判断された場合には、これ以上当該他社に対しては何もしないという選択が賢明である。

　一方、他社からの回答が上記①又は②であり、自社及び弁理士とその内容を検討した結果、回答の内容は誤りであり、依然として当該他社製品が自社の特許権を侵害しており、かつ、無効理由もないと判断された場合には、次に再度の警告状を出すか、訴訟等を提起する場合がある。

　他方、回答が上記③ 素直にライセンスを受けたいである場合には、早速当該他社に連絡を取り、特許ライセンスの条件を提示して、ライセンス交渉に入るべきであり、このライセンス交渉も弁理士などの代理人を通じて行われる場合が多い。

(3) 侵害訴訟の提起

　当該他社と何度交渉しても物別れに終わり、かつ、自社特許の有効性に確信を持てる場合は、最後の手段として、侵害訴訟を提起したり、差止めの仮処分を請求したりすることが可能である。しかし、侵害訴訟や仮処分は、その裁判にかなりの時間や費用もかかるので、慎重な対応が必要であり、一時的な感情で提訴することは、結果として得策となる可能性は低い。したがって、訴訟に行く前に粘り強く相手方企業と交渉することが重要となる。

テーマ3-29　知的財産権侵害物品の輸入差止め

●税関での水際措置

　外国で製造された侵害物品が輸入されて国内に一旦流通してしまうと、それを阻止するのは極めて難しく効率的でもない。そこで、輸入商品が必ず通ることになっている税関で輸入自体を差し止めるという方法が考えられる。いわゆる水際措置である。

　具体的には、関税法が特許権や著作権を侵害する物品の輸入差止めに関する措置を規定しているので、この手続を利用することになる。

(1) 知的財産権についての輸入差止申立制度

　特許権、実用新案権、意匠権、商標権者、著作権者、著作隣接権者、回路配置利用権者及び育成者権者は、自己の権利を侵害すると認める貨物に関し、税関長に対し、侵害の事実を疎明するために必要な証拠を提出し、その輸入禁制品の認定手続（後述(2)参照）を行うべきことを申し立てることができる。例えば著作権侵害の場合、「著作権侵害物品輸入差止申立書」を提出することになる。

　上記の申立て手続の詳細については通達により規定されているが、ここでは省略する。

(2) 認定手続

　輸入差止申立てがあった場合、税関に当該貨物が到達し、又は税関が職権で輸入禁制品に当たる疑いのある貨物の到着を知ったときは、税関長は当該貨物が侵害品か否かの認定手続を開始する。手続の詳細は省略するが、侵害品に当たると認定された場合は、没収して廃棄されるか、輸入者に積み戻しが命ぜられる。なお、現実には、任意の廃棄・放棄や侵害部分の削除等の修正がなされることも多い。

(3) 侵害とならない事案

　例えば次のような場合は通達により侵害に当たらないとされているので、申立て等をする際には留意する必要がある。具体的には、業として輸入されるものでない場合（例：個人的に使用するため）、権利者から輸入について許諾を得ているもの、商標権等の侵害とならない並行輸入品として取り扱うこととされているもの等である。

(4) 並行輸入について

並行輸入とは、例えば外国法人である我が国の特許権者Aが、国外において適法に販売した特許製品を、Aから当該製品を輸入する許可を与えられていない日本法人Bが購入し、輸入するような場合である。詳細は、▶「テーマ2-37」を参照されたい。

(5) 輸入差止めの現状

財務省が公表しているデータによれば、差止件数は、商標権侵害物品が全体の約95％を占め、次いで著作権、意匠権、特許権の侵害物品の順となっている。

品目別では、バッグ類が最多で、全体の約25％を占めている。

●アドバイス

税関への申立て手続や情報提供については、複雑な書類等をそろえる必要がある。したがって、できれば弁護士や弁理士を通じて申し立てるのが得策であろう。

なお、税関における取締りに関連して、財団法人日本関税協会知的財産情報センター（CIPIC）という組織がある点を付言しておく（http://www.kanzei.or.jp/cipic/）。知的財産権の適正な保護、侵害物品の水際取締りに関する各種研究、情報の収集・分析・集積、会員企業を対象とする助言や情報の提供や講演会の開催などの啓発普及事業、及び取締り機関への支援活動を行うことを目的としている団体である。

テーマ3-30　コーポレートガバナンス・コードと知的財産

● コーポレートガバナンス・コードとは何か

(1) 定義

　コーポレートガバナンス・コード（以下、「CGコード」という。）とは、上場企業が守るべき企業統治に関する行動規範のことを指し、金融庁と東京証券取引所が策定したものである。

(2) 背景と目的

　ガバナンスという言葉からは当然に粉飾決算などの「不祥事の防止」という観点が想起されるのが一般的であろう。

　しかし、不祥事を起こさないようにおとなしくしていれば企業が利益を生み出すことができるわけではないのは当然であり、このような守りのガバナンスだけでは「企業の成長」が見込めないのは明らかである。

　そのため、現在のCGコードの目的は「企業の持続的な成長と中長期的な企業価値の向上」となっている点は重要である。

(3) CGコードはルールなのか？

　そして有価証券上場規程436条の3では上場企業はCGコードを「実施する」（コンプライ）か、さもなければ「実施しない理由を説明する」（エクスプレイン）かのどちらかの行動を取る必要がある、としており、更に違反した企業名は公表できるとされている（同規程508条1項1号）。仮に違反している企業として公表された場合、「コーポレートガバナンスに問題のある企業」という烙印を押されたに等しく、結果としてブランドが毀損し、企業価値を大きく損なうことになろう。そのため、法的拘束力はないものの、上場企業にとってCGコードは事実上のルールとして機能しているといえる。

(4) 知的財産との関係

　2021年6月にこのCGコードが改訂されて「知的財産」の文言が初めて入った。

　近年、企業価値に占める「無形資産」の割合が増大し、米国のS&P500ではほぼ9割に達しているという分析もある。

しかし、現時点で開示が求められている財務情報は基本的に有形資産を対象としており、知的財産を中心とする無形資産に関する情報は「非財務情報」として扱われてきた。そのため、知的財産の文言が入る前であっても「非財務情報」という言葉には知的財産が当然に含まれているはずである、と解釈はできたが、今回の改訂ではその点を確認的に明確化したものともいえよう。

●知財ガバナンス

　CGコードには、知的財産への投資の「監督」と知的財産への投資の「情報開示」の2つが入った。両者は合わせて「知財ガバナンス」（あるいは「知財・無形資産ガバナンス」）と呼ばれ始めている。

(1) 知的財産投資の監督（基本原則4、4－2、4－2②）

　　「取締役会は、中長期的な企業価値の向上の観点から、自社のサステナビリティをめぐる取組について基本的な方針を策定すべきである。

　　また、人的資本・知的財産への投資等の重要性に鑑み、これらをはじめとする経営資源の配分や、事業ポートフォリオに関する戦略の実行が、企業の持続的な成長に資するよう、実効的に監督を行うべきである」

　　「知的財産への投資」を取締役会が監督すべき事項として入ったのは大きな影響を与えたと考えられる。ここでいう「監督」の方法としては、通常は何らかのKPIについて報告を受ける形で行われるのが通常であろう。

(2) 知的財産投資の情報開示（基本原則3、3－1、3－1③）

　　「上場会社は、経営戦略の開示に当たって、自社のサステナビリティについての取組を適切に開示すべきである。また、人的資本や知的財産への投資等についても、自社の経営戦略・経営課題との整合性を意識しつつ分かりやすく具体的に情報を開示・提供すべきである」

　　ここで注目すべき点は、「自社の経営戦略・経営課題との整合性を意識しつつ」という部分である。つまり、「知財戦略の開示」ではないことが明記されている。

　内閣府・知的財産戦略本部は、このCGコードの改訂を受け、監督や開示について「知財・無形資産ガバナンスガイドライン」を公表しているので参照されたい。

事項索引

〔英数〕

AI ……………………………… 152,278
DCF法 ………………………………… 266
IPランドスケープ …………………… 302
PCT …………………………………… 55,57
SWOT分析 …………………………… 305
TLO …………………………………… 330
TRIZ ………………………………… 275
19条補正 ……………………………… 61
34条補正 …………………………… 60,61
3Cs分析 ……………………………… 304
5フォース分析 ……………………… 305

〔あ行〕

異議申立制度 ………………………… 8
一意匠一出願 ………………………… 29
インカム・アプローチ ……………… 266
引用 …………………………………… 209
営業秘密 ……………… 43,88,112,292
オープン＆クローズ戦略 …………… 310
オープンイノベーション …………… 326
欧州単一効特許 ……………………… 67
欧州特許出願 ………………………… 66

〔か行〕

下位概念 ……………………………… 164
確定日付 ……………………………… 113
価値評価 ……………………………… 264
管轄裁判所 …………………………… 123
韓国出願 ……………………………… 68
管理法務 ……………………………… 107
関連意匠 ……………………………… 24

基礎的要件 …………………………… 20
機能ブロック図 ……………………… 172
共同研究 ……………………………… 126
共同出願 ……………………………… 126
業として ……………………………… 6
業務発明 ……………………………… 81
組物の意匠 …………………………… 25
クロスライセンス …………………… 242
経営デザインシート ………………… 306
警告 ……………………………… 228,230
契約 …………………………………… 79
コーポレートガバナンス・コード
…………………………………… 338
考案 …………………………………… 15
広告宣伝機能 ………………………… 33
国際書誌事項識別コード …………… 132
国際調査見解書 ……………………… 59
国際調査報告 ………………………… 59
国際標準化 …………………………… 314
国内段階移行手続 …………………… 58
国内優先権 …………………………… 297
コスト・アプローチ ………………… 265

〔さ行〕

差止請求権 …………………………… 8
産業上利用 …………………………… 4
産業上の利用可能性 ………… 59,61,166
事業管理 ……………………………… 107
実績補償 ……………………………… 119
実体審査 ……………………………… 12
自由発明 ……………………………… 81
出願管理 ……………………………… 107

341

出願公開	12
出願審査の請求	12
出願費用	148
出願補償	119
出所表示機能	32
種苗法	50
上位概念	164
使用主義	34
商品化権	208
商標	33
商標管理	110
商標調査	111
商標の使用	140
商標の適正使用	110
職務発明	80
新規性	4
新規性の喪失の例外	142
進歩性	4
信用回復措置請求権	8
請求項	163
先行技術開示義務	65
先行技術調査	130
先行商標調査	134
専用実施権	7
早期審査	12
早期審査制度	187
創作非容易性	23
相当の利益	82
ソフトウエア関連発明	136, 171
損害賠償請求権	8

〔た行〕

台湾出願	69
単一性	4
団体商標	84
地域団体商標	85
知的財産管理	106
知的財産証券化	318
知的財産戦略	116
知的財産法	2
知的財産マネジメント人材	248
中国出願	67
仲裁	237
調査義務	106
調停	236
著作権	46
著作者人格権	47
著作物	46
地理的表示	86
通常実施権	7
データ保護	88
提案書	144
デザイン経営	308
登録主義	34
登録補償	119
特許管理	108
特許事務所	100, 268
特許出願非公開制度	94
特許請求の範囲	11, 162
特許調査	96
特許独立の原則	77
特許の棚卸	300
特許保証	219
特許を受ける権利	10
取消審判	36

〔な行〕

内国民待遇	76

内装の意匠……………………………… 25
ネーミング……………………………… 294
ノウハウ…………………………… 112,292

〔は行〕

バイオテクノロジー関連発明………… 182
発明………………………………………… 4
発明の詳細な説明……………………… 11
発明(の)発掘………………………… 109,284
パテントファースト…………………… 206
パテントプール………………………… 315
パテントポートフォリオ……………… 256
パテントマップ………………………… 252
パリ条約………………………………… 76
美感……………………………………… 22
ピクチャー・クレーム………………… 169
ビジネス関連発明…………………… 136,173
ビジネスモデル特許…………………… 136
秘密意匠………………………………… 24
品質保証機能…………………………… 33
不正競争行為…………………………… 42
物品……………………………………… 15
不当利得返還請求……………………… 8
部分意匠………………………………… 24
ブランド戦略…………………………… 260
ブレーンストーミング………………… 272
プロダクト・バイ・プロダクト形式
…………………………………………… 180
紛争管理………………………………… 107
並行輸入………………………………… 220
米国出願………………………………… 64
弁理士……………………………… 100,268
方式審査………………………………… 12
補償金請求権…………………………… 12

〔ま行〕

マーカッシュ形式……………………… 180
マーケット・アプローチ……………… 266
マインドマップ………………………… 276
マドプロ………………………………… 73
水際措置………………………………… 336
明細書……………………………… 11,166

〔や行〕

優先権主張…………………………… 56,72
優先審査制度…………………………… 187

〔ら行〕

ライセンス……………………… 78,124,242

執筆者等一覧

【編著者】

杉光 一成（すぎみつ かずなり）

金沢工業大学（KIT）虎ノ門大学院イノベーションマネジメント研究科教授
博士（工学）、博士（医学）、弁理士。慶應義塾大学卒業後、電機メーカーの知的財産部を経て東京大学・大学院法学政治学研究科で中山信弘先生に師事。その後、東北大学等で学位を取得。日本マーケティング学会・理事、日本知財学会・理事。公職歴として参議院、経済産業省、内閣府の委員等を歴任。国家試験「知的財産管理技能検定」の創設により経済産業省・知財功労賞を受賞。主な著書として『知的財産法を理解するための法学入門』（発明推進協会［2023］）『意匠法講義』（発明推進協会［2023］）があり、翻訳書として『コトラーのイノベーション・ブランド戦略』（白桃書房［2014］）、近著として『マーケティングの最強ツールは知財である』（中央経済社［2024］）がある。

加藤 浩一郎（かとう こういちろう）

金沢工業大学（KIT）虎ノ門大学院イノベーションマネジメント研究科教授
博士（工学）、弁理士。上智大学・大学院、慶應義塾大学卒業。日本IBMにおいてSE、知的財産部門を経て現職。知的財産戦略に関する研究により博士号取得（東北大学）。経済産業省、特許庁、総務省等関連の委員会委員長・委員等を歴任。科学研究費研究代表者を始め研究活動にも取り組む。知的財産管理技能検定委員、知的財産大学院協議会理事、知的財産高等裁判所専門委員等も務める。平成28年度経済産業省特許庁知財功労賞を受賞。主な著書として『ソフトウェア知的財産－法律から実務まで－』（発明協会［2006］）があり、監訳書として『マイクロソフトを変革した知財戦略』（発明協会［2010］）等がある。

※金沢工業大学（KIT）虎ノ門大学院イノベーションマネジメント研究科
　社会人を対象に平日夜間と土日の履修により最短1年間でMIPM〈修士（知的財産マネジメント）〉又はMBA〈修士（経営管理）〉の学位が取得できる大学院。所定の要件を満たす修了者は弁理士試験一部免除を受けることも可能。詳細はウェブサイト（https://www.kanazawa-it.ac.jp/tokyo/）を参照されたい。

【第3版 編著協力者】
田久保 泰夫（たくぼ やすお）
マイスター特許事務所所長、金沢工業大学（KIT）虎ノ門大学院客員教授
日本無線株式会社の知的財産部門で知財の発掘、創出、権利化業務、知財の研修業務に従事。また、在職中に弁理士試験に合格。その後、大手の都内の特許事務所で知財の権利化、権利行使に関する業務に従事。2009年にマイスター特許事務所を設立。2017年に中小企業診断士を登録。弁理士及び中小企業診断士として、知財の活用、権利化業務、知財コンサル、事業計画策定、経営改善計画の策定及びこれらの実行支援を中心に活動。2019年職業能力開発関係厚生労働大臣表彰功労賞を受賞。

【第3版 編集・執筆協力者】

大樹 七海（おおき ななみ）　　白坂 一（しらさか はじめ）
金井 倫之（かない ともゆき）　　高松 孝行（たかまつ たかゆき）
木越 力（きごし つとむ）　　　西田 泰士（にしだ やすし）
近藤 泰介（こんどう たいすけ）

【その他の執筆協力者】

浅川 陽子（あさかわ ようこ）　　近藤 芳樹（こんどう よしき）
石田 昌彦（いしだ まさひこ）　　斎藤 達也（さいとう たつや）
伊藤 剣太（いとう けんた）　　　佐竹 和子（さたけ かずこ）
今子 さゆり（いまこ さゆり）　　鈴木 基（すずき もとい）
井本 吉信（いもと よしのぶ）　　田坂 一朗（たさか かずあき）
牛久 健司（うしく けんじ）　　　田辺 義博（たなべ よしひろ）
梅田 綾子（うめだ あやこ）　　　土屋 徹雄（つちや てつお）
大鐘 恒憲（おおがね つねのり）　出口 隆信（でぐち たかのぶ）
上山 浩（かみやま ひろし）　　　鳥巣 好彦（とす よしひこ）
長谷川 公彦（はせがわ きみひこ）中辻 史郎（なかつじ しろう）
川崎 隆二（かわさき りゅうじ）　中村 奈生果（なかむら なおか）
菊地 修（きくち おさむ）　　　　長谷部 智一郎（はせべ ともいちろう）
清永 敬文（きよなが たかふみ）　廣田 浩一（ひろた こういち）
久保田 茂夫（くぼた しげお）　　松岡 功一（まつおか こういち）
香島 拓也（こうじま たくや）　　宮田 英毅（みやた ひでき）
近藤 美帆（こんどう みほ）　　　山崎 幸作（やまざき こうさく）

結城 大輔（ゆうき だいすけ）　　　涌井 謙一（わくい けんいち）
吉澤 弘朗（よしざわ ひろあき）

知的財産　管理＆戦略ハンドブック　第3版

2005（平成17）年9月16日	初版発行
2008（平成20）年8月31日	第2版発行
2025（令和7）年4月18日	第3版発行

編著者　　杉　光　一　成
　　　　　加　藤　浩一郎

©2025　　Kazunari SUGIMITSU
　　　　　Koichiro KATO

発　　行　一般社団法人発明推進協会

発行所　　一般社団法人発明推進協会
　　　　　所在地　〒105-0001
　　　　　　　　　東京都港区虎ノ門2-9-1
　　　　　電　話　東京03（3502）5433（編集）
　　　　　　　　　東京03（3502）5491（販売）
　　　　　Ｆ Ａ Ｘ　東京03（5512）7567（販売）

乱丁・落丁はお取替えいたします。　　　　　　　　印刷：株式会社丸井工文社
ISBN978-4-8271-1412-6　C3032　　　　　　　　　　　Printed in japan
本書の全部又は一部の無断複写複製を禁じます（著作権法上の例外を除く。）。